ルアー釣りかんたん入門

魚種別攻略法

149 メンテナンス&釣行後の楽しみ

豆知識

ライトルアーの魅力

メバルを狙うことをメバリング、アジを狙うことをアジングといい、どちらを狙う場合も3in以下の小さいワームがメインに使われるルアーとなる。

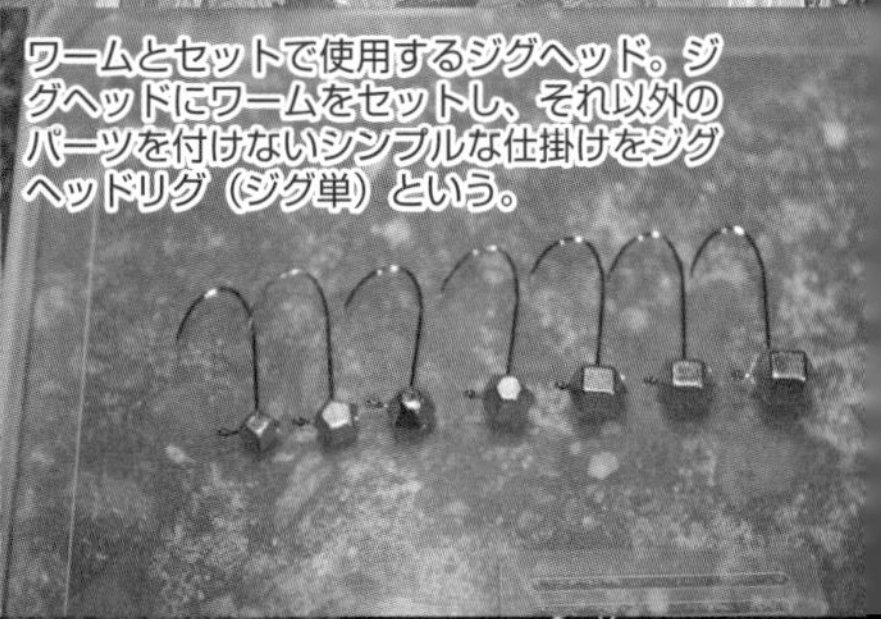

ワームとセットで使用するジグヘッド。ジグヘッドにワームをセットし、それ以外のパーツを付けないシンプルな仕掛けをジグヘッドリグ（ジグ単）という。

アジ

言わずと知れた大衆魚だが、ライトルアーのターゲットとして今やメバルと人気を2分する存在。

アジングでの好釣果。時合がくると連続ヒットすることもあるからたまらない。

遠投して沖を狙う場合にはフロートリグが有効。

5㎝クラスのプラグも有効で、ミノーやペンシルにアタってくるメバルは比較的大型が多い。

メバル

ライトルアーの代表的なターゲット。名前の由来にもなっている大きく張り出した眼が特徴的。日が落ちてから活発に活動するので夕まづめから夜間が中心の釣りとなる。

メバルもアジもメインとなるのはナイトゲーム。常夜灯があるポイントで狙ってみよう。

シーバス

フィッシュイーターの代表格でソルトルアーの対象魚としてナンバーワンの人気を誇る。ライトルアーでは20～60㎝のセイゴ、フッコ級が主なターゲットだ。

ボトムをネチネチと攻めて獲った良型カサゴ。

超高級魚アカハタもターゲット。

冷たい水を好むアイナメは北日本の代表的なロックフィッシュ。

ジグやワームに反応が良いオオモンハタ。

カサゴ
カサゴ
power worm
BUG ANTS
power worm
ROCK CLAW
ROCK MAX
3"
KIJIHATA GRUB
4.5"
ECOGEAR
AQUA
SHOCK LEADER
PE
reins
SLIP SINKER

ロックフィッシュ専用のワームは種類が豊富。

ロックフィッシュ

カサゴ、ハタ類、ソイ、アイナメなど岩礁帯に生息する魚を総称してロックフィッシュと呼んでいる。ボトムメインとなるため、根掛かりとの勝負だ。

クランクベイトを使ったロックフィッシュ狙いも面白い。

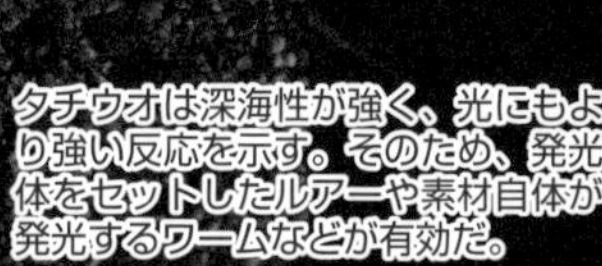

タチウオは深海性が強く、光にもより強い反応を示す。そのため、発光体をセットしたルアーや素材自体が発光するワームなどが有効だ。

タチウオ

オフショアジギングのターゲットとして有名だが、接岸を心待ちにしているファンも多い。指5本以上のドラゴンクラスが目標だ。

メバル狙いにヒットしてきたタチウオ。鋭い歯にラインが触れなくてラッキーだった。

小型青物

小型のブリ、ヒラマサ、カンパチ、サワラ、ソウダガツオなどが主なターゲット。メタルジグを遠投して狙う「ショアジギング」と呼ばれるスタイルで狙うことが多い。

メッキ

ギンガメアジ・ロウニンアジ・カスミアジなどの幼魚は「メッキ」と呼ばれ、ライトルアーで狙える。

カマス

数釣りが魅力のターゲット。主に小型のメタルジグで狙う。

カンパチは引きが強く、食べても美味しい魚。小型のカンパチはルアーへの反応も良好。

チヌ

チヌ（クロダイ）とキビレチヌをさまざまなルアーで狙うチニングは、意外と身近なフィールドで楽しむことができる。

ライトルアーの特徴

★ライトルアーとは

★必要な道具

★ライトルアーの心得

★対象となる魚

★主なフィールド

漁港周辺・港湾部・河口域～河川

★四季によるスタイル

★釣れる時期を知ろう

★潮汐と魚の関係

潮の大小を知ろう・満ち潮と引き潮

★潮流と釣果の関係

潮流とは・釣れる流れとは・流れの向きを考えた釣り

★ライトな釣行計画

ナイトゲームの特性・釣り場調査・記録する項目

★ベイトとは

ベイトの重要性・ベイトの見分け方

★危険な魚

カサゴ・ソイ類・エイ類・ダツ・タチウオ・その他の魚

★ライトルアーとは

ライトルアーゲームについては、ライトルアーやライトゲームと呼ばれて親しまれているが、定義についてはまちまちであるため、ルによってまちまちであるため、本書では「手軽に楽しめるルアー釣り」ということで紹介している。仕事帰りや少し時間が空いたときなど、短時間で楽しめる釣り方をメインに、これからライトルアーを楽しむ釣り人へ向けたタックル選択、そして確実に釣果を上げるためのルアー選択と使い方を紹介したい。

★必要な道具

手軽に楽しむためには、準備が簡単で移動も楽、すぐに釣りができ、いつでも止められることが必須条件。ロッドとリールとルアーが最低限必要な道具だ。

しかし、手軽さの裏に釣りは自然を相手に楽しむものなので、どうしても危険がつきまとうものだ。身を守るためにライフジャケットやフィッシンググローブ、日中でもライト類は装備しておきたい。

★ライトルアーの心得

まず第一に大切なことは、思い立ったら即行動だ。釣れなければすぐに帰ればいいのだ。

この行動力がライトルアーの武器となり、慣れてくれば釣れる確率が高い日や時間を選んで釣行できるようになる。

次に大切なのが無理をしないこと。前準備を念入りにしての釣行とは違うため、少しの無理が事故につながってしまう。

陸からのルアーゲームは夜間が中心となりやすい。日が傾き始めたらスタートの合図。そして日が沈んだらバトルの開始だ。

偏光グラス
デイゲームでは海底の様子だけでなく、ベイトの種類を確認するためにも必要。

ライフジャケット
ポケットが多いルアー用ジャケットがおすすめ。夏場など暑い時期はショルダータイプが快適。

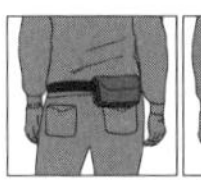

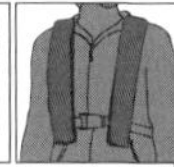

ウエストタイプ　ショルダータイプ

ルアーバッグ
ウエストタイプやショルダータイプのライフジャケットを着用する場合、ショルダーバッグが便利。大きすぎず動きを妨げないものを選ぶ。

入れる道具

ルアーケース
不要なルアーは入れないこと。最低限必要なものを選択しておこう。

小物ケース
ジグヘッドやスナップを整理整頓しておく。こうすれば不足した小物がすぐにわかる。

プライヤー
フィッシュグリップ
ルアーをくわえた魚を素手でつかむのは危険。フィッシュグリップやタオルで魚を掴み、プライヤーでルアーを外そう。

リーダーライン
対象魚に合わせて最低1個は入れておこう。

ビニール袋(大)
釣れた魚を入れたり、ゴミを持ち帰るため。大きいほうが重宝する。

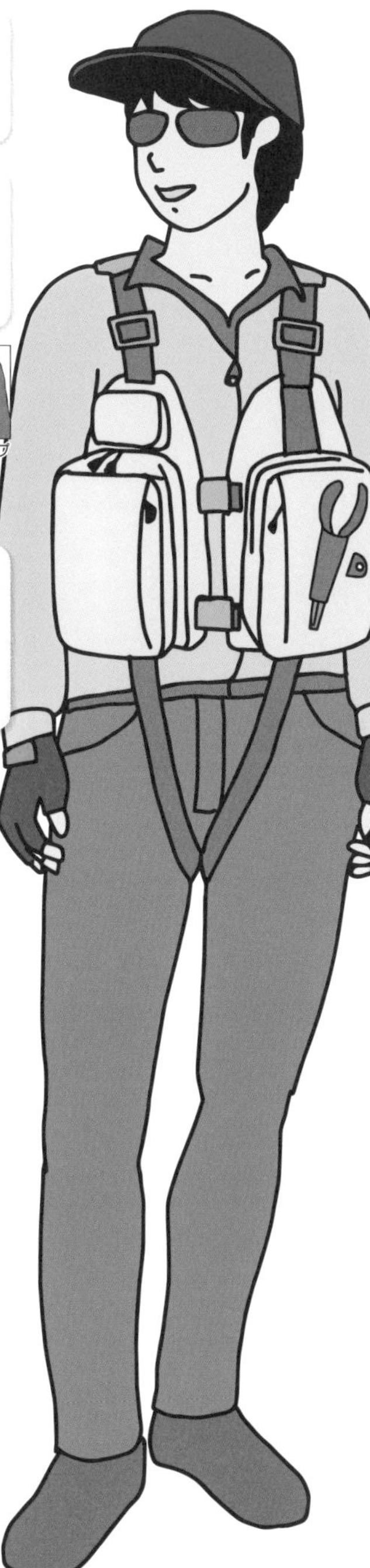

キャップ
デイゲームでは必須。

ヘッドライト
ルアー釣りではナイトゲームがメイン。ネックライトやライフジャケットに装着できるものも使いやすい。予備の電池も用意しておこう。

ウェア
海風に当たると疲労が大きくなりやすいのと、害虫対策として長袖が理想。急に冷え込むこともあるので、パーカーなど上から着られる薄着を用意しておこう。

予備のタックル
ロッドやリールの予備も用意したいところだが、車中に置いたままだと破損や盗難のおそれもあるため、必要最小限にとどめよう。トラブルがあれば即帰る心がけだ。

フィッシンググローブ
テトラや地磯では必ず装着。また、キャスト時の手への抵抗も軽減できるため、疲れを和らげてくれる。

パンツ
フィッシングパンツが動きやすく素材も強いが、履きなれたものがよい。

シューズ
通常の生活に比べラフに使用するので、靴底が丈夫で滑りにくいものを選ぶ。

★対象となる魚

主流となる対象魚は堤防をメインに、メバル・アジ・シーバスが代表で、根魚や季節によってタチウオやメッキ、カマスなど多彩に狙うことが可能だ。要は堤防や河口域、地磯に生息するフィッシュイーター全てが対象となる釣りだ。このため、メバルを狙っていてもレンジ（遊泳層）が重なるアジやシーバスなどがヒットすることも多い。

このことからも、目的とする対象魚を決めて釣りに出かけても、ポイントでは別の魚種を狙ったほうが釣れる日も出てくる。そういう時にルアーをチェンジしたり、仕掛けを少し工夫するだけで対象魚を変えることができるのも、ルアー釣りの面白いところだ。

目的の魚の釣り方だけでなく、他の魚のことも知っておき、釣れる魚を狙うようにしよう。

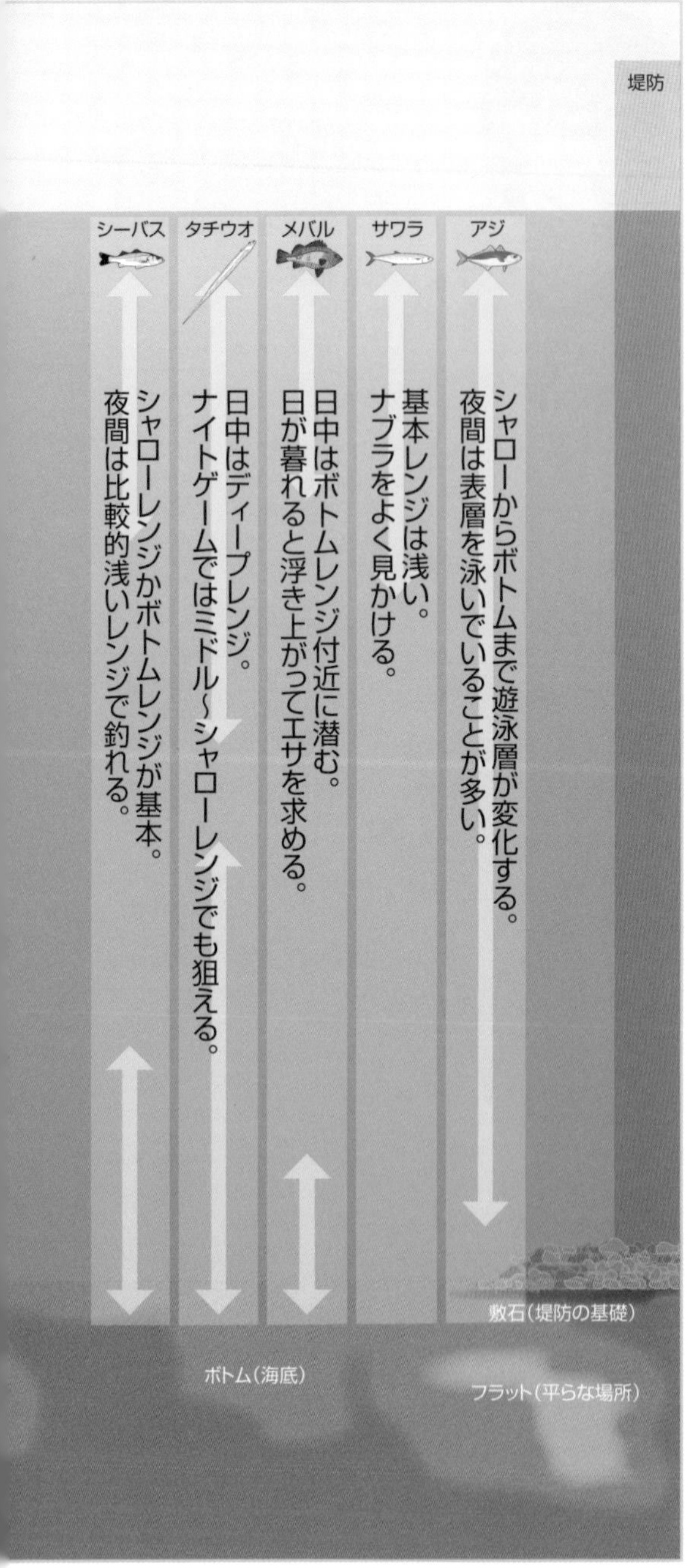

堤防

アジ
シャローからボトムまで遊泳層が変化する。
夜間は表層を泳いでいることが多い。

サワラ
基本レンジは浅い。
ナブラをよく見かける。

メバル
日中はボトムレンジ付近に潜む。
日が暮れると浮き上がってエサを求める。

タチウオ
日中はディープレンジ。
ナイトゲームではミドル～シャローレンジでも狙える。

シーバス
シャローレンジかボトムレンジが基本。
夜間は比較的浅いレンジで釣れる。

敷石（堤防の基礎）

ボトム（海底）

フラット（平らな場所）

メインの魚とメインレンジ

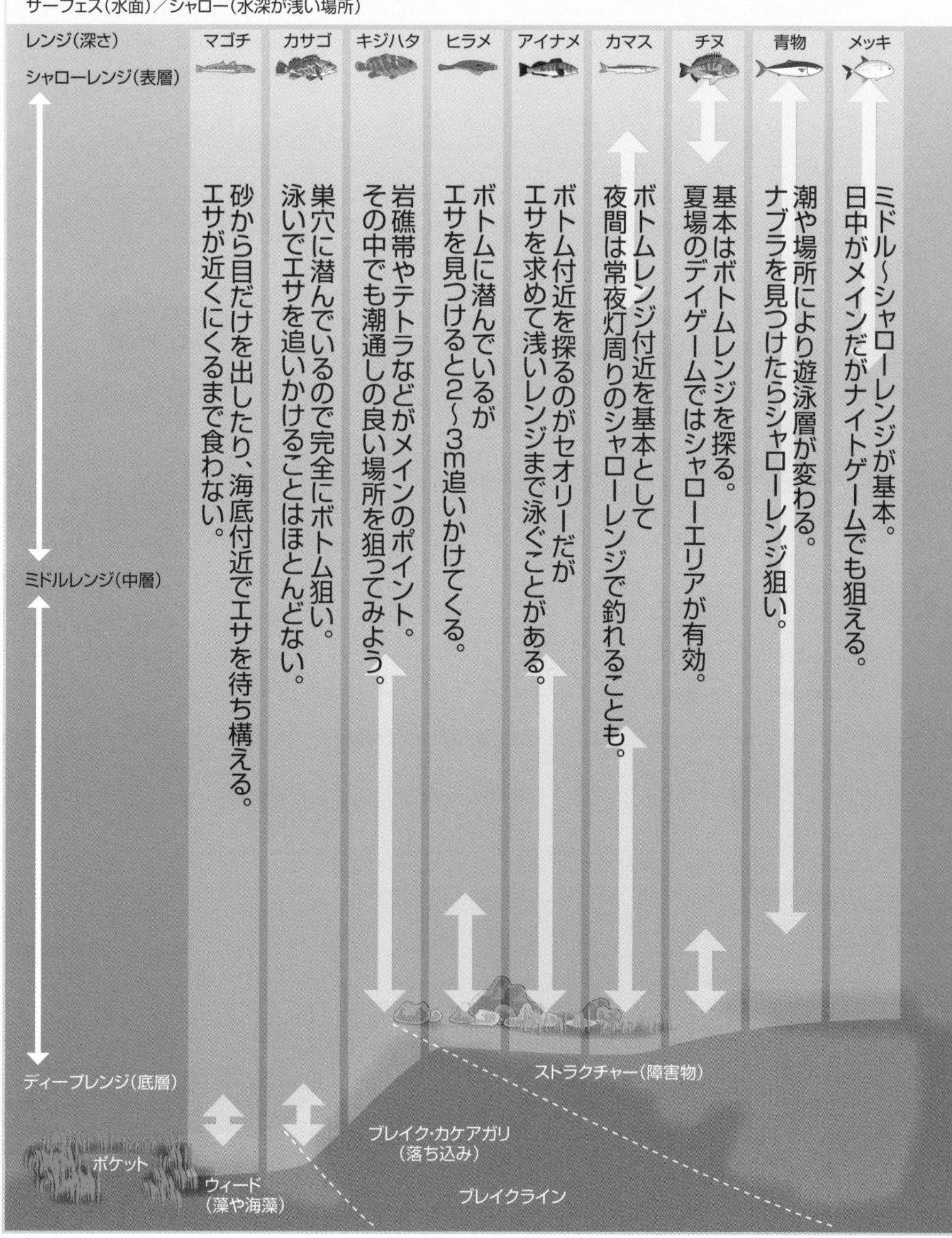

サーフェス（水面）／シャロー（水深が浅い場所）
レンジ（深さ）
シャローレンジ（表層）
ミドルレンジ（中層）
ディープレンジ（底層）
マゴチ
カサゴ
キジハタ
ヒラメ
アイナメ
カマス
チヌ
青物
メッキ
ミドル～シャローレンジが基本。日中がメインだがナイトゲームでも狙える。
潮や場所により遊泳層が変わる。ナブラを見つけたらシャローレンジ狙い。
基本はボトムレンジを探る。夏場のデイゲームではシャローエリアが有効。
ボトムレンジ付近を基本として夜間は常夜灯周りのシャローレンジで釣れることも。
ボトム付近を探るのがセオリーだがエサを求めて浅いレンジまで泳ぐことがある。
ボトムに潜んでいるがエサを見つけると2～3m追いかけてくる。
岩礁帯やテトラなどがメインのポイント。その中でも潮通しの良い場所を狙ってみよう。
巣穴に潜んでいるので完全にボトム狙い。泳いでエサを追いかけることはほとんどない。
砂から目だけを出したり、海底付近でエサを待ち構える。エサが近くにくるまで食わない。
ストラクチャー（障害物）
ブレイク・カケアガリ（落ち込み）
ポケット
ウィード（藻や海藻）
ブレイクライン

ライトルアーの特徴

★主なフィールド

■漁港周辺

短時間で釣行できる自分が住んでいるエリア内がベスト。一般的には漁港や港湾がメインとなり、地域により河川や地磯もフィールドとなる。

ここでは、魚がどんな場所を好んで生息しているのか、どの魚種でも共通してポイントになる場所を把握しておこう。

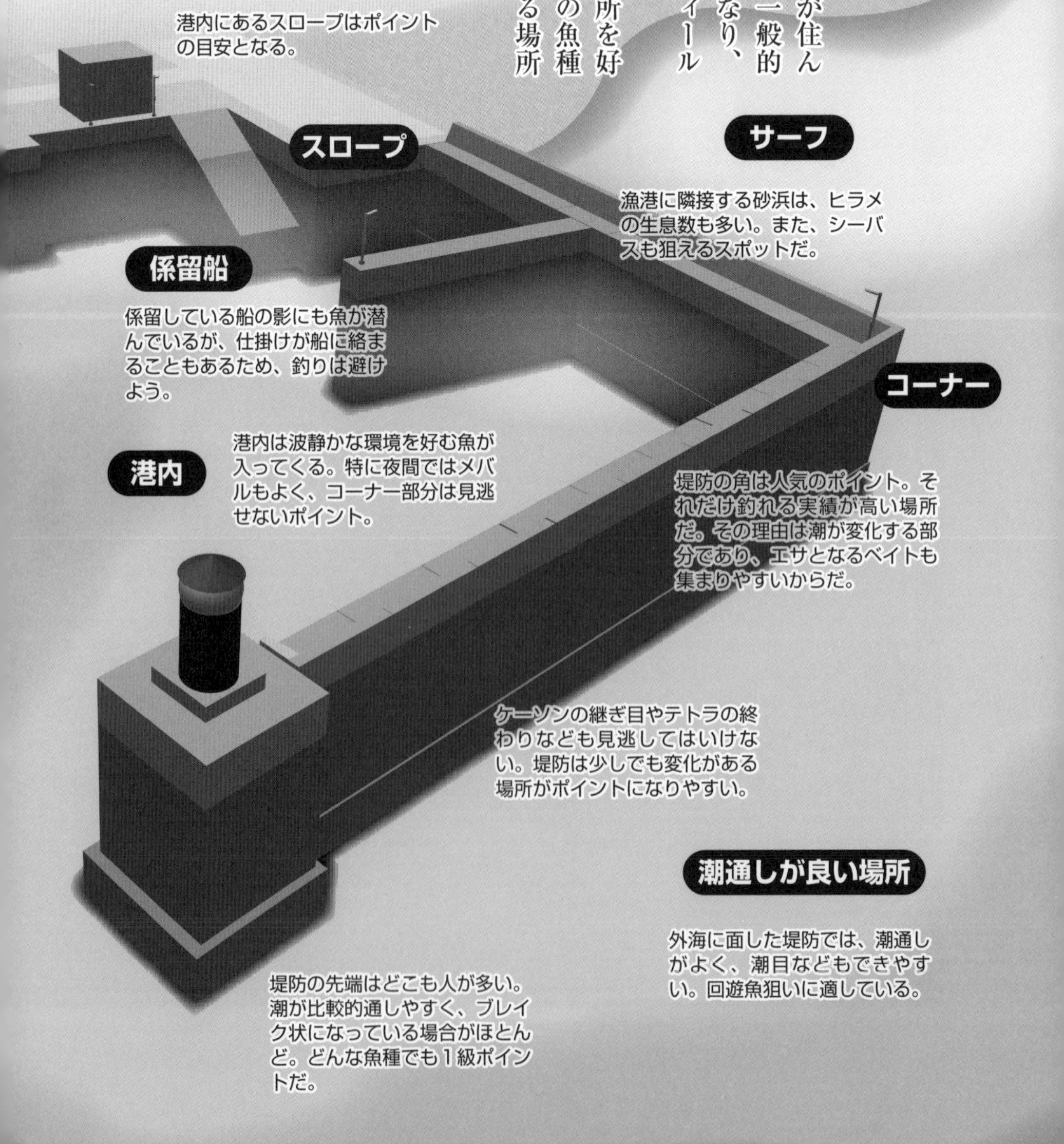

港内にあるスロープはポイントの目安となる。

スロープ

サーフ

漁港に隣接する砂浜は、ヒラメの生息数も多い。また、シーバスも狙えるスポットだ。

係留船

係留している船の影にも魚が潜んでいるが、仕掛けが船に絡まることもあるため、釣りは避けよう。

コーナー

港内

港内は波静かな環境を好む魚が入ってくる。特に夜間ではメバルもよく、コーナー部分は見逃せないポイント。

堤防の角は人気のポイント。それだけ釣れる実績が高い場所だ。その理由は潮が変化する部分であり、エサとなるベイトも集まりやすいからだ。

ケーソンの継ぎ目やテトラの終わりなども見逃してはいけない。堤防は少しでも変化がある場所がポイントになりやすい。

潮通しが良い場所

外海に面した堤防では、潮通しがよく、潮目などもできやすい。回遊魚狙いに適している。

堤防の先端はどこも人が多い。潮が比較的通しやすく、ブレイク状になっている場合がほとんど。どんな魚種でも１級ポイントだ。

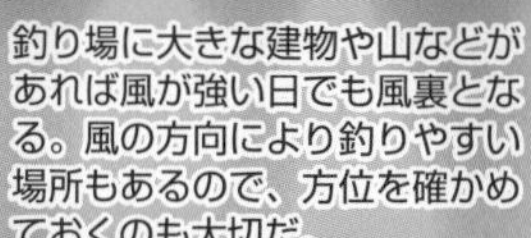

釣り場に大きな建物や山などがあれば風が強い日でも風裏となる。風の方向により釣りやすい場所もあるので、方位を確かめておくのも大切だ。

釣り禁止はもちろん、時間により立ち入り禁止の場所があるので注意。

地磯

地磯は様々な魚が狙える堤防よりもワンランクアップのポイントだ。その分危険度も増すため、万全の装備で挑もう。

地磯に面した堤防は海底の起伏に富んでいる。エサとなる甲殻類も豊富なので、それを狙って根魚やチヌなどが近づいてくる。

常夜灯

常夜灯はナイトゲームの鉄板ポイント。小魚が寄っていればさらに好条件となる。

藻場

藻場では様々な魚が生息し、産卵場所としても利用される。季節によって枯れる海藻もあり、それに着く魚種もかわる。

底質の変化

海底の質によって生息する魚種が変わってくる。堤防付近ではフラットな海底がほとんどなので、沈み瀬など魚が隠れることができるストラクチャーがメインのポイントになりやすい。

船道

港内の入口は船道となっている。船の往来のため深く設定されておりブレイクラインができている。このブレイクに魚がつきやすい。

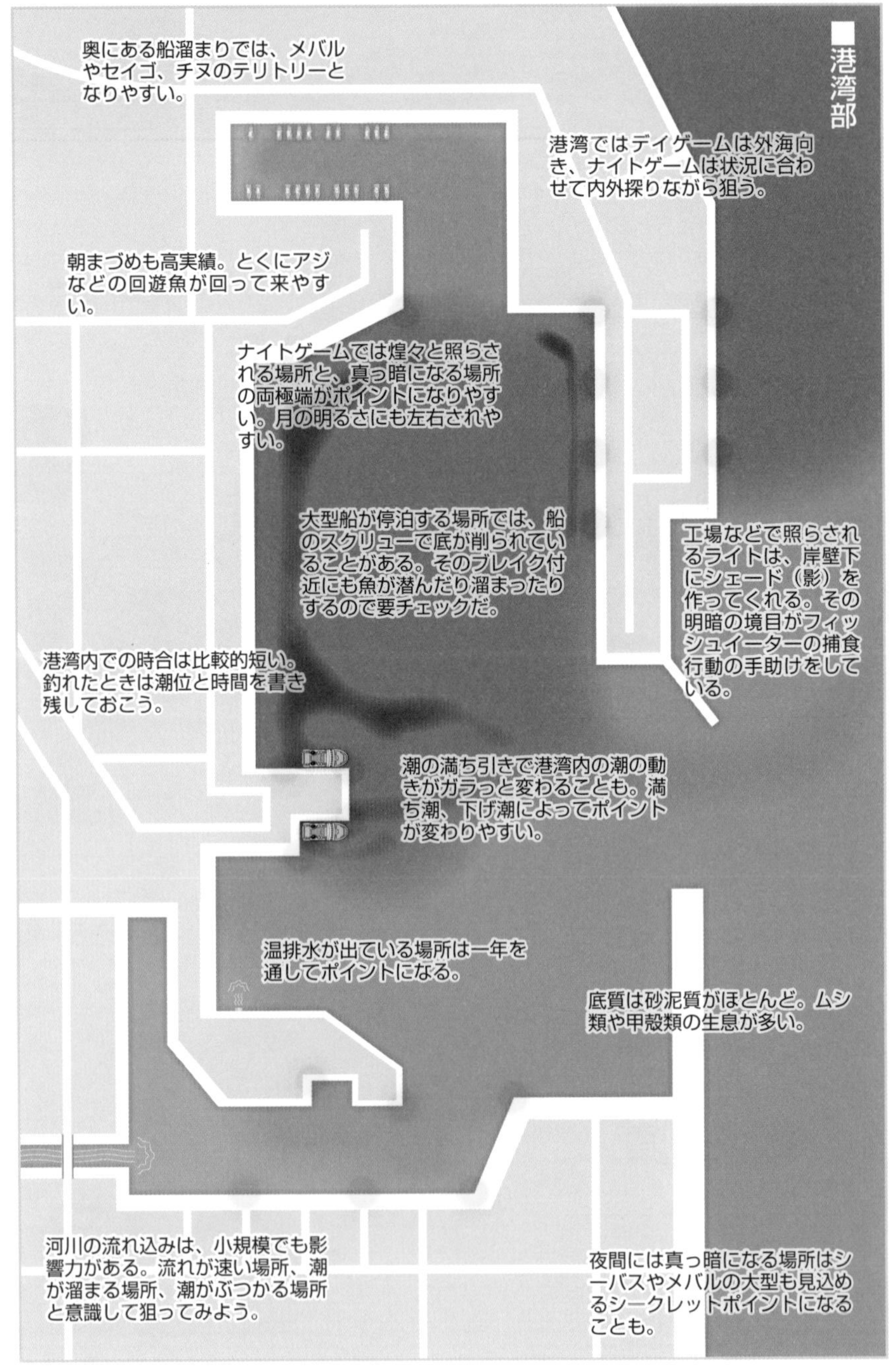
■港湾部
奥にある船溜まりでは、メバルやセイゴ、チヌのテリトリーとなりやすい。

港湾ではデイゲームは外海向き、ナイトゲームは状況に合わせて内外探りながら狙う。

朝まづめも高実績。とくにアジなどの回遊魚が回って来やすい。

ナイトゲームでは煌々と照らされる場所と、真っ暗になる場所の両極端がポイントになりやすい。月の明るさにも左右されやすい。

大型船が停泊する場所では、船のスクリューで底が削られていることがある。そのブレイク付近にも魚が潜んだり溜まったりするので要チェックだ。

工場などで照らされるライトは、岸壁下にシェード（影）を作ってくれる。その明暗の境目がフィッシュイーターの捕食行動の手助けをしている。

港湾内での時合は比較的短い。釣れたときは潮位と時間を書き残しておこう。

潮の満ち引きで港湾内の潮の動きがガラっと変わることも。満ち潮、下げ潮によってポイントが変わりやすい。

温排水が出ている場所は一年を通してポイントになる。

底質は砂泥質がほとんど。ムシ類や甲殻類の生息が多い。

河川の流れ込みは、小規模でも影響力がある。流れが速い場所、潮が溜まる場所、潮がぶつかる場所と意識して狙ってみよう。

夜間には真っ暗になる場所はシーバスやメバルの大型も見込めるシークレットポイントになることも。

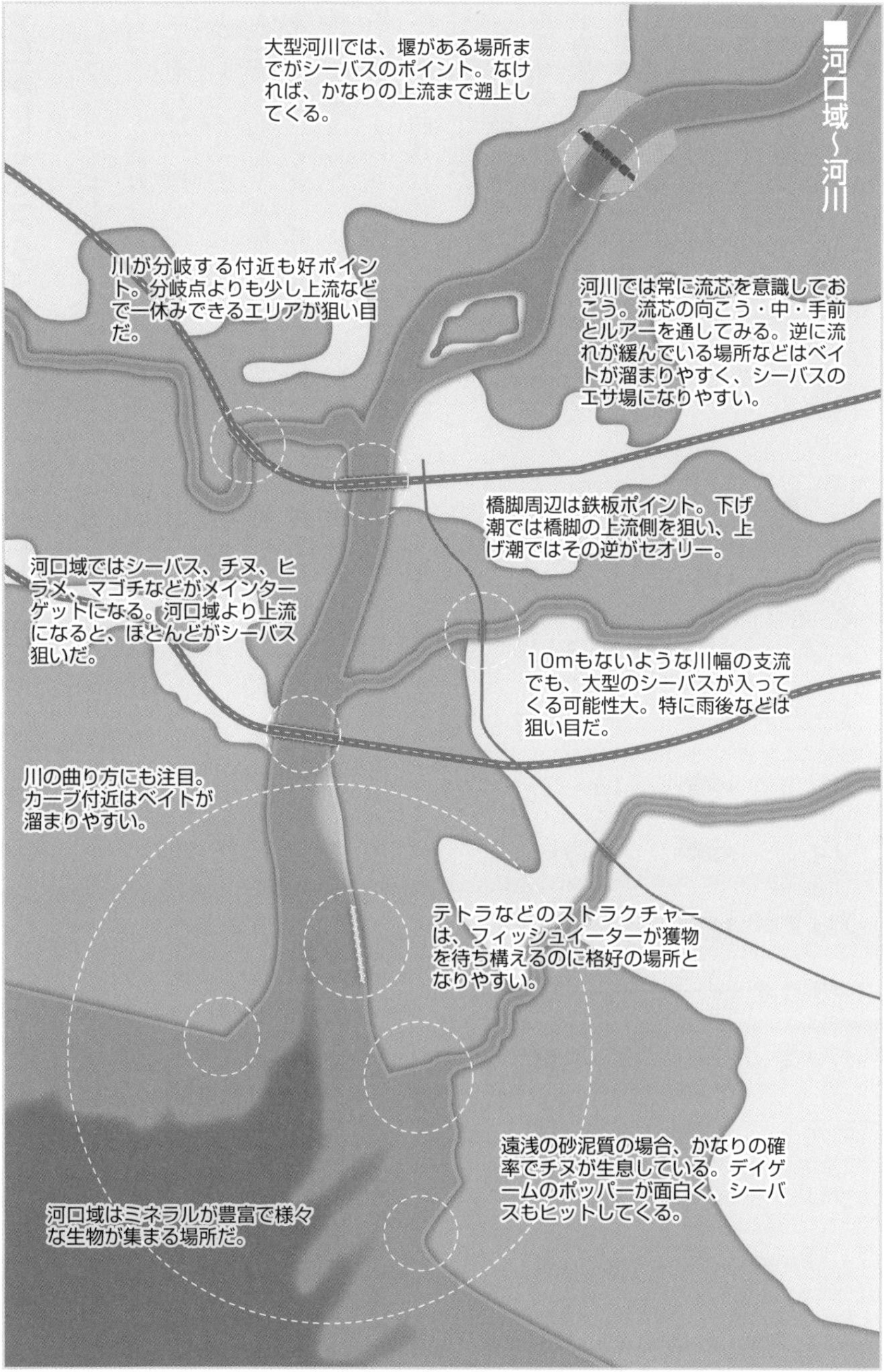

■河口域～河川

大型河川では、堰がある場所までがシーバスのポイント。なければ、かなりの上流まで遡上してくる。

川が分岐する付近も好ポイント。分岐点よりも少し上流などで一休みできるエリアが狙い目だ。

河川では常に流芯を意識しておこう。流芯の向こう・中・手前とルアーを通してみる。逆に流れが緩んでいる場所などはベイトが溜まりやすく、シーバスのエサ場になりやすい。

橋脚周辺は鉄板ポイント。下げ潮では橋脚の上流側を狙い、上げ潮ではその逆がセオリー。

河口域ではシーバス、チヌ、ヒラメ、マゴチなどがメインターゲットになる。河口域より上流になると、ほとんどがシーバス狙いだ。

10mもないような川幅の支流でも、大型のシーバスが入ってくる可能性大。特に雨後などは狙い目だ。

川の曲り方にも注目。カーブ付近はベイトが溜まりやすい。

テトラなどのストラクチャーは、フィッシュイーターが獲物を待ち構えるのに格好の場所となりやすい。

遠浅の砂泥質の場合、かなりの確率でチヌが生息している。デイゲームのポッパーが面白く、シーバスもヒットしてくる。

河口域はミネラルが豊富で様々な生物が集まる場所だ。

ライトゲームの特徴

★四季によるスタイル

対象魚別によく釣れるシーズンとほとんど釣れない時期が存在する。それは、魚が四季により移動しているからだ。とくに産卵による影響が強く、産卵期は浅い場所へ移動し、それ以外は深い場所へ戻る傾向にある。つまり、陸から狙うスタイルでは魚の移動に合わせてその時期に釣れる魚を狙うというのが王道だ。

産卵行動を簡単に説明すると、産卵準備のため浅場でエサを多く求め体力づくりを図る。そして産卵を終えた個体は深場へと落ち、体力回復に専念する。エサを追い求めるほどに回復したら、活発に捕食行動をとるようになる。この産卵前と産卵後に「荒食い」といわれる時期があり、例外はあるが絶好の釣期となる。

★釣れる時期を知ろう

「荒食い」になるにはいくつか条件がある。水温はもちろん潮の満ち引きや大きさ、波の大小、潮の澄み具合などだ。また、藻場などに産卵をする魚は、藻の成長にも影響される。

例年釣れるシーズンはおおまかに同じだが、あらゆる自然条件によって毎年ズレがある。さらに、釣れるのはほんの1～2週間しかないときもある。このため、釣り人は情報収集を怠ってはいけない。釣具店の釣果情報やネットの釣果サイト、釣り友達とのネットワークで常に状況を把握しておこう。

もう一つ釣期を知る方法があり、それは草花で確認することだ。釣り場にある草花の成長を観察し、釣れたときの成長状態を覚えておけばよい。

魚　種	産卵期
メバル	11～2月
アジ	1～11月
シーバス	11～4月
カサゴ	11～3月
ソイ	5～7月
アイナメ	9～12月
タチウオ	6～10月
カマス	6～8月
チヌ	4～7月
ブリ	2～5月
カンパチ	3～8月

※産卵は水温に大きく影響され、水温が低い地域ほど時期が遅い傾向にある。

★潮汐と魚の関係

●潮の大小を知ろう

海には潮の満ち引きがあることはご存知だろう。これは月の引力によるものだが、「大潮→中潮→小潮→長潮→若潮→中潮→大潮」の順に繰り返されている。また、旧暦は月の満ち欠けに準じた暦なので、旧暦カレンダーでも潮を知ることができる。「十五夜」というのは満月のことだから、旧暦の15日前後は満月の大潮と覚えておくといいだろう。

大潮 満月	大潮 新月
中潮	中潮
小潮	小潮
長潮	長潮
若潮	若潮
中潮	中潮
大潮 新月	大潮 満月

●満ち潮と引き潮

海水が増え潮位が上がるときを満ち潮、逆に潮位が下がるときを引き潮とよび、最満潮・最干潮のときを潮止まりとよんでいる。

この潮の動きが魚の移動に大きく影響しており、釣れるときが予測できる。

釣りでは満潮前後がよく釣れるといわれているが、場所によって大きく変わってしまう。釣り場ごとにベストな潮があるので、釣れるまでは全ての潮を釣るつもりで通ってみよう。

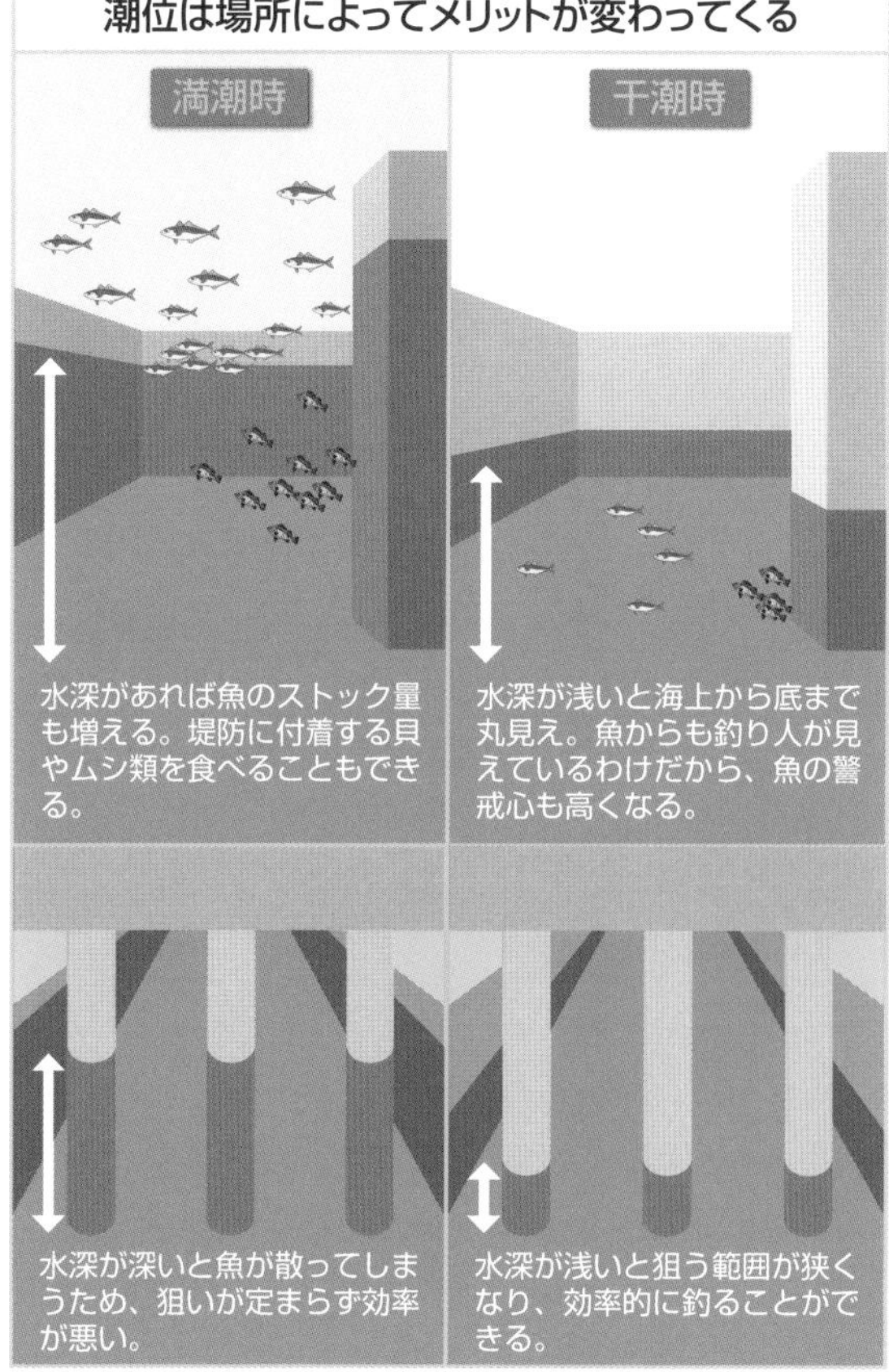
潮位は場所によってメリットが変わってくる
満潮時
干潮時
水深があれば魚のストック量も増える。堤防に付着する貝やムシ類を食べることもできる。
水深が浅いと海上から底まで丸見え。魚からも釣り人が見えているわけだから、魚の警戒心も高くなる。
水深が深いと魚が散ってしまうため、狙いが定まらず効率が悪い。
水深が浅いと狙う範囲が狭くなり、効率的に釣ることができる。

★潮流と釣果の関係

●潮流とは

釣りでいう潮流とは、釣り場に発生する流れのことを表している。流れる速度や方向により呼び名は異なるが、堤防では横に流れる「横流れ」がほとんどだ。

潮流は潮の干満の差や地形の変化により流れる方向・速度が変わり、釣果に大きく影響してくる。

ルアー釣りの場合、釣り座を移動しながら釣ることが可能なので、潮の角度とルアーの通し方を考えて移動しながら狙うとよい。

●釣れる流れとは

魚は基本的に流れに向かって頭を向けている。特に小魚は身を守るために群れを作り、外敵を警戒している。玉のように群れる理由はいくつかあるが、弱い個体ほど外周に追い出される傾向にある。そして、その弱い個体を狙っているのがフィッシュイーターだ。

逆に流れがないと群れの向きが散漫になり、弱い個体を見つけづらく、効率のよい捕食行動がとりにくくなる。つまり流れがなければ魚全体の活性が低い傾向にあり、釣れる確率も低くなる。

しかし、流れがあれば全ての魚の活性が高くなるわけではない。泳ぎが得意な魚は速い流れでも持ち前の瞬発力でエサを捕食し、泳ぎがあまり得意ではない魚は、流れが緩くなる場所を好んで生息している。このことから、魚種による好む流れを知り的確に狙うことが必要となる。

●流れの向きを考えた釣り

ルアー釣りはエサ釣りと違い、魚に食べ物だと認知させなければ

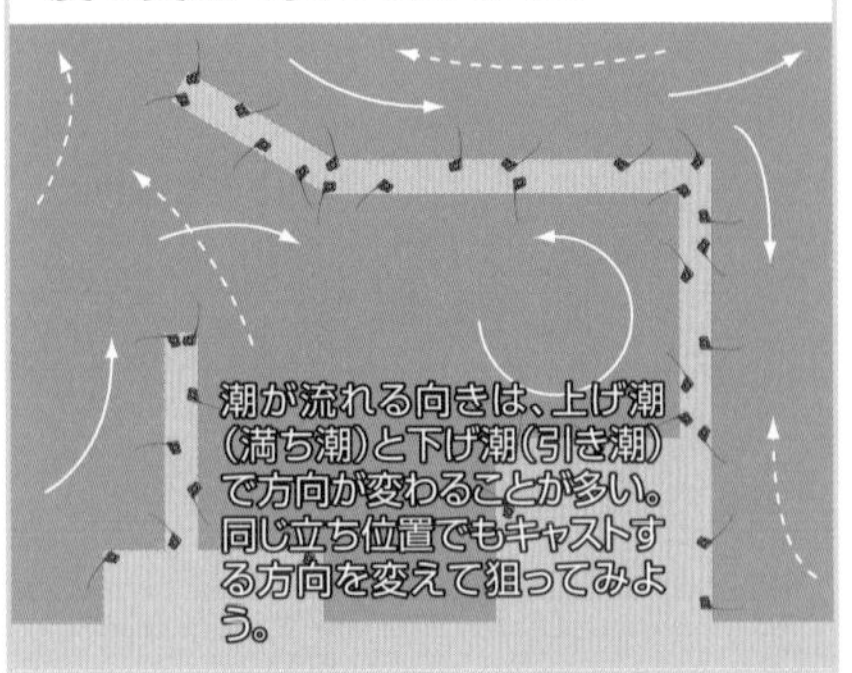
海の流れは様々。釣れないときは角度を変えて狙ってみよう。
潮が流れる向きは、上げ潮(満ち潮)と下げ潮(引き潮)で方向が変わることが多い。同じ立ち位置でもキャストする方向を変えて狙ってみよう。

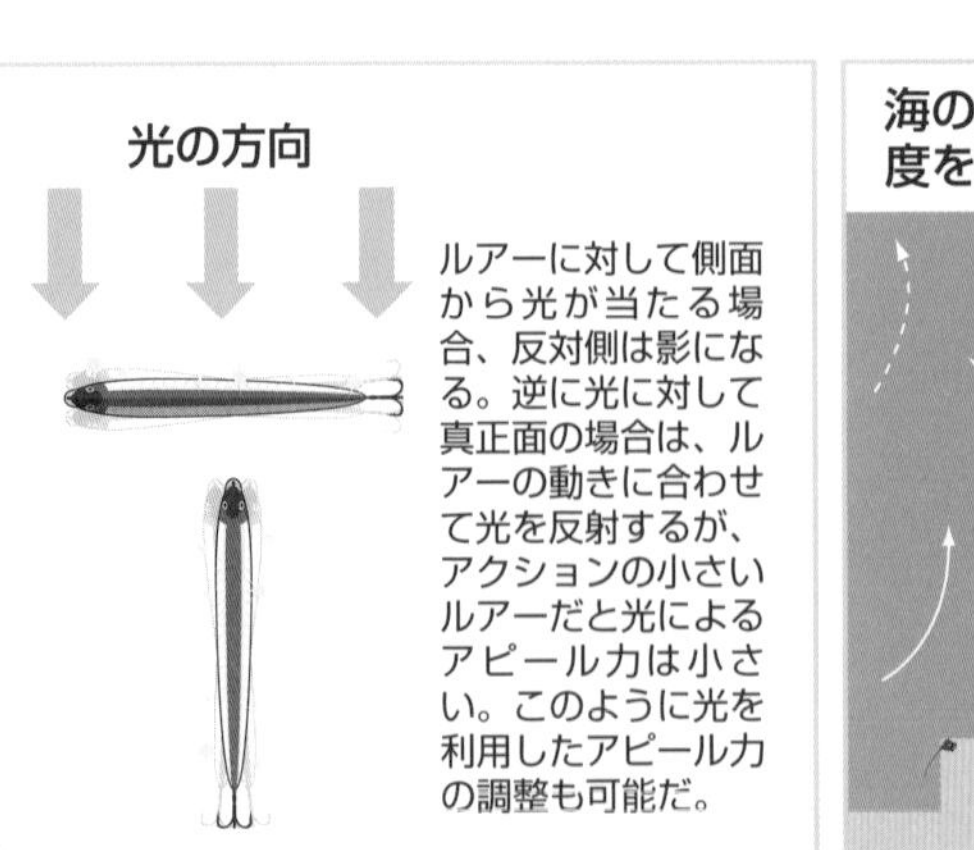
光の方向
ルアーに対して側面から光が当たる場合、反対側は影になる。逆に光に対して真正面の場合は、ルアーの動きに合わせて光を反射するが、アクションの小さいルアーだと光によるアピール力は小さい。このように光を利用したアピール力の調整も可能だ。

釣れない。例外はあるが、じっとルアーを止めていても釣れる確率は低い。魚の興味をひくためのアクションと、食わせるための速度が必要だ。

これにプラスして、流れの向きを考慮したルアーの通し方が重要になる。数歩移動しただけで釣れ始めることもあるので、流れに対して同じ場所から釣り続けるのではなく、流れの向きなども考えてルアーを泳がせてみよう。

そしてもう一つ重要なのが光の方向。ルアーは光の反射を利用したものがほとんどだ。ちょっとだけルアーに当たる光の角度を変えただけで、アピールの強さが大幅に変わる。

陽が射す方向に対するルアー角度、常夜灯に対しての立ち位置も考慮して、ルアーのアピール力の調整をしながら狙ってみよう。

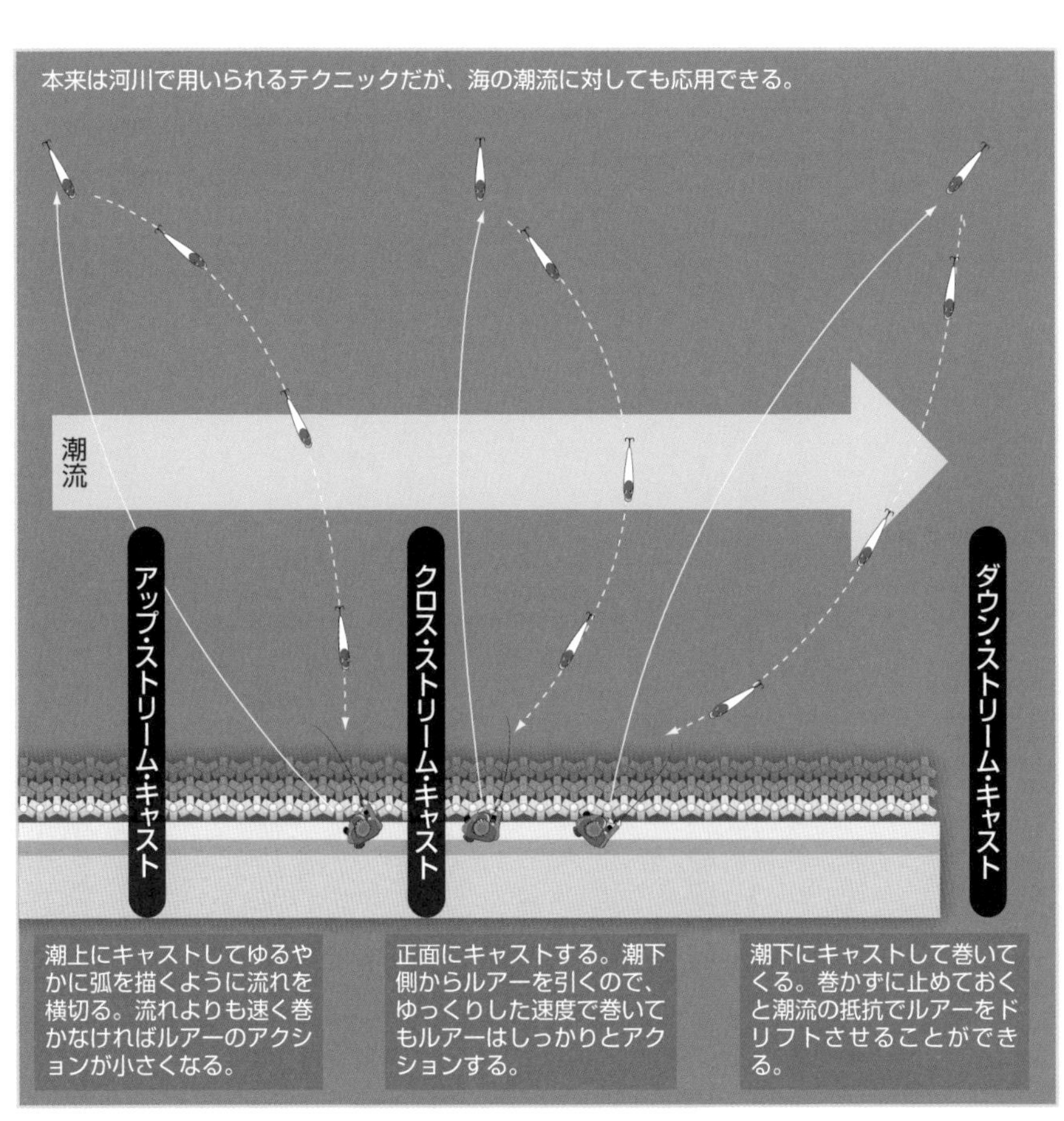

本来は河川で用いられるテクニックだが、海の潮流に対しても応用できる。
潮流
アップ・ストリーム・キャスト
クロス・ストリーム・キャスト
ダウン・ストリーム・キャスト
潮上にキャストしてゆるやかに弧を描くように流れを横切る。流れよりも速く巻かなければルアーのアクションが小さくなる。
正面にキャストする。潮下側からルアーを引くので、ゆっくりした速度で巻いてもルアーはしっかりとアクションする。
潮下にキャストして巻いてくる。巻かずに止めておくと潮流の抵抗でルアーをドリフトさせることができる。

★ライトな釣行計画

釣果を得たいのなら、釣り場へ人よりも多く通うのが一番手っ取り早い。毎日のように同じエリアに通えばいつどんな魚が釣れるのかが見えてくる。自分の釣果だけではなく、他の釣り人の釣果も見られる。

その釣り人とコミュニケーションできれば、さらに多くの情報を得ることができる。釣り人同士あいさつを交わすのも、釣りを楽しむためのツールとなっている。

●ナイトゲームの特性

ライトタックルで狙える魚のほとんどは夜間がメインとなる。このため、仕事が終わってからの短時間釣行も可能になる。

特に冬場は日が沈む時間が早いため、定時で終わっても充分に楽しむことが可能だ。

これを数回繰り返すと、釣れる時間帯や潮がわかるようになる。そうすれば無駄に足を運ぶこともなく、高確率で釣果を上げることが可能だ。

ここでのポイントは満潮と干潮の時間。そして上げ潮と下げ潮というキーワードだ。潮に対する釣果は釣り場によって変わるので、調査する手順を考えてみよう。

●釣り場調査

まず自宅から1時間以内に行けるような釣り場を3か所以上ピックアップする。そして遠い場所から釣りを開始し、帰りながらポイントを回る。

ここで重要なのは潮位。できれば満潮か干潮の時間に合わせて最初の釣り場に着いておきたい。例えば干潮時に着いたとすると、他の釣り場は上げ潮を順に狙うことになる。満潮や干潮時間は毎日約1時間遅れるので、1週間通えば、ほぼ全ての潮を狙うことが可能だ。毎日通うことが難しい場合は、次は逆の潮の日を選んで釣行しよう。

釣り場によって満潮や干潮付近しか釣れなかったり、上げ潮か下げ潮が良かったりする。1回行って釣れずに諦めるのではなく、違う潮を何度か狙ってみよう。

もう一つ重要なのが日没の時間。夕まづめと言われる日が沈んで暗くなる前の時間帯は魚の活性が上がると言われているが、真っ暗にならないと釣れない場所や、逆に明るいうちにしか釣れないポイントもある。

●記録する項目

釣果を上げることができたら、

魚の種類やサイズはもちろんだが、その日の状況を記録しておく。記録する内容は、

①潮位と潮回り。
②潮の流れる方向。
③時間と日照の有無。
④3日前からの天候状態。
⑤潮の濁り具合。
⑥ベイトの有無と種類。

釣れた実績を重ねるごとに釣れる状況分析が可能になる。つまり、釣りが上手くなるということだ。どこでもとはいかないが、より釣れる場所を探す目と、ポイントを選択する知識、その場で使用するルアーの種類やアクションのつけかたなど、全ての知識が身につき、人よりも多く釣果を上げることが可能になる。コンスタントに釣果を上げるためには、多く釣果を上げなければ身につかないということだ。

釣り場選びは状況が違う場所を選択する

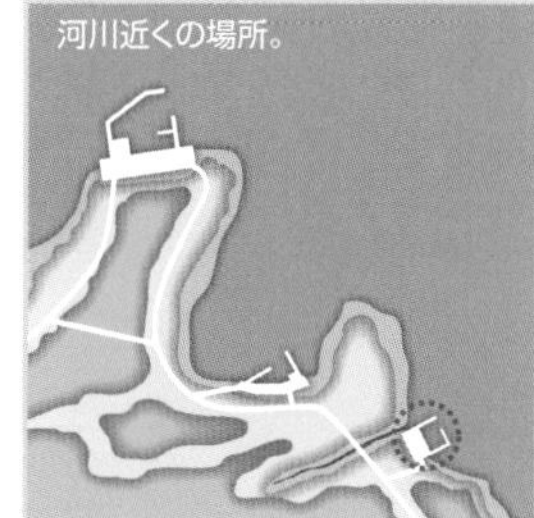
河川近くの場所。

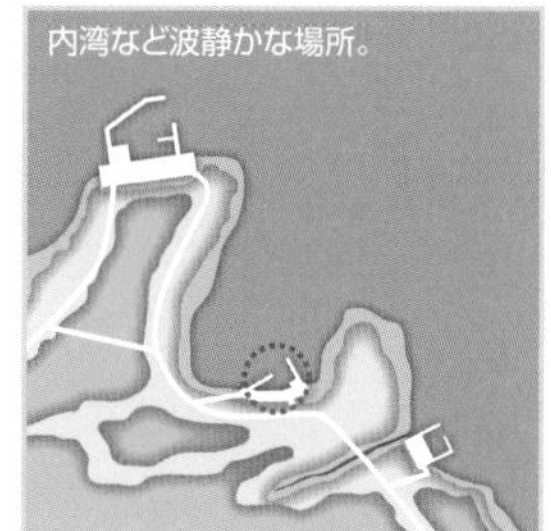
内湾など波静かな場所。

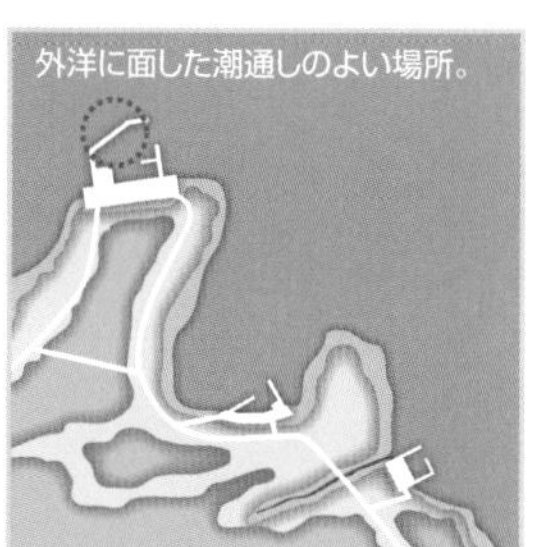
外洋に面した潮通しのよい場所。

もっと細かく分ければ、テトラや沈み瀬などストラクチャーの有無、水深の深い浅い、底質の違いなどとにかく同じような場所を避け、違った雰囲気の場所を釣り歩くようにする。このほうが気分的にもリフレッシュできるので、釣り飽きずに楽しめる。

潮の濁り具合や波の様子も観察する

ナイトゲームでは潮の濁り具合が分かりにくいが、釣る前に足下をライトで照らして確認しておこう。その際、浮遊物などで潮の流れる方向も確認しておく。また、波の高低差でも魚の食いや釣れるレンジが変わるので注意しよう。

★ベイトとは

ルアー釣りでいわれるベイトとは、小魚やムシ類、甲殻類などそのとき食べている生物を呼んでいる。フィッシュイーターは年中同じエサを食べているわけではない。季節に合わせてそのときに食べやすい、または捕まえやすいエサを食べている。

●ベイトの重要性

例えば、5㎝ほどのカタクチイワシが多く集まる時期では、それを食べるため多くの魚がその場所に集まってくる。このとき、捕食者はカタクチイワシがメインとなり他のエサにはあまり関心を示さない傾向にある。そこで集まった捕食者を釣るためには、カタクチイワシに似せたルアーが有効となるのだ。

このようにそのとき食べているベイトがルアーを選ぶための選択基準となったり、それに合わせた釣り方が必要となる。

ルアー釣りではベイトに合わせたルアー選択「マッチ・ザ・ベイト」が基本だ。

しかし、捕食者がみな同じベイトを食べているとは限らない。集まった捕食者を、さらに大型の魚が狙っていることもある。このように、状況に合わせるための一番の手掛かりがベイトとなる。

逆にベイトがいないような海域では、釣果の期待が薄いということになる。

●ベイトの見分け方

視認するのが一番確実だが、ナイトゲームでは判別がつかないときも多く、ベイトが沈んでいれば居るのかさえ判断できない。

ではどうするかというと、ベイトが大量に集まる時期はおおまかに決まっている。これを目安にルアーを選択し探ってゆく。

また、ベイトが大量に集まっている場所では、魚の捕食音が聞こえてくるので、迷わずに投げ続けてみよう。

主なベイトのシーズン	
イサザアミ	12～6月
バチ抜け（環状生物）	2～7月
アジ	6～10月
イナ（ボラの幼魚）	4～9月
キス	7～9月
ハゼ	6～10月
イワシ（シラス）	5～11月
稚アユ	4～6月
落ちアユ	9～11月

★危険な魚

危険な魚と聞いて、フグなどの毒性を持った魚を思い浮かべる人が多数だろう。しかし、オコゼのようにヒレに毒を持った魚も多いので、釣れた魚はできるだけ素手で持たないようにしよう。

●カサゴ・ソイ類

カサゴやソイ類の仲間には、ヒレに毒を持った種類もいる。カサゴ類の毒は、ハブ類の18倍あり危険だが、実際には極微量のため刺さった部分がズキズキと痛む程度で済んでいる。このため生命に対する危険度は低いが、もしものためにも注意して取り扱おう。

●エイ類

春を過ぎて水温が上がってくると、エイ類が活発に行動を始める。エイはルアーにアタックしてくるので厄介だ。また、掛かったら重量感ある引きでなかなか寄せることができず、最悪ラインブレイクしてしまう。釣り上げた場合は尾ビレの中程にあるトゲに注意すること。水に浸かって釣るウエーディングでもウエーダーを突き抜けて刺してくるので、エイガードなどで予防しよう。

●ダツ・タチウオ

どちらも鋭い歯を持ち、手が触れただけで切れてしまうほどだ。素手で直接持つことは避け、フィッシュグリップやタオルで持つこと。ダツは夜間では明かりを見ると海上に飛び上がってくることがあるので、ダツが多い海域では際から少し離れて釣るようにして、ライトを海面に照らさないようにしよう。

●その他の魚

その他アイゴやオコゼなどもヒレに毒を持っている。たとえ毒を持っていない魚でも、鋭い歯やヒレでケガをすることもあるため注意したい。また、魚だけでなく見たことがない生物は絶対に素手で触らないこと。

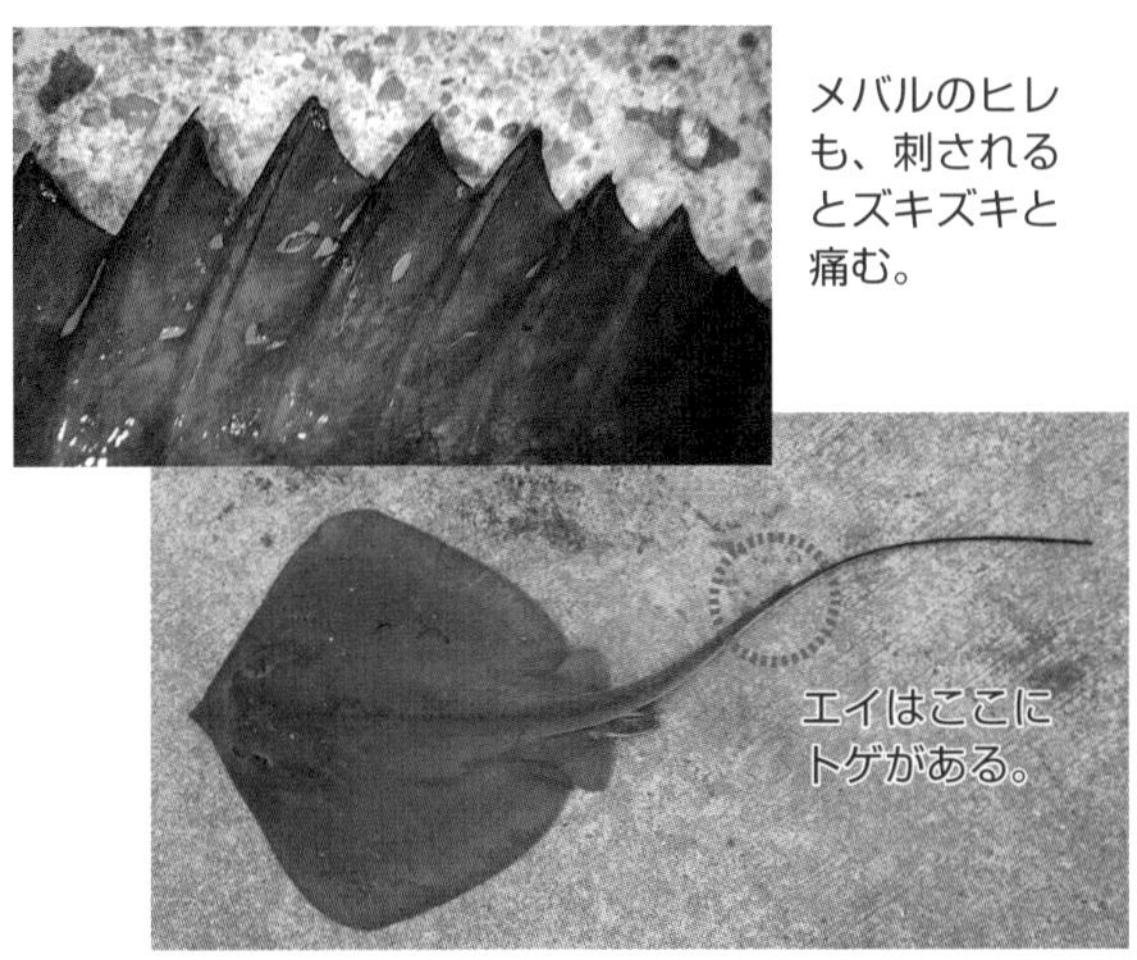
エイはここにトゲがある。

メバルのヒレも、刺されるとズキズキと痛む。

レコードフィッシュ

ジャパンゲームフィッシュ協会（JGFA）では、釣り人のための釣魚公認記録をレコードしている。魚の重量だけではなく、ラインのポンド数に応じた記録など釣り人がより多く参加できる仕組みになっている。ここに挙げた記録はほんの一部だ。同ホームページでは毎月のように新記録が発表されている。あなたも、ライトタックル仕様で釣れた魚がレコードフィッシュになるかもしれない。

オールタックル抜粋（2022.12.06認定）　http://www.jgfa.or.jp/

魚　種	重　量	釣り場所	年月日	釣り人
◎　アイナメ	3.25kg(タイ記録)	岩手県宮古市重茂沖	2007-08-15	菅原　和也
	3.25kg(タイ記録)	北海道森町砂原沖	2009-07-29	佐々木孝基
	48cm(叉長)	北海道厚真町浜厚真防波堤	2019-07-28	坂本　幸博
※◎　アオハタ	2.49kg	鹿児島県いちき串木野市沖	2016-03-17	和田　伸一
※◎　アカハタ	2.40kg	鹿児島県長島地磯	2019-12-30	稲田　浩也
※◎　ウサギアイナメ	2.65kg	北海道オホーツク海知床沖　水深100m	2018-08-31	坂本　幸博
※◎　ウスメバル	1.10kg	宮城県牡鹿半島沖	2005-03-03	佐藤　文紀
※◎　オウゴンムラソイ	1.35kg	宮城県本吉町大谷	2004-10-25	小野寺正人
※◎　オニオコゼ	0.48kg(タイ記録)	長崎県生月島	1999-11-08	鷹野　正樹
	0.51kg(タイ記録)	兵庫県美方郡新温泉町	2021-10-10	中野　雄司
※◎　カサゴ	0.75kg(タイ記録)	東京都伊豆大島泉津港	2019-03-24	みなせちわ
	0.76kg(タイ記録)	高知県上ノ加江漁港	2021-10-16	うみり
※◎　キジハタ	3.58kg	大分県佐賀ノ関沖	2020-05-31	宮崎　威征
◎　キチヌ	2.70kg	神奈川県京浜運河	2005-07-05	小野章太郎
※◎　キツネメバル	2.80kg	北海道磯谷郡尻別沖	2010-05-22	岡山　正充
※　クロシビカマス	1.09kg(タイ記録)	神奈川県小網代沖	2020-09-26	冨士木耶奈
	1.14kg(タイ記録)	神奈川県葉山沖	2020-11-26	西野　勇馬
◎　クロソイ	5.10kg	北海道石狩沖	2008-06-01	松井　智博
◎　クロダイ	4.25kg	大阪府大阪湾南港南	2010-07-17	渡辺美喜雄
	52cm(叉長)	愛知県名古屋港	2019-02-19	窪田　淳
※◎　ゴマサバ	1.36kg	高知県足摺岬沖	2000-05-06	田村　賢二
◎　サワラ	10.57kg	長崎県五島列島	2015-12-27	木下　勇
※◎　シマゾイ	3.35kg	北海道尻別川沖	2008-04-20	岡山　千春
※◎　スジアイナメ	1.50kg	北海道羅臼	2003-09-08	滝澤　一美
◎　スズキ	13.14kg	大分県堅田川	2006-10-08	久保　慶彰
	97cm(叉長)	島根県松江市宍道湖	2017-06-03	門谷　昌彦
◎★スズキ	63cm(叉長)	東京湾	2021-10-17	三田　恭嗣
	65cm(叉長)	神奈川県横浜沖	2021-12-15	奥山　文弥
	63cm(叉長)	東京湾	2021-10-17	三田　恭嗣
	65cm(叉長)	神奈川県横浜沖	2021-12-15	奥山　文弥
◎　タケノコメバル	3.00kg(タイ記録)	宮城県本吉郡本吉町	2005-12-15	小野寺由彦
	3.00kg(タイ記録)	宮城県牡鹿郡牡鹿町清崎	2004-12-28	佐藤　文紀
◎　タチウオ	5.13kg	鹿児島県鹿屋高須沖	2020-09-17	山口　充
※◎　タヌキメバル	2.99kg	岩手県久慈沖	2010-06-04	山口　聡
◎　ブリ	22.10kg	三重県石鏡沖	2005-12-11	北村　京一
※◎　ホウキハタ	8.34kg	静岡県下田神子元島沖	2020-09-22	吉田　幸治
◎　ホッケ	2.20kg	北海道知床沖	2005-07-17	黒江　誉介
※◎　マアジ	1.19kg	三重県古和浦沖	2010-04-25	秋田　勝之
◎　マゴチ	3.70kg	鹿児島県奄美大島住用町	2007-02-24	松本　立樹
マゴチ	60cm(全長)	神奈川県金沢八景沖	2022-05-29	若林　務
※　マサバ	1.20kg	千葉県天津小湊	2002-05-30	田中　滋
◎　マダイ	11.60kg	茨城県鹿島灘	2020-08-31	高野　一巳
	80cm(叉長)	静岡県駿河湾三保沖	2021-04-11	山田　順平
◎　ミナミクロダイ	3.05kg	鹿児島県大和村名音	2003-02-23	林　修作
※◎　ムラソイ	2.65kg	岩手県宮古沖	2015-06-18	北村　文彦
※◎　メバル	1.12kg	千葉県南房総市白浜	2010-01-19	岡田　修平

※は日本記録「ラインクラス部門」対象魚外
◎は世界記録
★はオールタックル・フライ・レングスレコード

※JGFAホームページより抜粋。

魚種別攻略法

メバル

沈み根や海草などの身を隠せるストラクチャーを基点に生活をしているメバルは、海中では10～20尾の群れをつくり、上方から落下してくるエサを待つように斜め上に頭を向けて静止している。成長するにつれて岸寄りの藻場から沖合の岩礁帯に生活圏を変えるほか、成魚は秋から初冬にかけて浅場で積極的な食餌行動をとり、冬になると水深20～30m沖合の岩礁帯で産卵（胎子の産出）を行い、季節による移動がみられる。

カサゴ目フサカサゴ科
Sebastes inermis

★シーズン

春			夏			秋			冬		
3月	4月	5月	6月	7月	8月	9月	10月	11月	12月	1月	2月

型を選ばなければ年間を通して狙うことができるが、ハイシーズンは良型が浅場に近づく秋～初冬と春先。ベイトになる小魚やアミなどの姿が見られるようになるころがチャンス。

Main Field

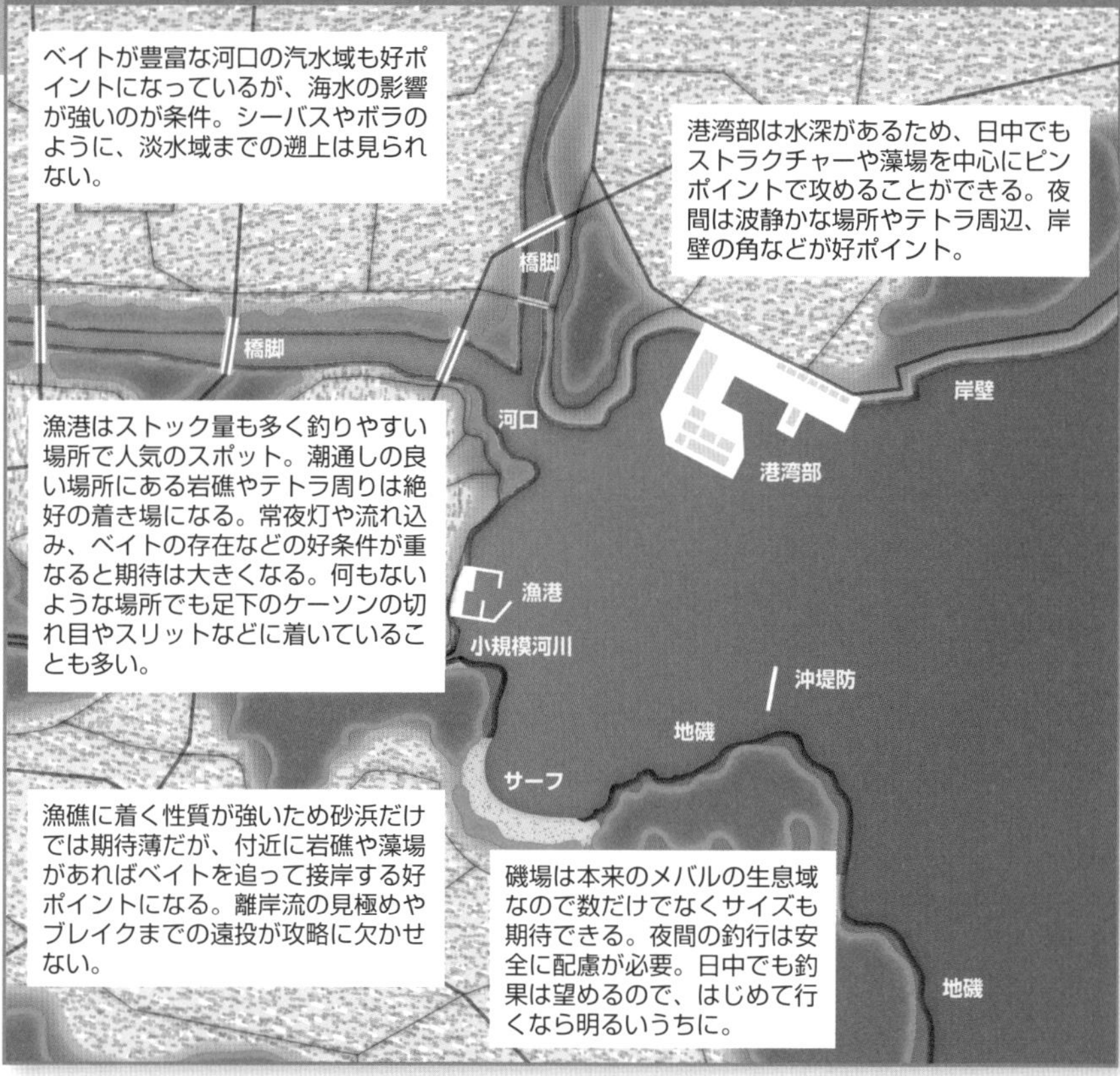

ベイトが豊富な河口の汽水域も好ポイントになっているが、海水の影響が強いのが条件。シーバスやボラのように、淡水域までの遡上は見られない。

港湾部は水深があるため、日中でもストラクチャーや藻場を中心にピンポイントで攻めることができる。夜間は波静かな場所やテトラ周辺、岸壁の角などが好ポイント。

漁港はストック量も多く釣りやすい場所で人気のスポット。潮通しの良い場所にある岩礁やテトラ周りは絶好の着き場になる。常夜灯や流れ込み、ベイトの存在などの好条件が重なると期待は大きくなる。何もないような場所でも足下のケーソンの切れ目やスリットなどに着いていることも多い。

漁礁に着く性質が強いため砂浜だけでは期待薄だが、付近に岩礁や藻場があればベイトを追って接岸する好ポイントになる。離岸流の見極めやブレイクまでの遠投が攻略に欠かせない。

磯場は本来のメバルの生息域なので数だけでなくサイズも期待できる。夜間の釣行は安全に配慮が必要。日中でも釣果は望めるので、はじめて行くなら明るいうちに。

橋脚
橋脚
河口
港湾部
岸壁
漁港
小規模河川
沖堤防
地磯
サーフ
地磯

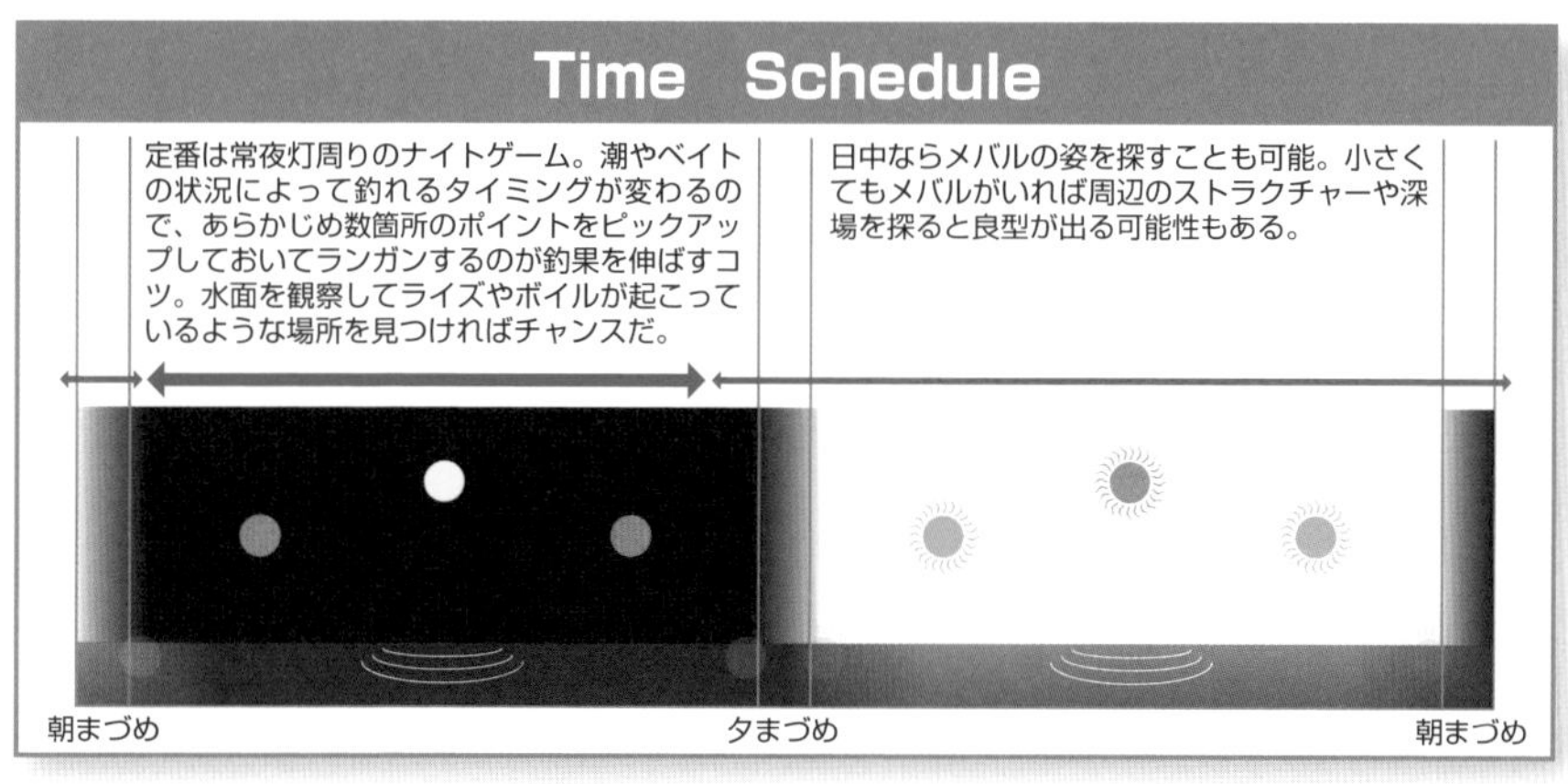
Time Schedule
定番は常夜灯周りのナイトゲーム。潮やベイトの状況によって釣れるタイミングが変わるので、あらかじめ数箇所のポイントをピックアップしておいてランガンするのが釣果を伸ばすコツ。水面を観察してライズやボイルが起こっているような場所を見つければチャンスだ。
日中ならメバルの姿を探すことも可能。小さくてもメバルがいれば周辺のストラクチャーや深場を探ると良型が出る可能性もある。
朝まづめ
夕まづめ
朝まづめ

★タックルセレクト

基本のタックル

最初に揃えるならコレ！

Main Line

ナイロンライン または
フロロカーボンライン
／0.8～1号(3～4lb)

メバルの引きは強いが、ラインが岩に当たるなど傷が入らなければ切れることはほとんどない。細いラインを使いルアーの飛距離を稼ごう。理想はPEラインの0.25～0.4号だ。

Reader Line

フロロカーボンライン
／1～1.5号(4～6lb)60cm
※セットしなくてもよい。

メインラインにナイロンラインかフロロカーボンラインを使用する場合は、リーダーラインは不要。PEライン使用時は必ずセットすること。

リールはメインラインが50mほど巻ければＯＫ。ロッドとのバランスを考えて1000～2500番内で決めるといいだろう。ロッドは感度重視のソリッドタイプがおすすめで、張りがある方がジグヘッドを扱いやすい。

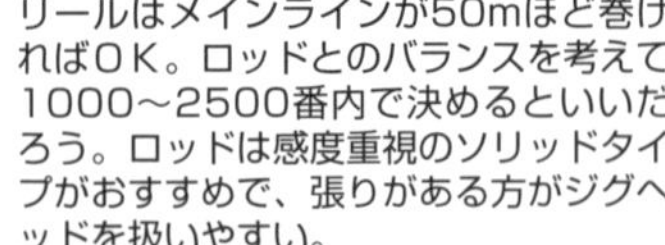

Lure

ジグヘッド
／1.5g
ワーム
／1.5in

ワームはホワイトやグロー系がスタンダードだが、日によってよくアタるカラーが変わるので、ピンクやクリアも揃えておこう。

Reel

スピニングリール
2000番

Rod

メバリングロッド
ソリッドティップ
7.6ft

★基本のタックル&リグ（ジグヘッドリグ）

シンプルなジグヘッド単体のリグは、メバリングばかりではなくライトタックルゲームの基本といってもいい。

メバリングの場合、ジグヘッドのウエイトは1・5gを基本に、遠投や深場狙いが必要な場合の5gから、食いが悪くナチュラルに誘いをかけるときの0・6gまで攻め方に応じて使い分けるのがセオリー。ラインやタックルの選び方はこのジグを操作しやすいものであることが条件となる。

ラインの種類は一般的に使われるナイロン、フロロカーボン、PEのどれを使ってもかまわないが、扱うルアーが軽量のため細いラインのほうがリグとの相性が良い。ビギナーには扱いやすい3lb前後のナイロンかフロロカーボンラインの使用をすすめる。この太さなら飛距離も稼げ、しなやかなので巻きグセなどのトラブルも少ないはずだ。細いためラインの傷のチェックは欠かせないが、慎重なやり取りを行えば、尺クラスでも充分に対応できる。

リールは軽量でスローリトリーブでも操作のテンポを損なわない2000番クラスが向いているが、スプール径が小さいためラインのヨレや巻きグセが気になるようならワンランク大きくする。

ロッドはメバル専用のものを選びたい。ジグヘッドの使用がメインなら、軽くて張りのあるものがアタリや着底が分かりやすいだけでなく、根掛かりした場合にも外しやすい。

ワームは1・5inのピンテールタイプをメインに、シャッドテールやカーリーテールなど数種類用意してヒットルアーを見つけるのが釣果を伸ばすコツ。メインで使用するものはカラーバリエーションを揃えてアタリが遠のいたときはローテーションを行う。

★ポイントセレクト

ベイトが豊富にいることは重要な条件。夜間ならベイトの集まりやすい常夜灯周りは要チェック。さらに海中の障害物やカケアガリなどの地形の変化にも注目。このような場所ではヨレや反転流などの潮流の変化が起きやすいのでベイトが溜まりやすく、外敵から身を守るのにも適した場所となる。

テトラや橋脚などの見つけやすいものだけではなく、沈み瀬、カケアガリ、藻場の位置を明るいうちにチェックしておきたい。

★漁港攻略

漁港にはタイプの違うストラクチャーが多く存在するためポイント選びには事欠かない。釣果が出ないときでもポイント移動が簡単なのも漁港のメリットだ。そのメリットを有効に生かすためには、ポイント移動の際は違った条件の場所を選ぶようにしたい。

潮通しの良いところと湾奥、明るいところと暗いところ、潮の流れと人工的な流れ込み、遠投と足下といった相反する要素を相互に狙ってみよう。

このように条件が違うポイントを、場所を移動せずに狙えるのが漁港の良さなので、定番ポイントのみルアーを通すのではなく、釣れないときは付近をよく観察して、違った条件のポイントを手返し良く探ってみよう。

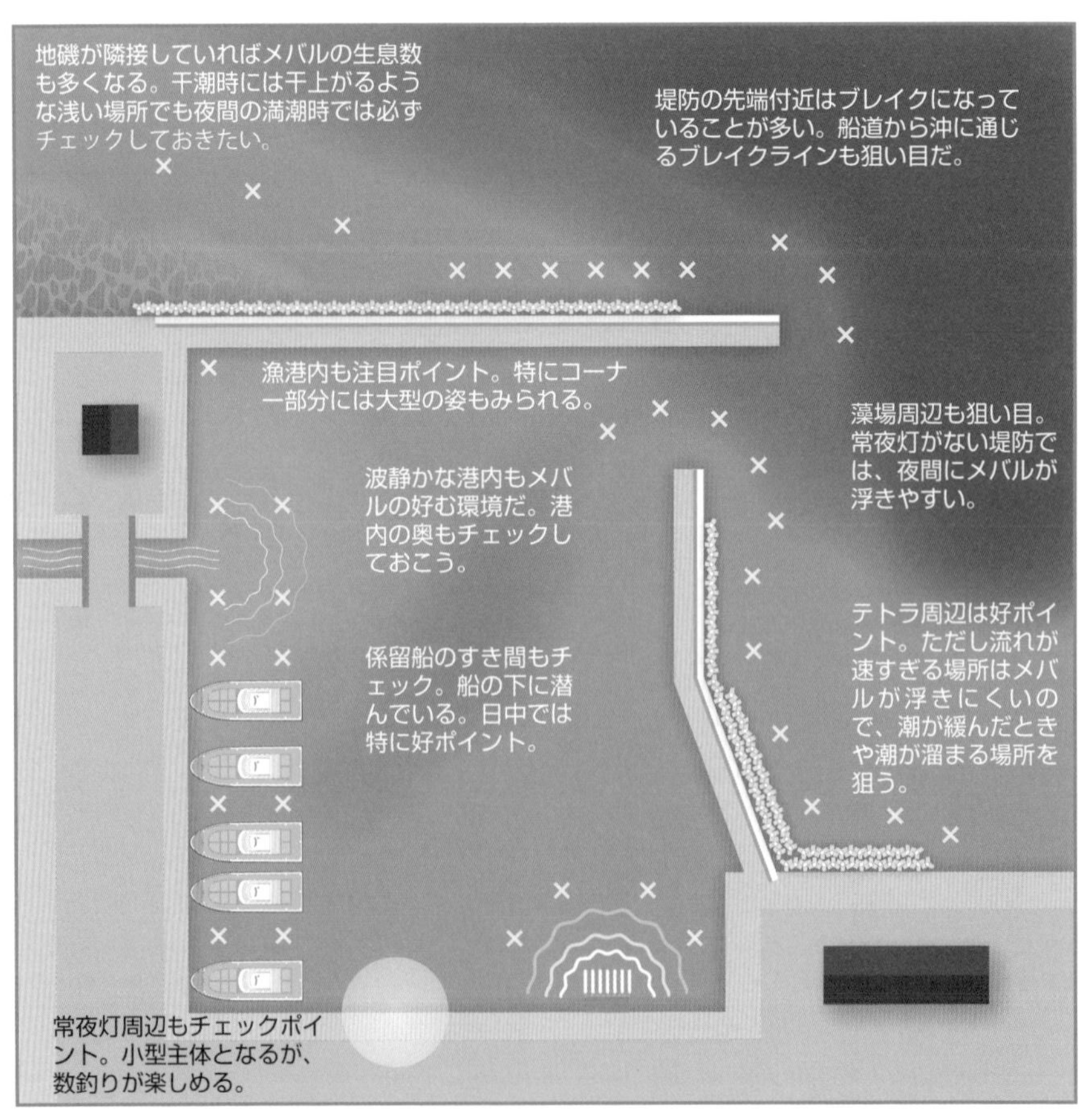
地磯が隣接していればメバルの生息数も多くなる。干潮時には干上がるような浅い場所でも夜間の満潮時では必ずチェックしておきたい。

堤防の先端付近はブレイクになっていることが多い。船道から沖に通じるブレイクラインも狙い目だ。

漁港内も注目ポイント。特にコーナー部分には大型の姿もみられる。

藻場周辺も狙い目。常夜灯がない堤防では、夜間にメバルが浮きやすい。

波静かな港内もメバルの好む環境だ。港内の奥もチェックしておこう。

テトラ周辺は好ポイント。ただし流れが速すぎる場所はメバルが浮きにくいので、潮が緩んだときや潮が溜まる場所を狙う。

係留船のすき間もチェック。船の下に潜んでいる。日中では特に好ポイント。

常夜灯周辺もチェックポイント。小型主体となるが、数釣りが楽しめる。

★ストラクチャー

メバルが身を守ったりエサを捕るために着くストラクチャーの攻略は重要な要素。漠然とその周りにルアーを通すだけではなく、形状や明暗、流れとの関係を総合的に見ることでよりヒットチャンスを増やすことができるのだ。小型は姿を見ることも多いが、良型になると警戒心が強く身を隠すのに条件の良い場所に着いている。

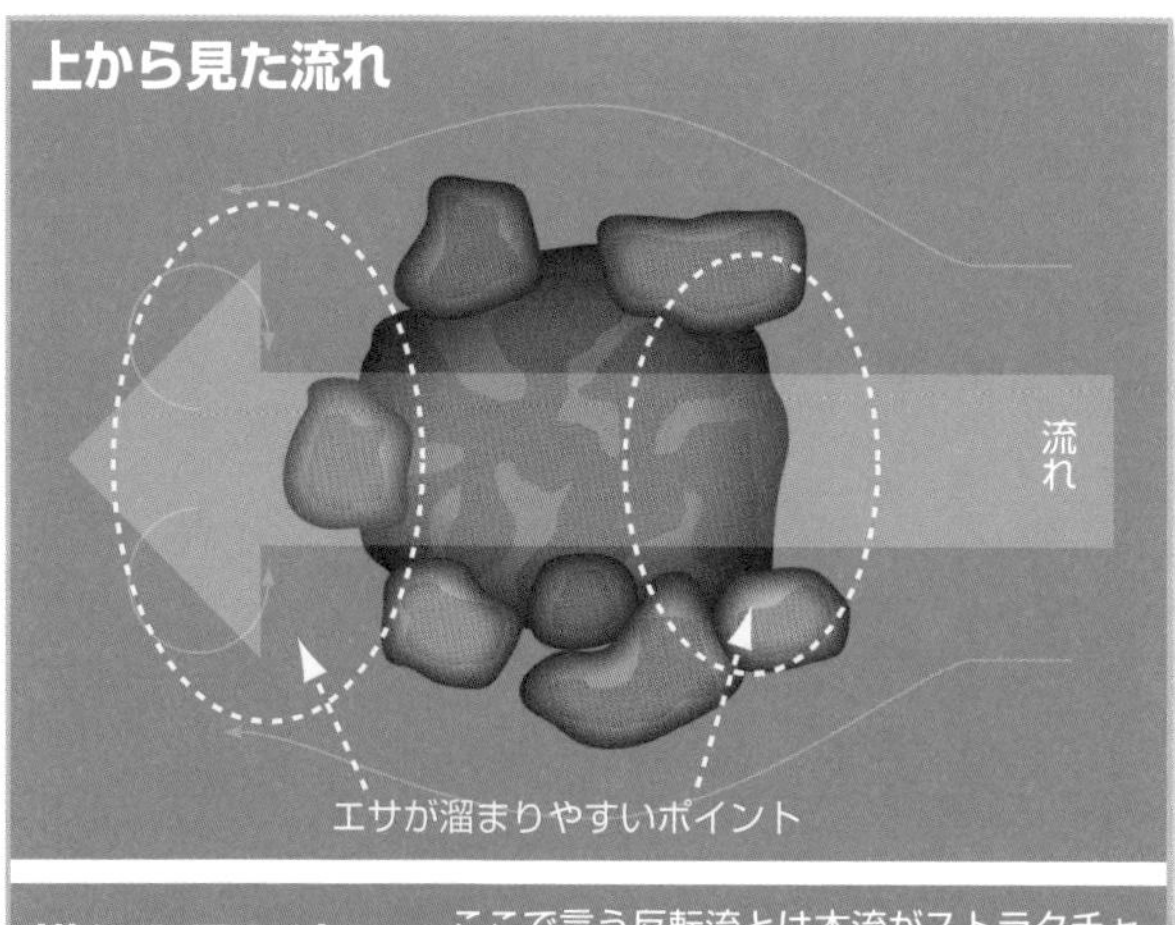
上から見た流れ
流れ
エサが溜まりやすいポイント

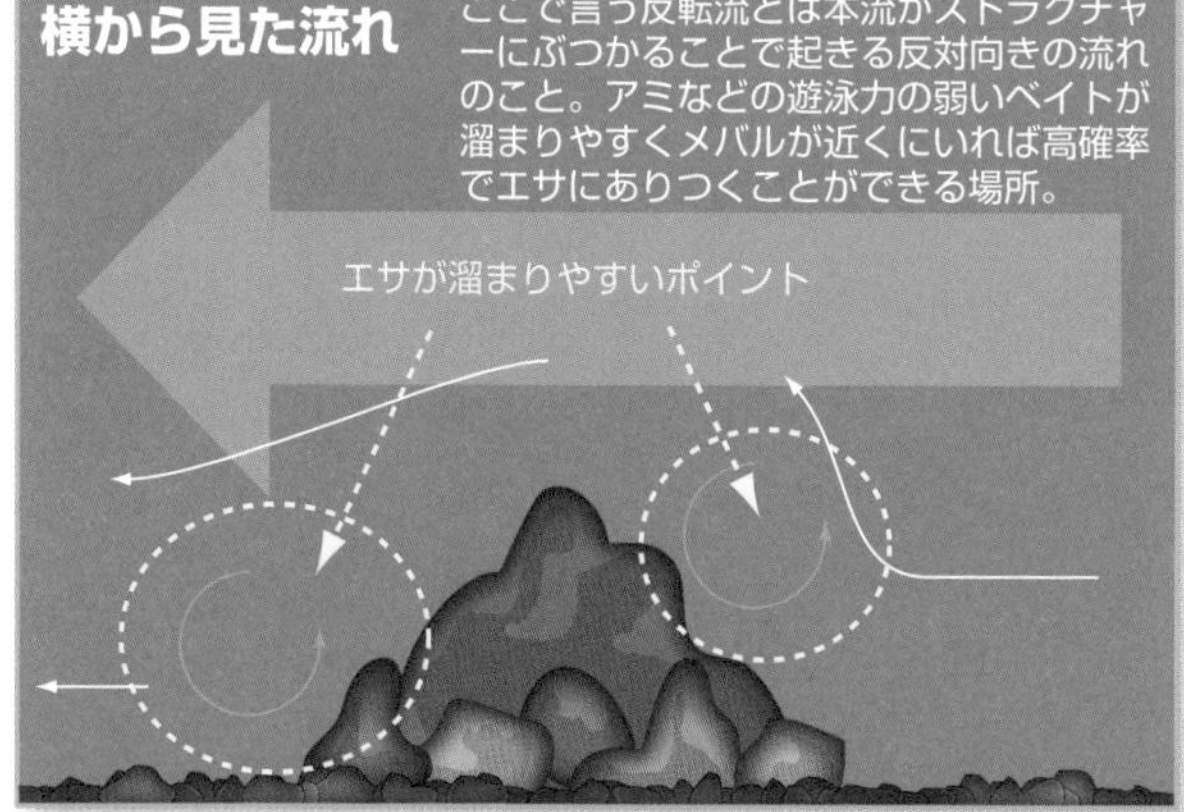
横から見た流れ
ここで言う反転流とは本流がストラクチャーにぶつかることで起きる反対向きの流れのこと。アミなどの遊泳力の弱いベイトが溜まりやすくメバルが近くにいれば高確率でエサにありつくことができる場所。
エサが溜まりやすいポイント

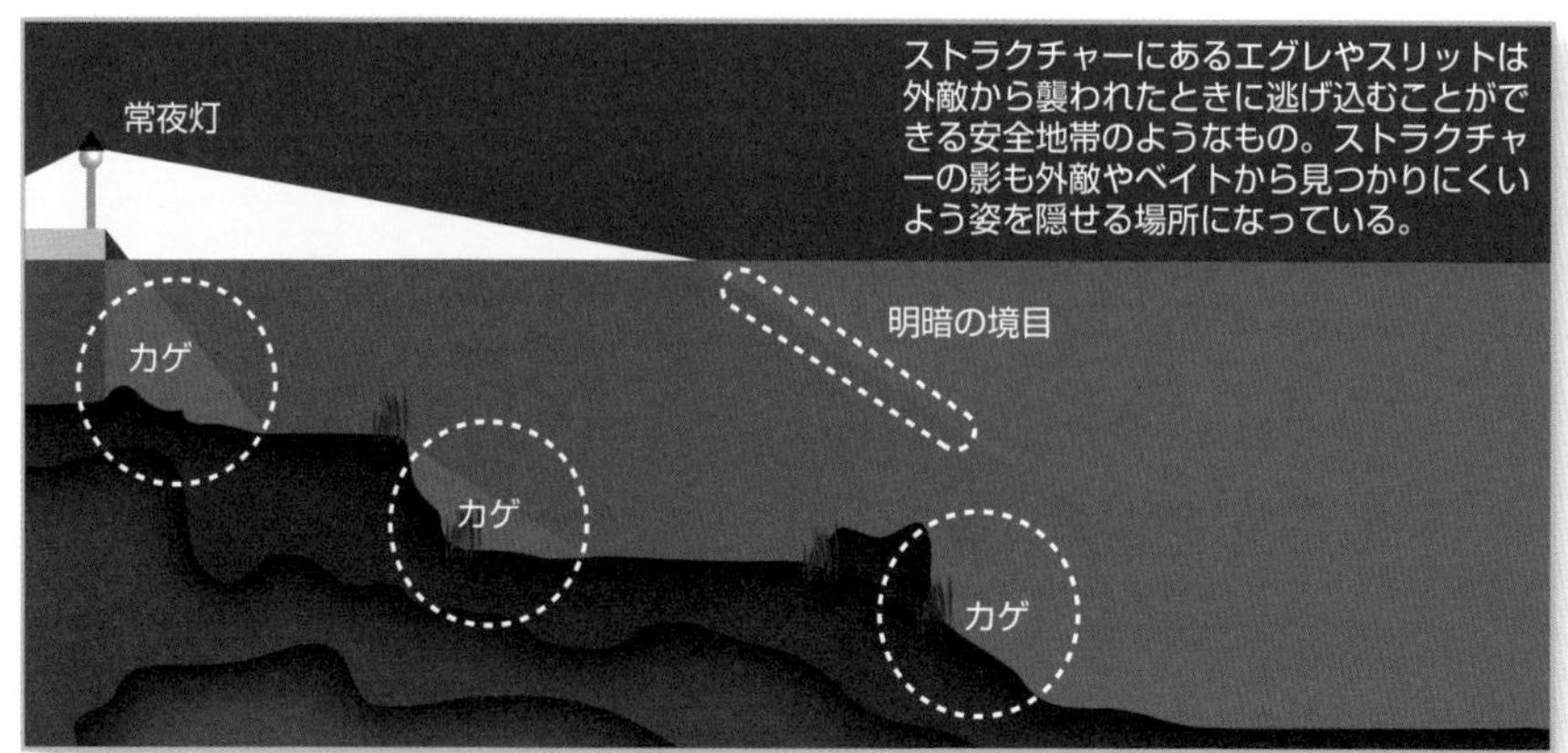
ストラクチャーにあるエグレやスリットは外敵から襲われたときに逃げ込むことができる安全地帯のようなもの。ストラクチャーの影も外敵やベイトから見つかりにくいよう姿を隠せる場所になっている。
常夜灯
明暗の境目
カゲ
カゲ
カゲ

★常夜灯攻略

明るいところから暗いところは見えにくいが、暗いところから明るいところは見えやすい。これを意識すると常夜灯周りの攻略法が見えてくる。

光に集まったベイトに見つかりにくく、かつ効率良く捕食するために、メバルが明暗の境目近くの暗い部分にいることはよく知られている。この位置にいれば、明るい場所にいるベイトだけでなく光に向かう途中の暗い部分を泳ぐベイトも見えやすいので捕食効率はさらに良くなるとも考えられる。

光に集まったベイトは、潮流の影響を受けて潮下に流されることになる。つまり、同じ明暗の境目でも潮上よりも潮下のほうがベイトの密度が濃くなる可能性が高いということも知っておきたい。こんな場所には多くのメバルが集まってくる。数釣りでも有望なポイントだが、良型が潜んでいることも多い。エサを簡単に捕えることができる場所では良型が占有している。

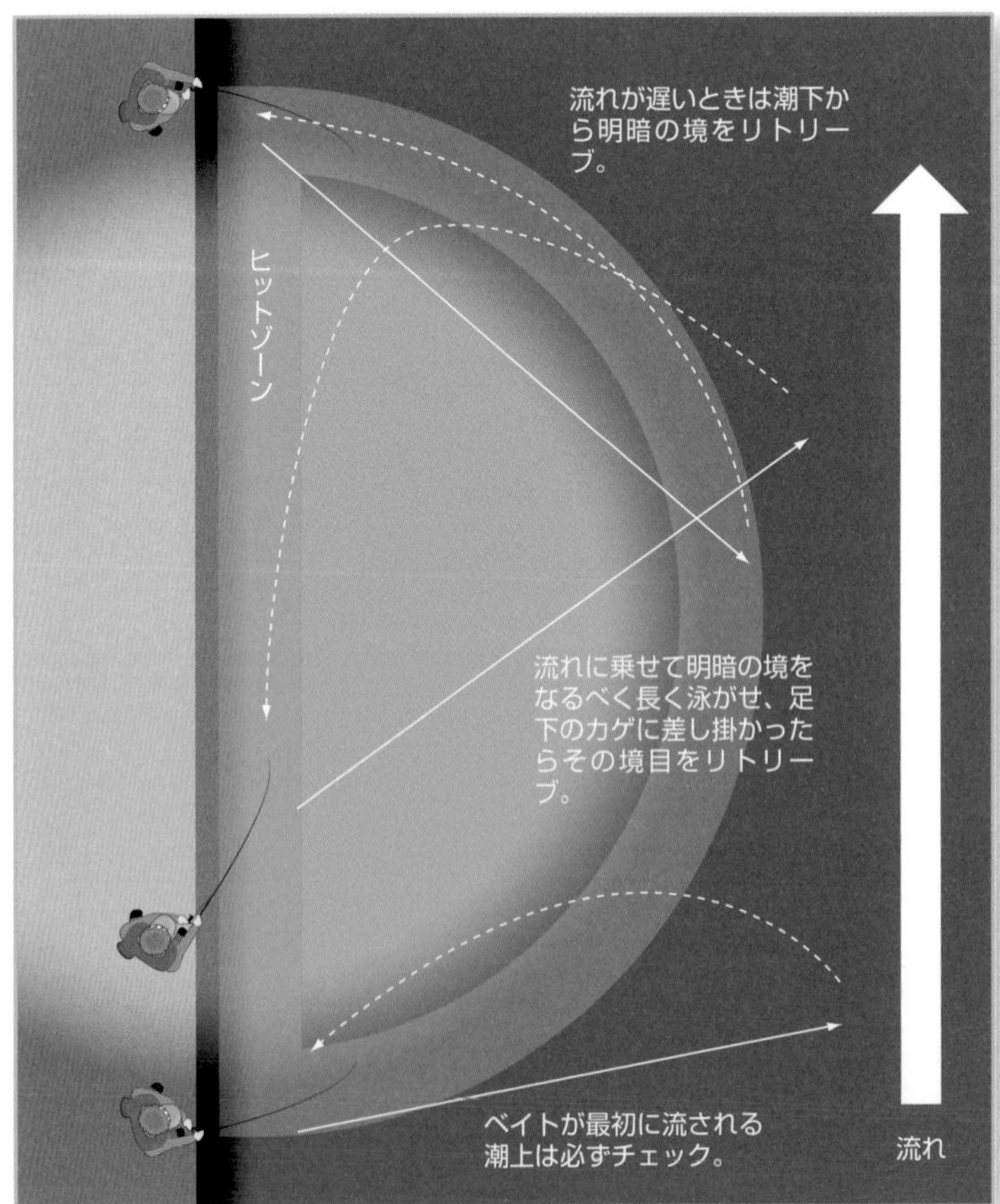
流れが遅いときは潮下から明暗の境をリトリーブ。

ヒットゾーン
流れに乗せて明暗の境をなるべく長く泳がせ、足下のカゲに差し掛かったらその境目をリトリーブ。

ベイトが最初に流される潮上は必ずチェック。

流れ

★狙い方

●ジグヘッドの操作

狙ったポイントにルアーを送るだけなら単純に重いものを使えばいいが、誘い方、リトリーブコース、ポイントを通過させる速度、レンジ、感度、魚に与える違和感などの要素を考慮するなら重さの使い分けが重要になる。

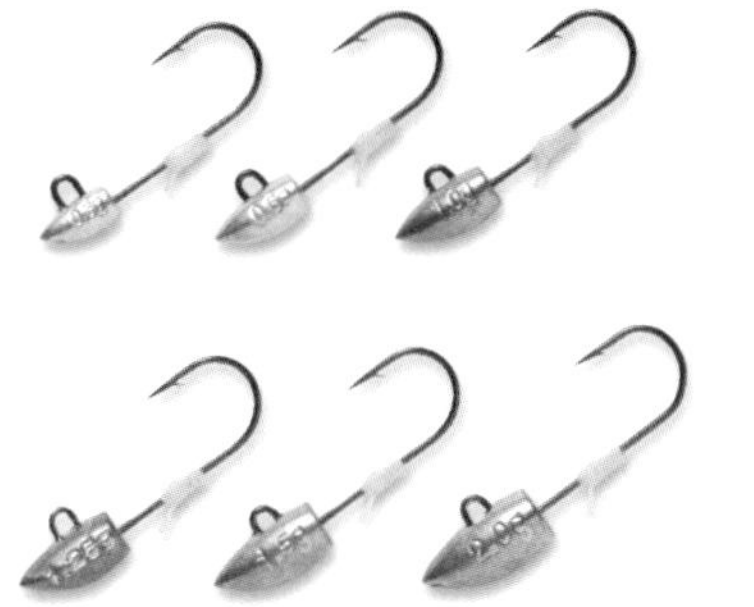

ジグヘッドの重さは、浅場、中層、深場に対応できる3種類は用意しておきたい。

アクアウェーブ
A.W.ロックヘッド

●メバルのいるレンジを見つけるのが基本

メバルは上を通るエサを意識している魚なので、メバルが釣れるレンジを探すには上から下が基本。まずは着水後すぐにリトリーブを始めて表層から探ってみよう。これで反応がなければ少しずつルアーを引くレンジを下げていく。そのために有効なのがカウントダウンだ。

ジグヘッドの着水を確認したら、まずは3秒間カウントしてルアーを沈めてからリトリーブを開始。次は6秒、そして9秒とリトリーブを開始するまでの時間を長くすることでルアーが泳ぐ水深を徐々に深くしていくことができる。リトリーブ速度が速すぎるとルアーが浮き上がり遅いと沈むので、リトリーブの速度はなるべく一定の水深をキープするように調整することも必要だ。アタリがあればその深さにメバルがいると判断できる。

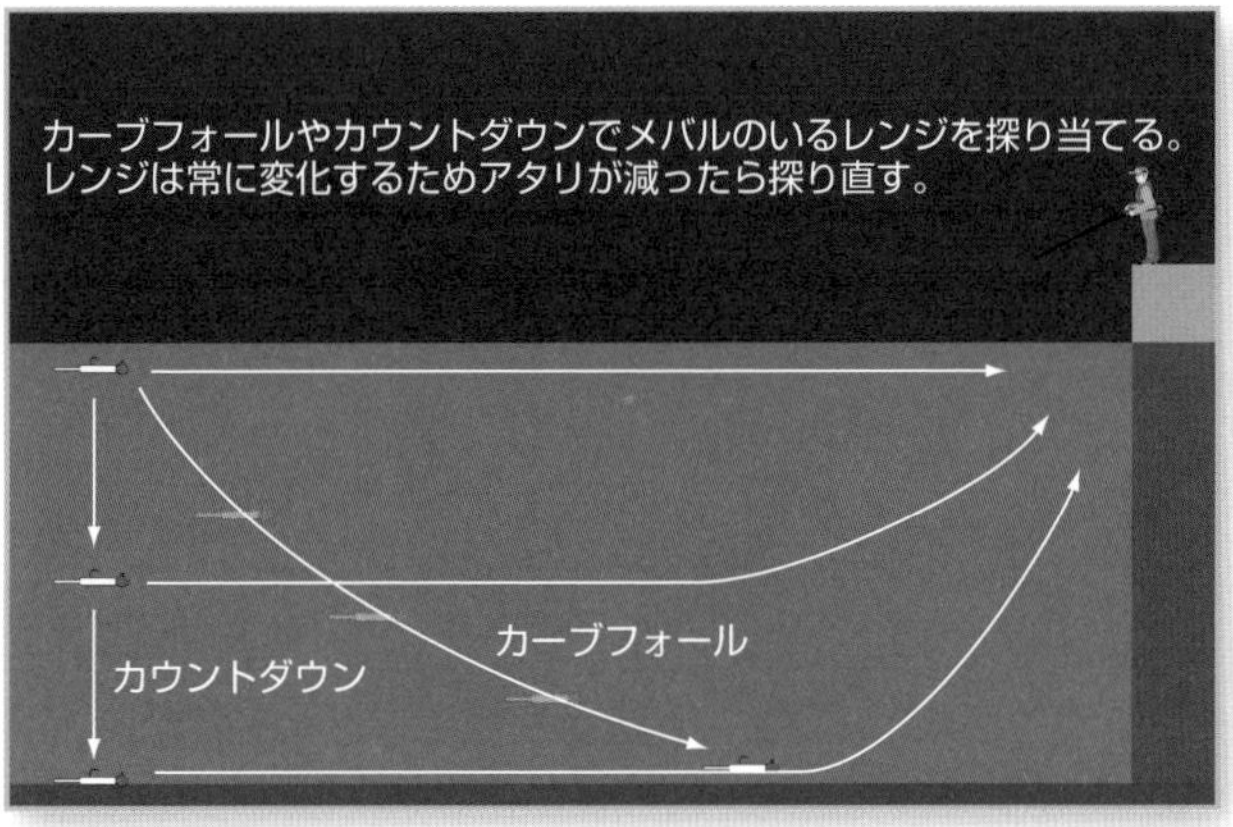

カーブフォールやカウントダウンでメバルのいるレンジを探り当てる。
レンジは常に変化するためアタリが減ったら探り直す。

カーブフォール
カウントダウン

●まずは一定のレンジをスローに誘えるようになろう

ロッドとリールをうまく使ってルアーが泳ぐレンジを調整するのが基本。ルアーを浮かせるためには、リトリーブを速くするのとロッドの先を高く上げること。逆にルアーを潜らせたいときはリトリーブ速度を落とし竿先を下げればよい。これをうまくミックスさせルアーが一定のレンジを泳ぐようにすればバイトのチャンスを格段に上げることができる。

また、ジグヘッドの重さの使い分けもレンジの攻略には必要な要素。たとえば、重いジグヘッドを使う場合、表層を狙うためにはルアーの沈みを抑えるためにリトリーブの速度を速くしなければならない。これが深場を狙うならラインが水の抵抗を受けて沈みを抑えてくれるのでスローに引くことができる。逆に軽いジグヘッドを使用した場合は表層をゆっくり引くことはできるが、深場ではゆっくり引くどころか潮流の抵抗をラインが受けて、沈まないこともある。リトリーブの速度を調整することである程度はレンジの調整が可能だが効率良く攻めるには、ジグヘッドの重さの使い分けが必要になる。

●流れや風を利用する

ルアーは、キャストするにしてもリトリーブするにしても、潮流

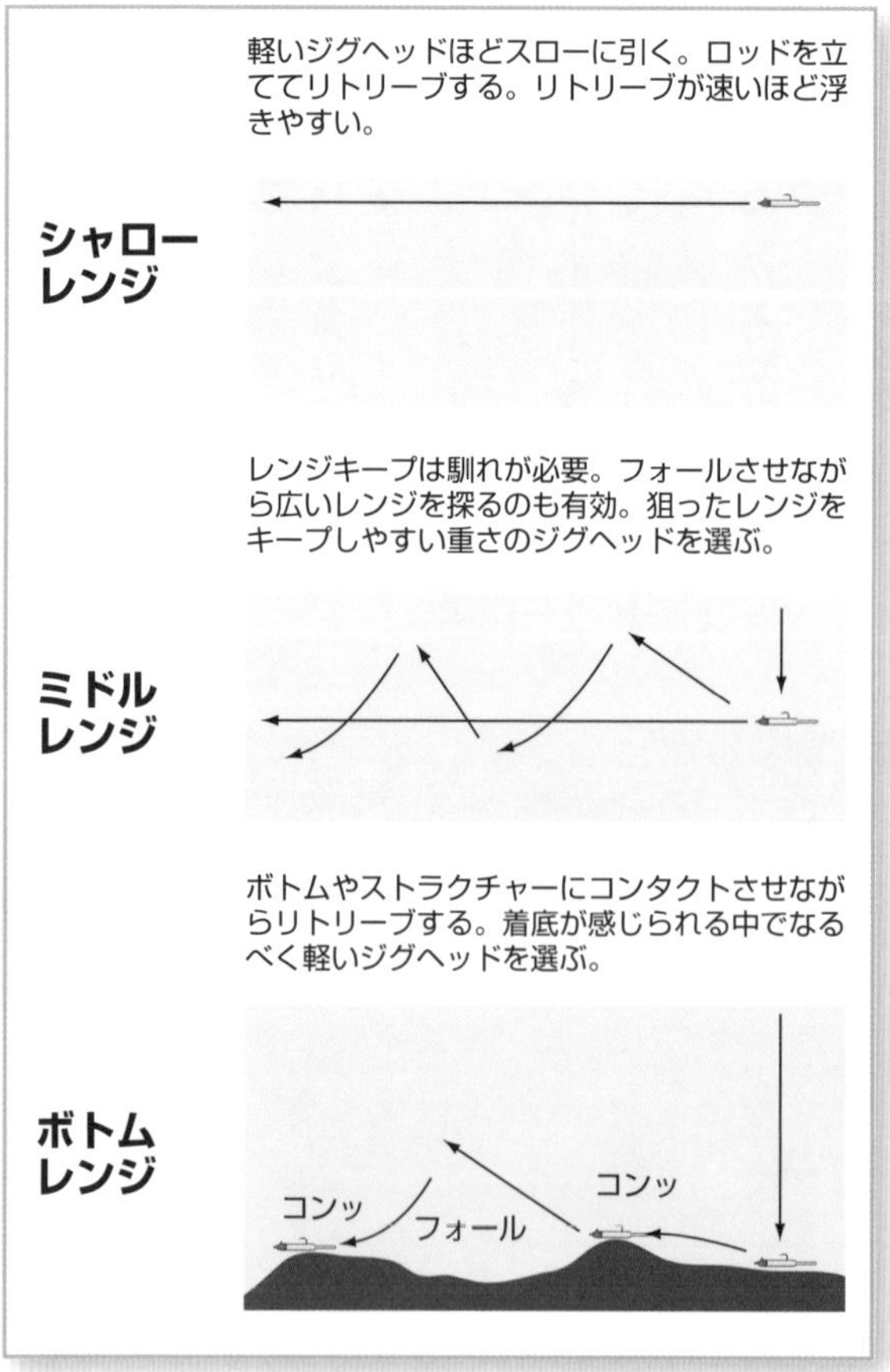

シャローレンジ

軽いジグヘッドほどスローに引く。ロッドを立ててリトリーブする。リトリーブが速いほど浮きやすい。

ミドルレンジ

レンジキープは馴れが必要。フォールさせながら広いレンジを探るのも有効。狙ったレンジをキープしやすい重さのジグヘッドを選ぶ。

ボトムレンジ

ボトムやストラクチャーにコンタクトさせながらリトリーブする。着底が感じられる中でなるべく軽いジグヘッドを選ぶ。

コンッ
フォール
コンッ

や風の影響を必ず受けることになる。それは厄介なことも多いが、うまく利用すればバイトのチャンスを増やしてくれるのだ。

　たとえば、明暗の境目を効率良く誘う場合、潮流を利用してドリフトさせながらのリトリーブが有効。着水したルアーを潮流に乗せて流しながら明暗の境目をうまく通すようにリトリーブの速度やロッドの角度を調整すれば、明暗の境目の潮下側のスペシャルポイントを長く誘うことができる。

　直線的にルアーを引くときの何倍ものバイトのチャンスに出会えるはずだ。

　風の利用も風下にキャストするようなポジションを取ればロングキャストが可能になるし、ロッドを上げることによってラインに風を受けさせルアーの沈みを抑えたりもできる。

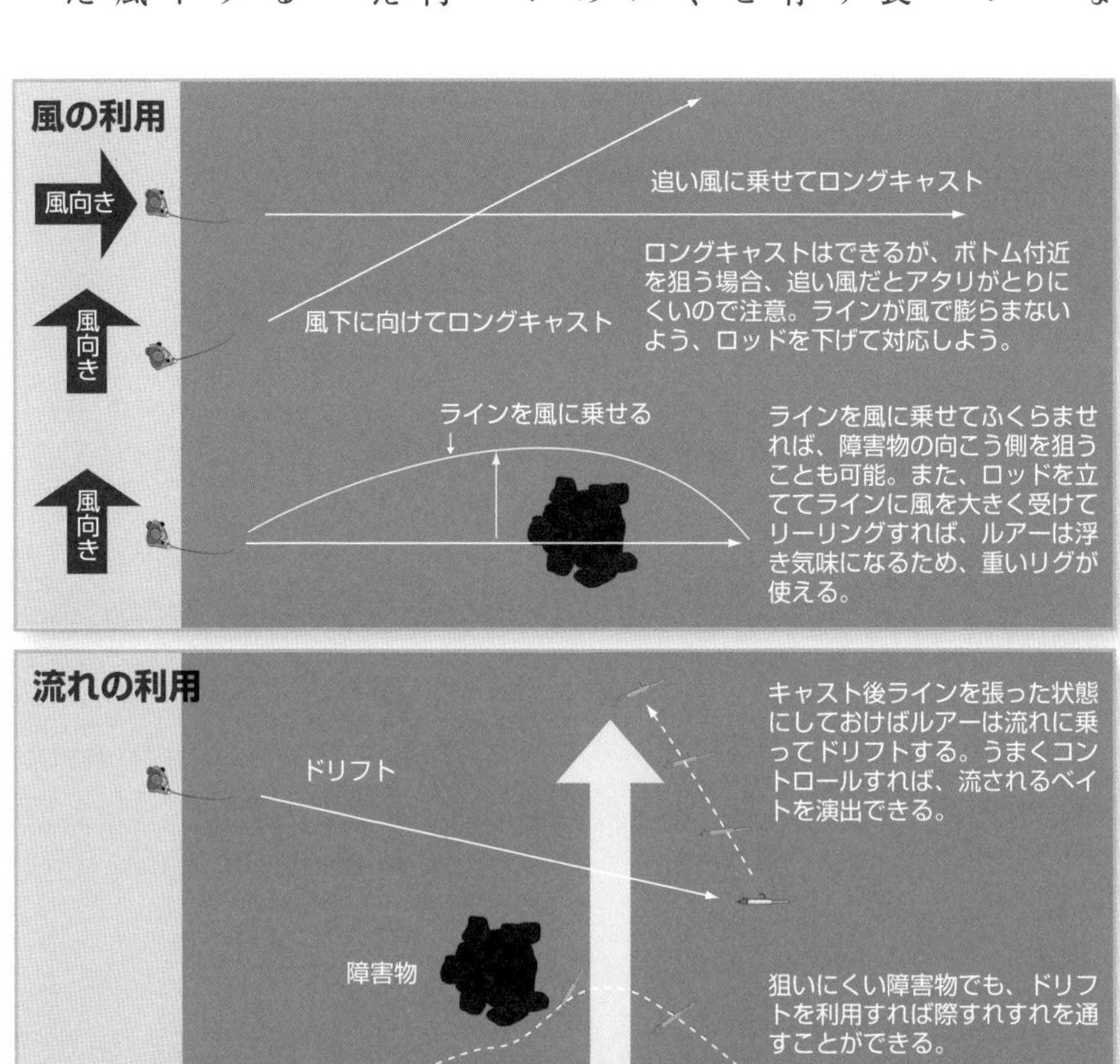
風の利用
風向き
追い風に乗せてロングキャスト
ロングキャストはできるが、ボトム付近を狙う場合、追い風だとアタリがとりにくいので注意。ラインが風で膨らまないよう、ロッドを下げて対応しよう。
風向き
風下に向けてロングキャスト
ラインを風に乗せる
ラインを風に乗せてふくらませれば、障害物の向こう側を狙うことも可能。また、ロッドを立ててラインに風を大きく受けてリーリングすれば、ルアーは浮き気味になるため、重いリグが使える。
風向き
流れの利用
キャスト後ラインを張った状態にしておけばルアーは流れに乗ってドリフトする。うまくコントロールすれば、流されるベイトを演出できる。
ドリフト
障害物
狙いにくい障害物でも、ドリフトを利用すれば際すれすれを通すことができる。
流れ

★アクション

メバルが常食しているベイトは、シラスやカタクチイワシなどの幼魚やアミ、エビといった甲殻類。いずれも小型のもので遊泳力の強いものを積極的に追い回して捕食しているのではない、したがってアクションもスローなものを中心に組み立てることが多い。

まずはステディリトリーブ、これはいわゆるただ巻きで、同じレンジに同じスピードで、スローに泳がせることが必要。基本の動作なので、明るいときにできているか確認しておこう。

次にフォール、基本はラインを張ったカーブフォールでキャスト後のカウントダウンだけでなく、リトリーブ中にストラクチャーの周りでリーリングを止め漂うようにフォールさせる。時折小さなト

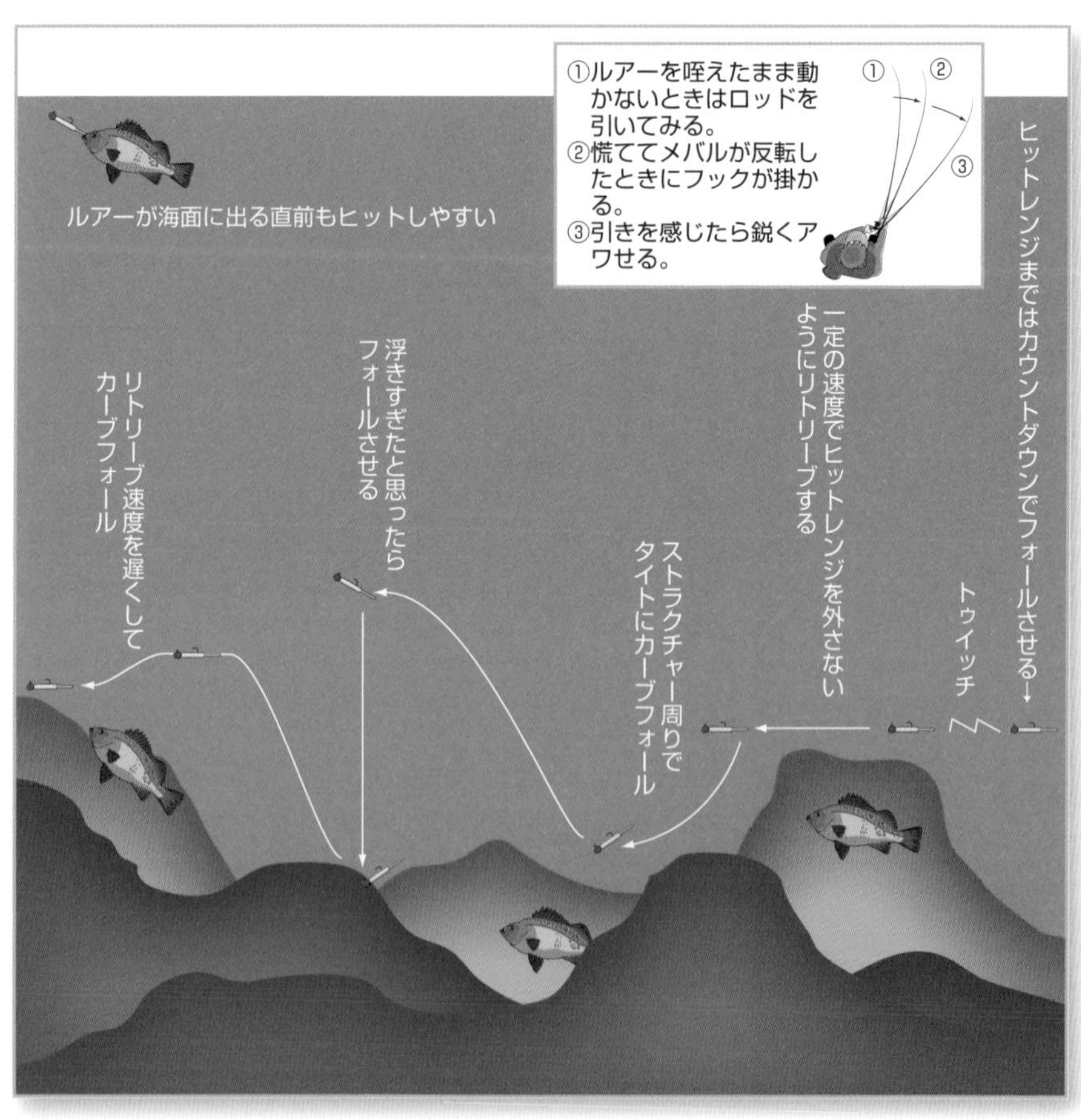
①ルアーを咥えたまま動かないときはロッドを引いてみる。
②慌ててメバルが反転したときにフックが掛かる。
③引きを感じたら鋭くアワせる。
①
②
③
ルアーが海面に出る直前もヒットしやすい
ヒットレンジまではカウントダウンでフォールさせる
トゥイッチ
一定の速度でヒットレンジを外さないようにリトリーブする
ストラクチャー周りでタイトにカーブフォール
浮きすぎたと思ったらフォールさせる
リトリーブ速度を遅くしてカーブフォール

ゥイッチなどを入れると広範囲へのアピールも可能だがこれはあくまでアピールだけで、その後のスローリトリーブやカーブフォォールで食わせるための瞬間的な誘いと考えればいい。

★アワセ

メバルはエサに食い付いたら一気に反転し、元いた場所に戻ろうとする。そのときに勝手にフッキングすることが多いので、走りだすのを感じてから追いアワセを入れるイメージで軽くアワセを入れるのが有効。

ただしカーブフォール中はくわえたままじっとしているようなアタリも多いので、フォールが止まったり違和感があるときはラインを張ってみて、魚の重みを感じるようならアワセを入れる。

★その他のルアー

●ミノー

プラスチックなどでできたベイトを意識した形のルアー。水に沈むシンキングタイプの5㎝までの大きさのものが使われることが多い。ただ巻きでもアピール力が強くトゥイッチやジャークなどの多彩なアクションを組み合わせた操作感が楽しめるのも人気の理由。

●メタルジグ

飛距離が出るので広範囲を探るのに適している。ほかのジャンルのメタルジグのように激しいアクションをさせるよりは、ジグヘッドと同じようにフォールとリトリーブで使うのがメイン。沈みの速さを生かして、着底させてから誘い上げながらのメソッドも有効だ。サイズは2～5gが主に使われている。

メバルゲームで使用するミノーは5cm以下のものがメイン。ワームとは違う次元でのアプローチは、良型を狙うための定番メソッドとして確立された感がある。シャローからレンジを下げつつボトムまで誘うのはワームゲームと同じだが、より広範囲にアプローチできるため同じポイントを探るときのキャスト数は少なくてすむ。手返しの良さを生かしたテンポのいい攻めを意識しよう。

アクアウェーブ
シャローマジック
シンキングながらシャローレンジを狙うためのルアー。水面直下は活性の高い個体が多い。

アクアウェーブ
ミノーマジック
キャストコントロールしやすく飛距離が出るものを選ぼう。

●食わないときの秘密兵器

いれば高確率で反応が見られるメバル。アタリがないときは探る範囲を広げることだ。

ポイント移動なども一つの手だが、簡単なのは飛距離を稼げるようにチューニングすること。方法はいくつかあるが、多用されるのはジグヘッドの上にオモリを足したスプリットショットリグとキャロライナリグだろう。

スプリットショットリグの場合はガン玉などのシンカーを使用した単純なものが多いが、キャロライナリグはシンカーの種類も多く、素材や形状も豊富に販売されている。

軽量のルアーを使うメバリングに多いライントラブルも減らすことができるので初心者にもおすすめできる。また、飛距離を稼ぎたいときにも有効だ。

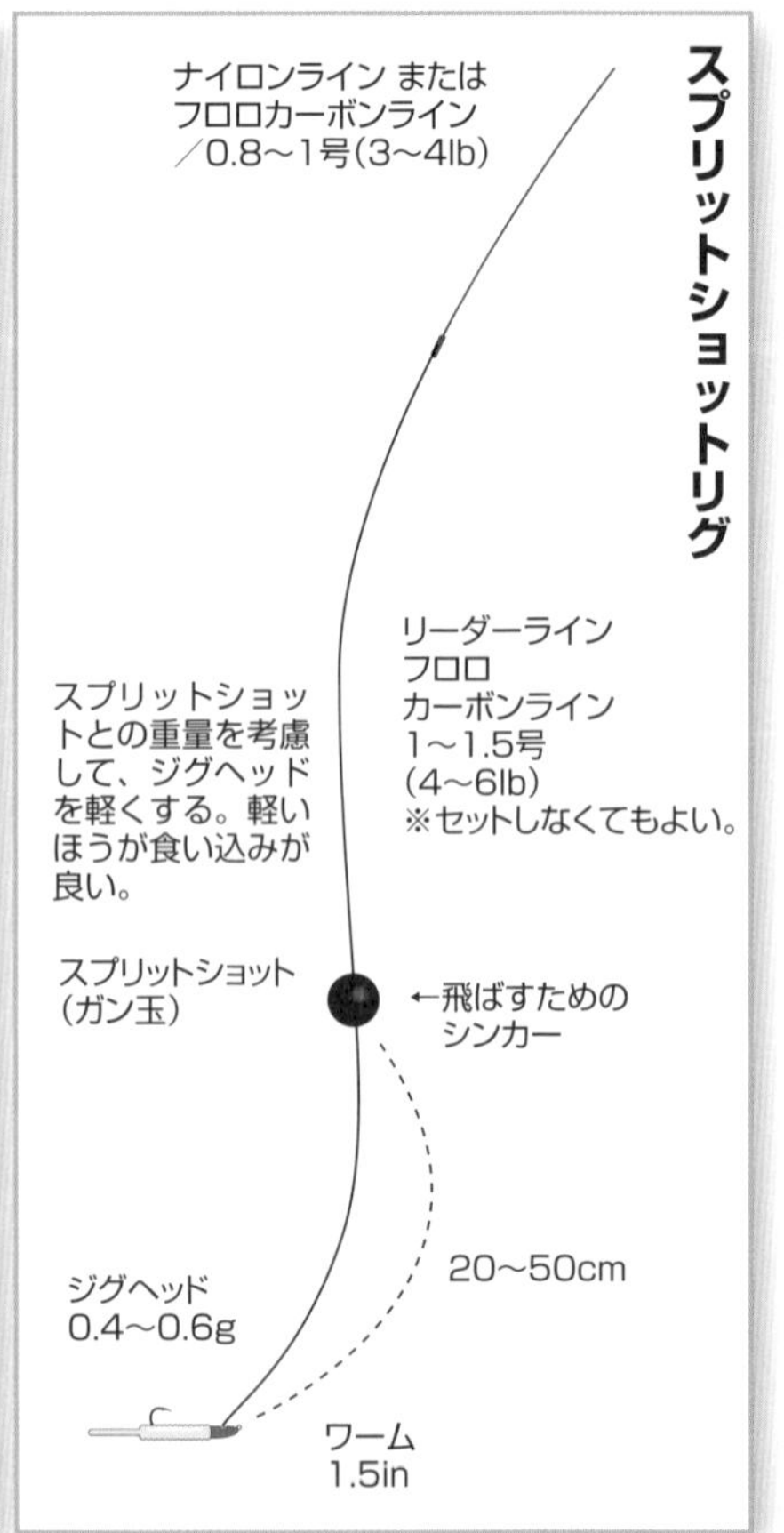
スプリットショットリグ
ナイロンライン または
フロロカーボンライン
／0.8～1号(3～4lb)
リーダーライン
フロロ
カーボンライン
1～1.5号
(4～6lb)
※セットしなくてもよい。
スプリットショットとの重量を考慮して、ジグヘッドを軽くする。軽いほうが食い込みが良い。
スプリットショット
(ガン玉)
←飛ばすための
シンカー
20～50cm
ジグヘッド
0.4～0.6g
ワーム
1.5in

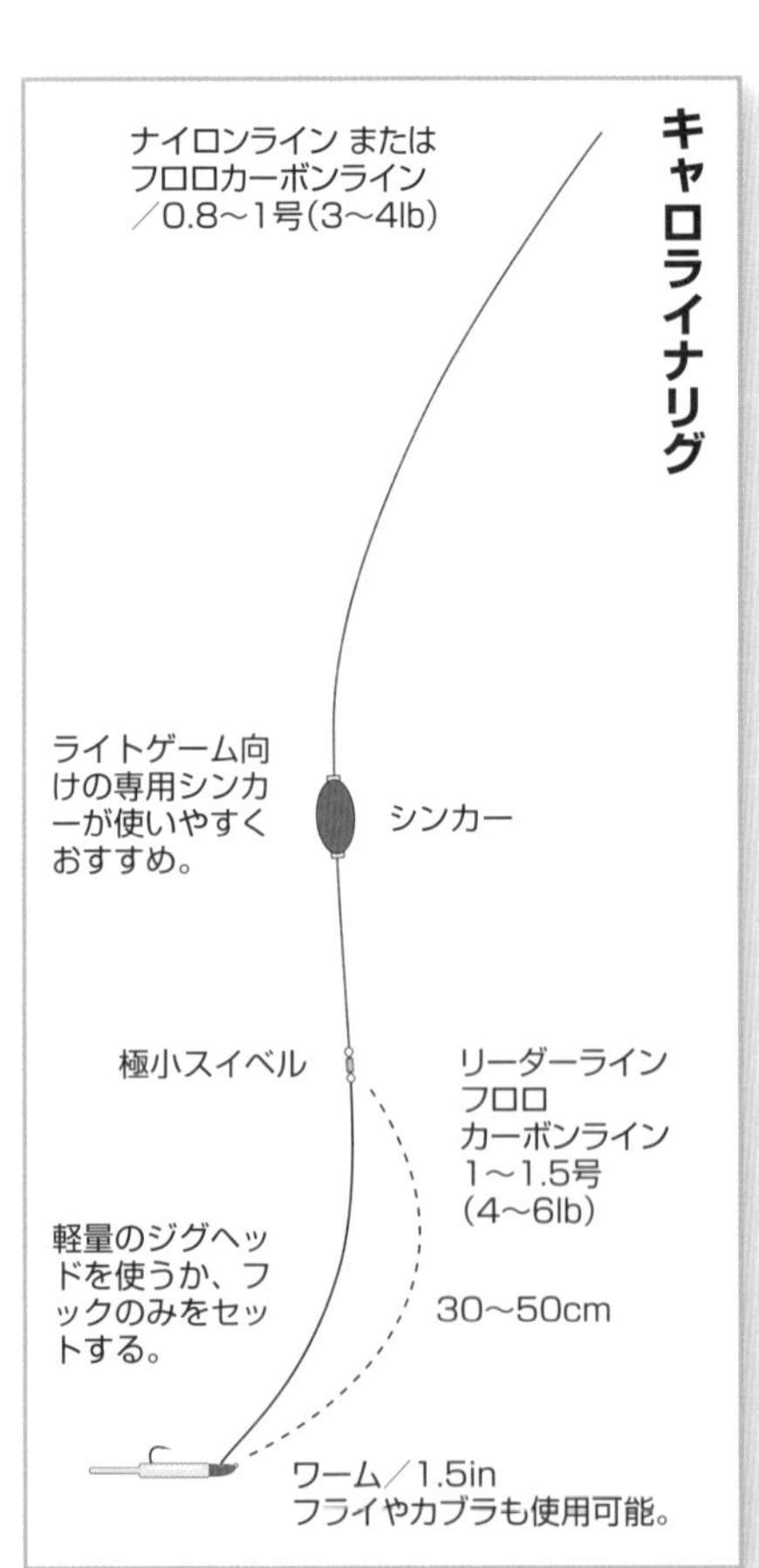
キャロライナリグ
ナイロンライン または
フロロカーボンライン
／0.8～1号(3～4lb)
ライトゲーム向けの専用シンカーが使いやすくおすすめ。
シンカー
極小スイベル
リーダーライン
フロロ
カーボンライン
1～1.5号
(4～6lb)
軽量のジグヘッドを使うか、フックのみをセットする。
30～50cm
ワーム／1.5in
フライやカブラも使用可能。

★タックルボックスの中身

ライトタックルのメリットを生かすためにも、タックルボックスの中身はなるべくシンプルにしておく。

その点を考えればフィールドの状況に合わせて必要なものだけを持っていくのがベストだが、ときにはシーバスのボイルやロックフィッシュに目を奪われるのも事実。持ち運びに支障がない範囲でタックルに幅を持たせるのもメバリングの楽しみ方なのだ。

ただしあまりたくさんのアイテムを持っていくのは好ましくない。あれこれ選んでいる間に本命の時合を逃してしまっては意味がない。快適な釣りを楽しむために、防虫スプレーなどのグッズもタックルボックスに揃えておきたいアイテムだ。

もっと楽しみたいなら対象魚を広げたアイテムを

欲張りに狙いたいならこれだ。メバリングタックルで使用できるシーバス用の小型ミノーやロックフィッシュ用のワーム、シンカー、フックがあれば港湾のライトゲームのほとんどをカバーできるはずだ。

①ショルダーバッグ
②メバリングアイテム用小型タックルケース
③偏光グラス
④ヘッドライト
⑤予備の小物／袋のまま管理。
⑥虫除けスプレー／忘れがちな必需品。
⑦プライヤー／スプリットリングの交換や魚に掛かったフックを安全に外すことができる。
⑧ラインカッター／PEライン対応。
⑨ロックフィッシュ用小型タックルケース
⑩フロロカーボンリーダー
⑪ラインノッター
⑫シーバス用小型ルアー／7cm前後。ランカーメバルへの流用も可能。
⑬メバリング用ワーム予備

メバリング用アイテムだけならこれだけでOK

メバリング用アイテムで使用頻度の高いものは小型ケースに収納して管理する。ただしケースに入れたままにしておくとサビたり変色することもあるため、必要な分だけ入れて補充するようにしよう。

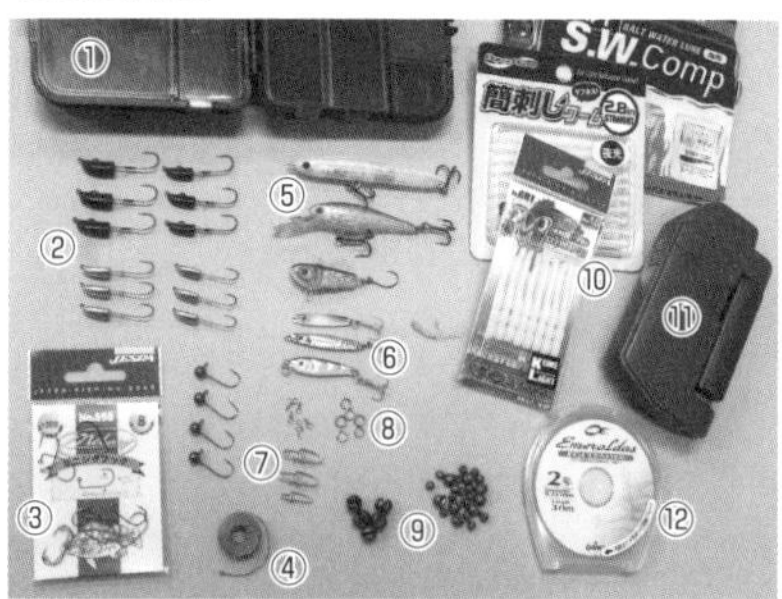
S.W.Comp
簡刺し
Emeraldas

①小型のタックルケース／ジグヘッドなどのメインアイテムを収納。
②ジグヘッド／ウエイト別に太軸2種類、細軸3種類。
③フック／ガン玉を付けて重量を調整する。
④ウキ止め糸／水深のチェックに便利。
⑤小型ミノー3種／5cmクラス。
⑥小型メタルジグ／ウエイト別に3種類。
⑦スナップスイベル
⑧スプリットリング
⑨ガン玉各種／スプリットショットリグ用。
⑩ワーム各種
⑪ラインノッター／PEラインとリーダー結節用の便利アイテム。
⑫フロロカーボンリーダー

アジ

マアジ

サビキ釣りを始めとした代表的なエサ釣りの対象魚だが、近年そのゲーム性とフィールドを選ばない手軽さからライトユーザーを中心に人気が高まっている。堤防から釣れるサイズは20～30㎝だが、最大で50㎝程度まで成長する。よく似たマルアジ（アオアジ）もターゲットだ。

スズキ目アジ科
Trachurus japonicus

★シーズン

春
夏
秋
冬
3月
4月
5月
6月
7月
8月
9月
10月
11月
12月
1月
2月
アジは年中狙えるが、季節によって釣れるサイズが大きく変わる。大型は晩秋～冬がよく、春は離島などで大型が狙える。初夏から小型が増え、晩秋には中型まで成長する。

Main Field

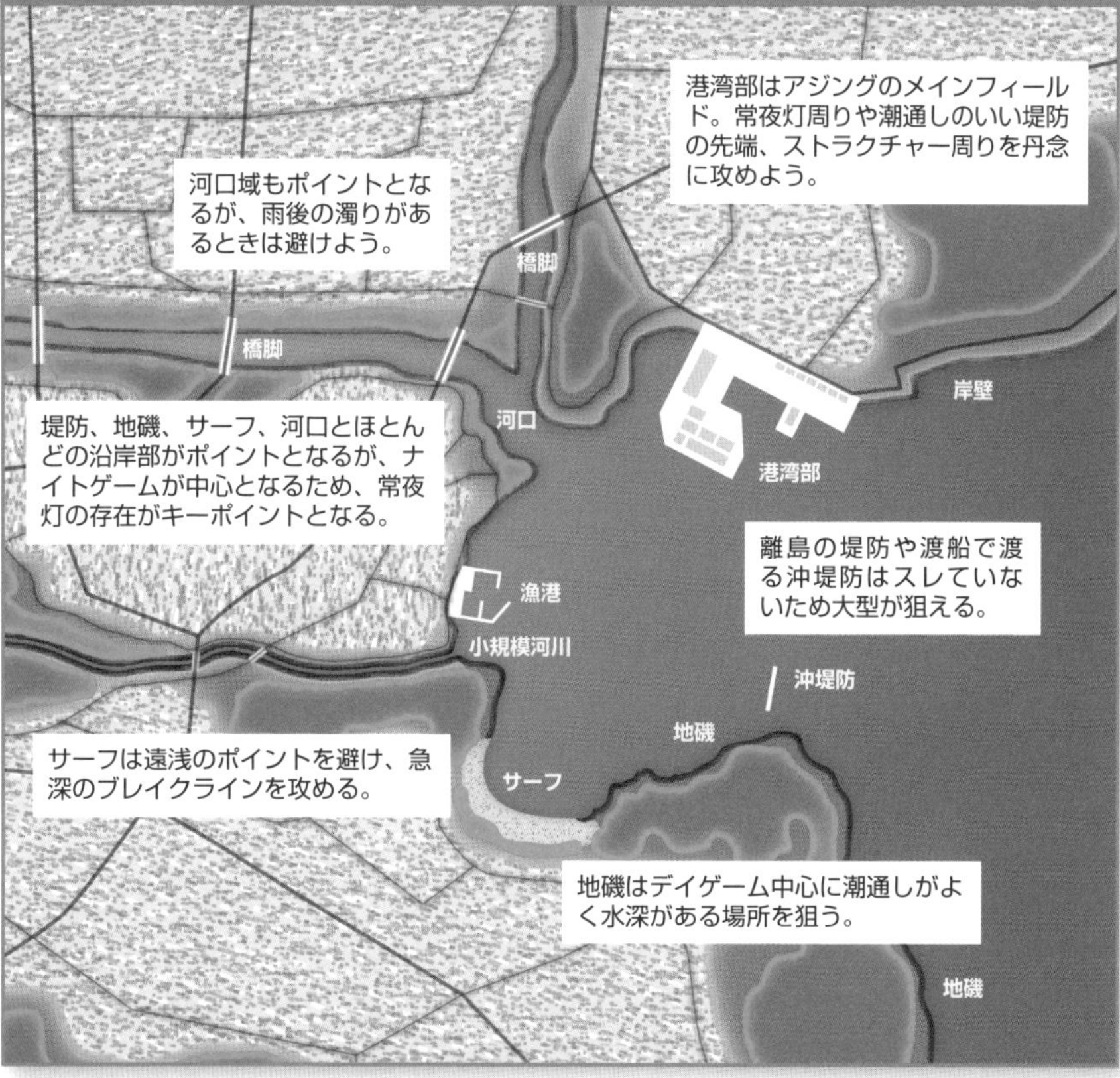

港湾部はアジングのメインフィールド。常夜灯周りや潮通しのいい堤防の先端、ストラクチャー周りを丹念に攻めよう。

河口域もポイントとなるが、雨後の濁りがあるときは避けよう。

橋脚

橋脚

堤防、地磯、サーフ、河口とほとんどの沿岸部がポイントとなるが、ナイトゲームが中心となるため、常夜灯の存在がキーポイントとなる。

河口

岸壁

港湾部

離島の堤防や渡船で渡る沖堤防はスレていないため大型が狙える。

漁港

小規模河川

沖堤防

地磯

サーフは遠浅のポイントを避け、急深のブレイクラインを攻める。

サーフ

地磯はデイゲーム中心に潮通しがよく水深がある場所を狙う。

地磯

Time　Schedule

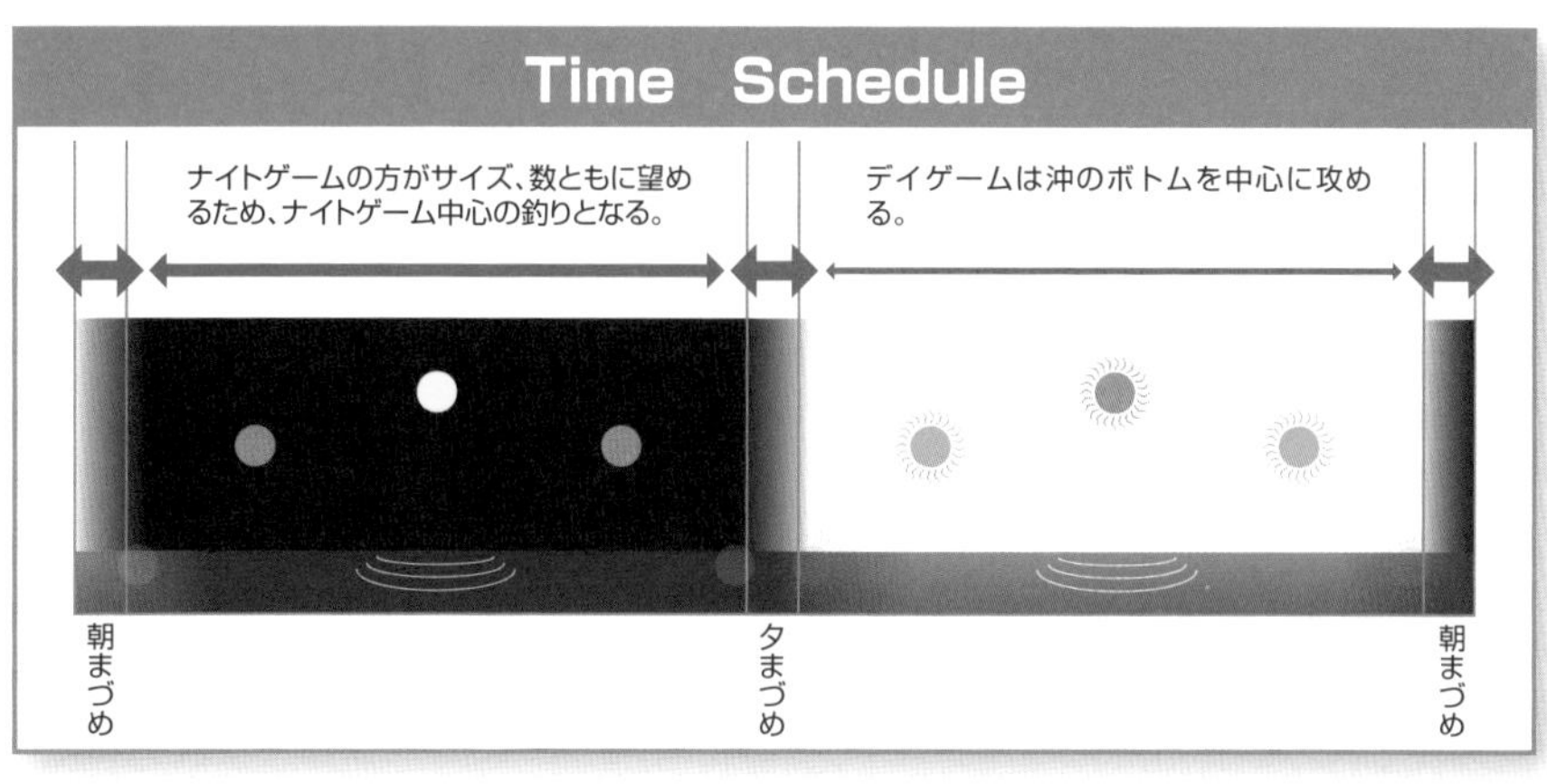

ナイトゲームの方がサイズ、数ともに望めるため、ナイトゲーム中心の釣りとなる。
デイゲームは沖のボトムを中心に攻める。
朝まづめ
夕まづめ
朝まづめ

★タックルセレクト

ジグヘッドリグ

最初に揃えるならコレ!

Main Line

ナイロンライン
フロロカーボンライン
／0.4～0.6号(2～3lb)
PEライン
／0.2～0.4号

Reader Line

フロロカーボンライン
／0.5～1号(2～4lb)
30～50㎝
※PEライン使用時のみ
セットする。

ヤリエ
ジェスパ
アジ爆ジグヘッド

アクアウェーブ
ロックヘッド

Reel

スピニングリール
1000番

Lure

ストレートワーム
ピンテール
／2～3in
ジグヘッド
／0.5～1.5g

Rod

アジング用ロッド
チューブラーティップ
6.4～7.2ft

メバル用ロッドの流用でもよいが、より釣果を望むならアジング専用にチューニングされたものを選ぼう。アジの吸い込むような捕食方法に対応できるように反発を抑えるタイプが多い。

★基本タックル&リグ ジグヘッドリグ

メバリングとの共通項が多いアジングだが、基本的にアワセがいらないメバリングに対して、アジングでは確実にアワセを入れてフッキングさせる必要があるため、ロッドは感度を優先する。6・4〜7・2ftのアジング専用ロッドがベストだ。これに100mほどの長さのラインが巻ける小型スピニングリールをセットする。

ラインは感度や遠投性を重視するとPEラインが有利。しかし初心者には扱いづらい面もあるので、慣れないうちはナイロンやフロロカーボンラインが無難だ。

●リグの特徴

ラインの先にジグヘッド+ワームを結びつけたシンプルなリグ。最も基本となる仕掛けで扱いやすく、リグを組むのも簡単。ジグヘッドリグ単体で狙っていくので、通称「ジグ単」と呼ばれている。このジグ単のみでアジングを楽しんでいる人が多数を占めており、ジグヘッドの重量を替えるだけでさまざまな状況に対応可能だ。

ラインにフロロカーボンやナイロンを使う場合はリーダーを付ける必要はないが、PEラインを使う場合はセットする。フロロまたはナイロンなら2〜3lb、PEラインなら0・2〜0・4号が標準。ジグヘッドは0・5〜1・5gが扱いやすい。ワームは2inのストレートワームを基準にサイズとカラーを数種類取り揃えて、アジの大きさやフィールドの状況に対応させる。

●活躍するシチュエーション

足下から15m以内の近距離に実績があるポイントで手返しのスピードを重視する場合に活躍する。他のリグに比べより繊細な操作ができるので、係留船の周りや常夜灯の明暗の境目などを攻める際にも有効だ。

沈むスピードが遅いので5m以上のディープレンジを攻めるのには向かない。足場が高い場合や風が強いときも苦手とする。

●攻め方のセオリー

ポイント目がけてキャストし、着水したらそのまま足下までリトリーブ。アタリがなければ、着水後にカウントダウンしながらフリーフォールでリグを沈ませて、徐々にレンジを下げて探っていく。アタリを感じたら即アワセ。軽くロッドを立ててフッキングさせる。

★漁港攻略

漁港は、サビキ釣りやフカセ釣りと同様にアジングでも定番のフィールドだ。日中にアジ釣りの釣り人の動きを見ておけばポイントが簡単に分かるのでチェックしておこう。

狙う場所の基本は潮が通すポイント。堤防の先端や曲がり角、テトラ周りなどの潮流の変化ができやすい場所もポイントになる。見落としがちなのが「沖の潮目」だ。通常の潮と堤防から反射する潮がぶつかって、少し沖で発生することが多く、海中は複雑な潮の流れが起こり、絶好のポイントとなる。特に日中は一番に狙いたいポイントだ。そして忘れてはいけない激アッポイントが常夜灯周り。ナイトゲームならここから始めれば間違いない。

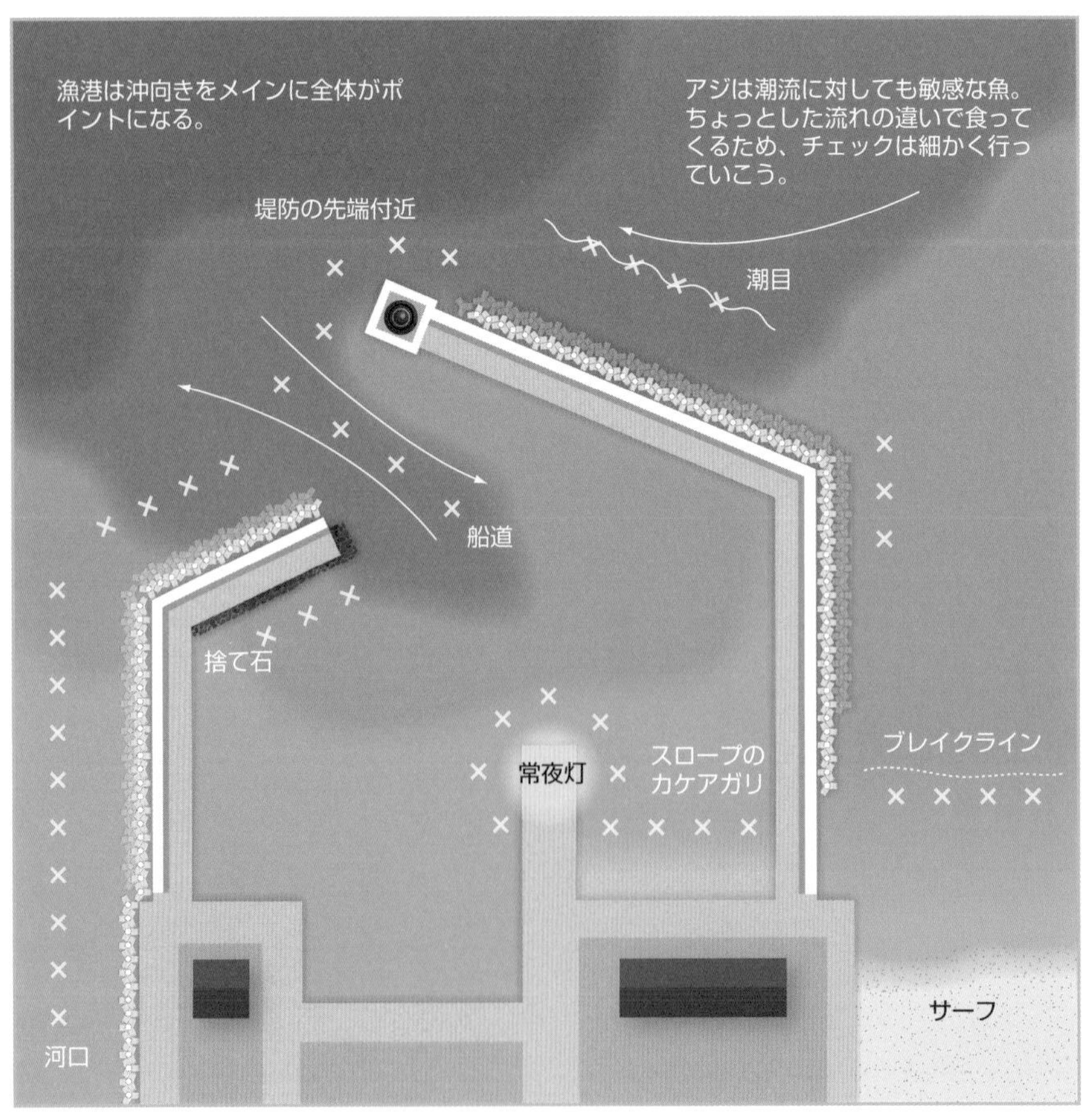
漁港は沖向きをメインに全体がポイントになる。
アジは潮流に対しても敏感な魚。ちょっとした流れの違いで食ってくるため、チェックは細かく行っていこう。
堤防の先端付近
潮目
船道
捨て石
常夜灯
スロープのカケアガリ
ブレイクライン
サーフ
河口

★常夜灯攻略

常夜灯周りはアジングの基本。真っ暗闇でも釣れないことはないが、どうせなら釣れる確率が高いポイントを効率よく攻めよう。

サイズによって大きく性質が異なり、小型は常夜灯周りの足下に集まる傾向が多いため悩む必要はない。トップを軽い仕掛けで引けば高い確率でヒットするだろう。少しでもサイズアップを狙うなら明暗の境目やボトムをチェックするとよい。

基本的な攻め方は、明かりの中心に立ち扇状に探っていく。トップからレンジを少しずつ下げボトムまで探り、アタらなければ狙うポイントを変える。

アタったら、同じレンジではなく同じ明るさのポイントを続けて狙おう。

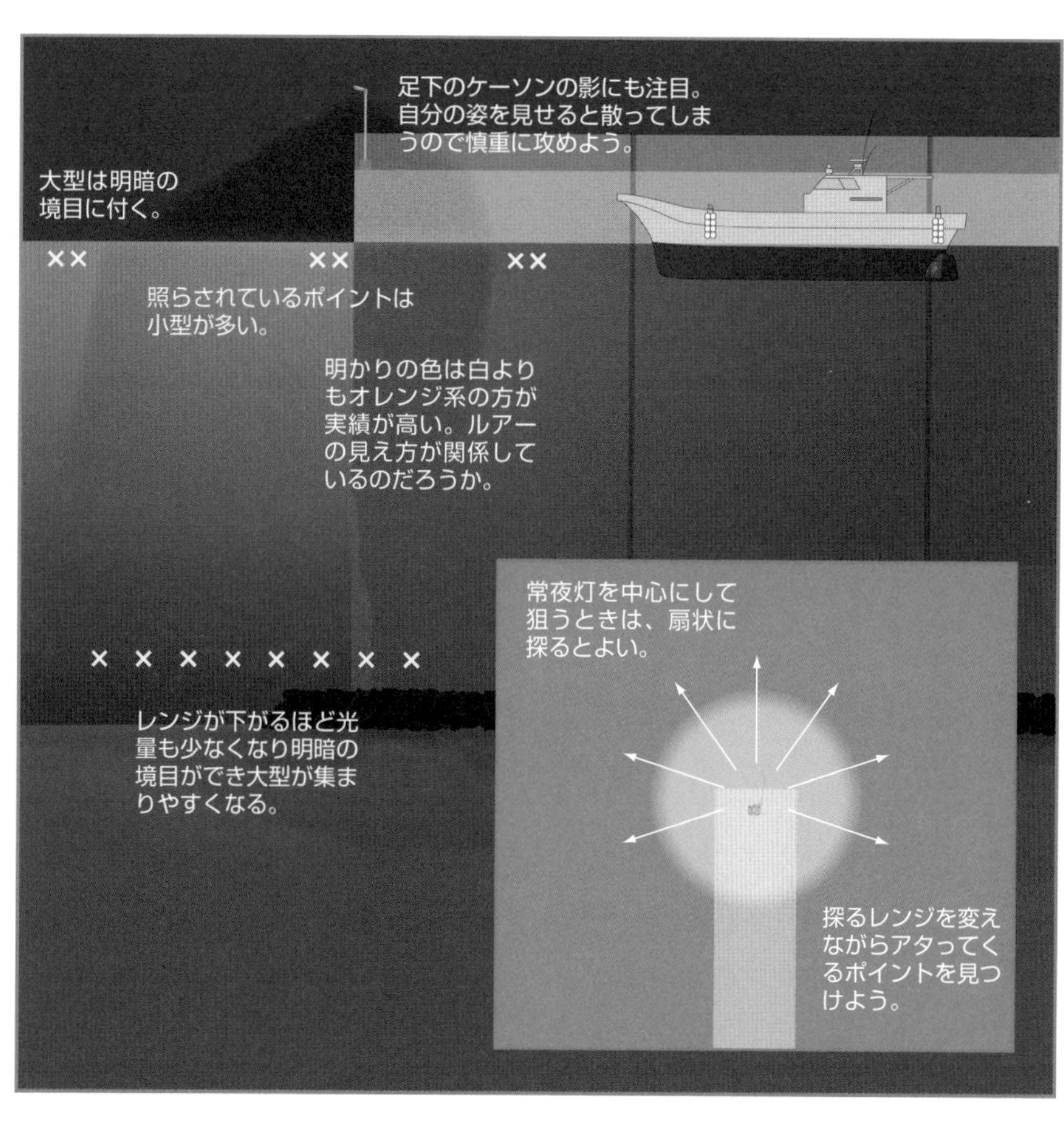
足下のケーソンの影にも注目。自分の姿を見せると散ってしまうので慎重に攻めよう。
大型は明暗の境目に付く。
××
××
××
照らされているポイントは小型が多い。
明かりの色は白よりもオレンジ系の方が実績が高い。ルアーの見え方が関係しているのだろうか。
常夜灯を中心にして狙うときは、扇状に探るとよい。
× × × × × × × ×
レンジが下がるほど光量も少なくなり明暗の境目ができ大型が集まりやすくなる。
探るレンジを変えながらアタってくるポイントを見つけよう。

★釣り方の基本

足下に軽く投げてただ巻くだけでも釣れることがある手軽さが魅力のアジング。基本を押さえて1度でも実戦に臨めば、あとはメキメキと上達していくはずだ。

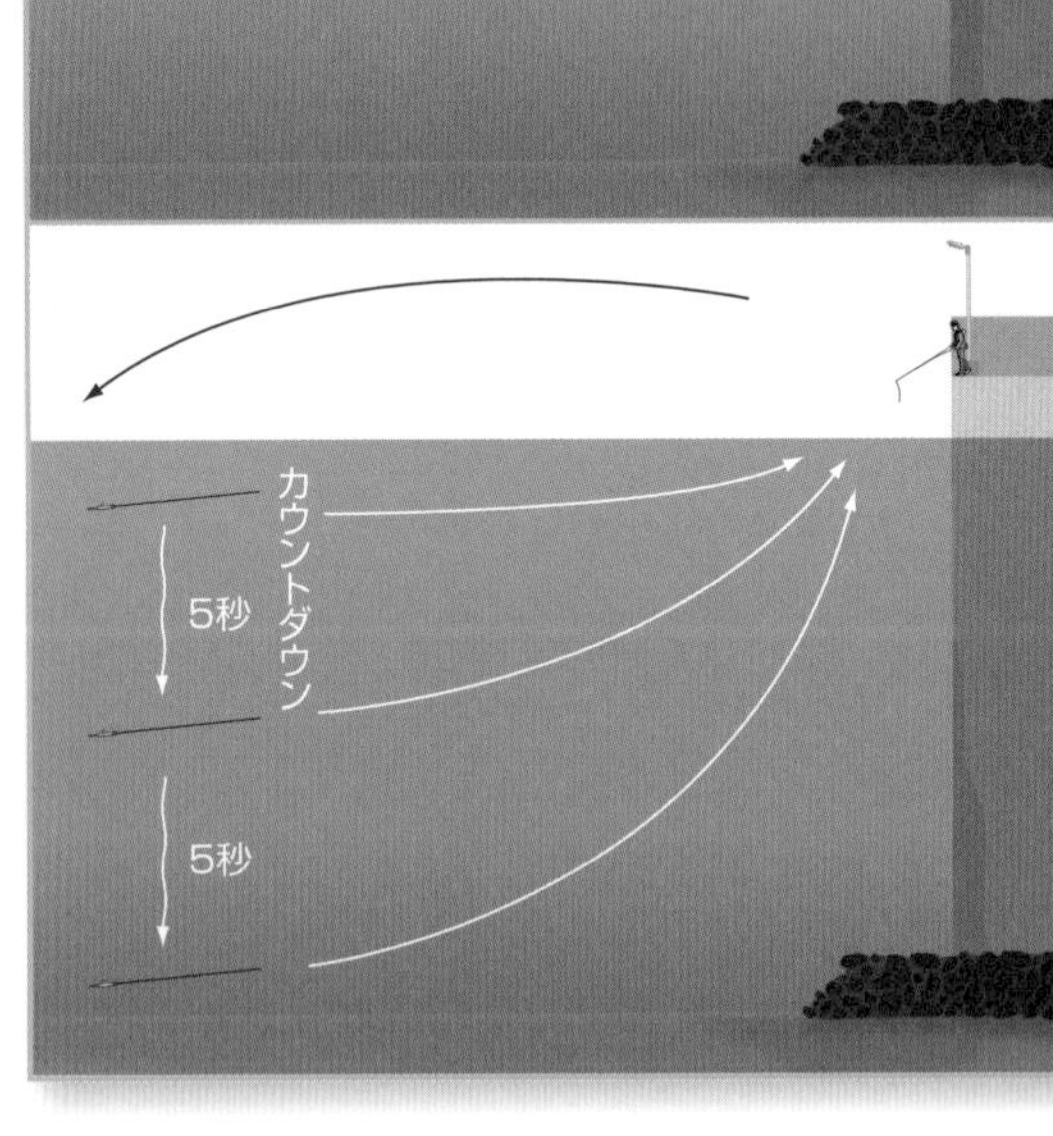

ただ巻き
ジャーキング
トゥイッチング
カウントダウン
5秒
5秒

●リトリーブ

アジングの基本は「ただ巻き（ステディ・リトリーブ）」である。ルアーをキャストし、着水を確認したらあとは穂先がブレないように気をつけながらゆっくりラインを巻く。

むやみにアクションを入れると群れを散らしてしまうこともあるため、最初はただ巻きで様子を見て、活性が低いようなら軽めのジャーキングやトゥイッチングを織り交ぜるようにしよう。リトリーブスピードは、ハンドル1回転につき2秒程度が目安だ。

●レンジを探る

特に大型狙いではディープレンジの攻略も重要。キャストしたあとにすぐリトリーブするのではなく、カウントダウンしながら沈ませることで狙うレンジの調整ができる。

トップで反応がなければ、着水後に5秒数えてからリトリーブする。それでも反応がなければ今度は着水後に10秒数えてみる。この繰り返しで徐々に深いレンジまで探っていくのだ。

●フッキング

メバリングとの一番の違いがフッキングである。メバリングの場合はほとんど向こうアワセで問題ないが、アジングの場合はしっかり意識してフッキングさせる必要がある。アタリがあったら、即アワセして上顎の身が硬い部分にフッキングさせることがバラしを減らすコツ。「コツン」「コンコンッ」というアタリがあったら、すかさず竿を立ててアワせよう。「ブルブルッ」と弱いアタリの場合は、ワームのみをついばんでいることが多いので、そのまま少し泳がせて、次のアタリを待ってみよう。

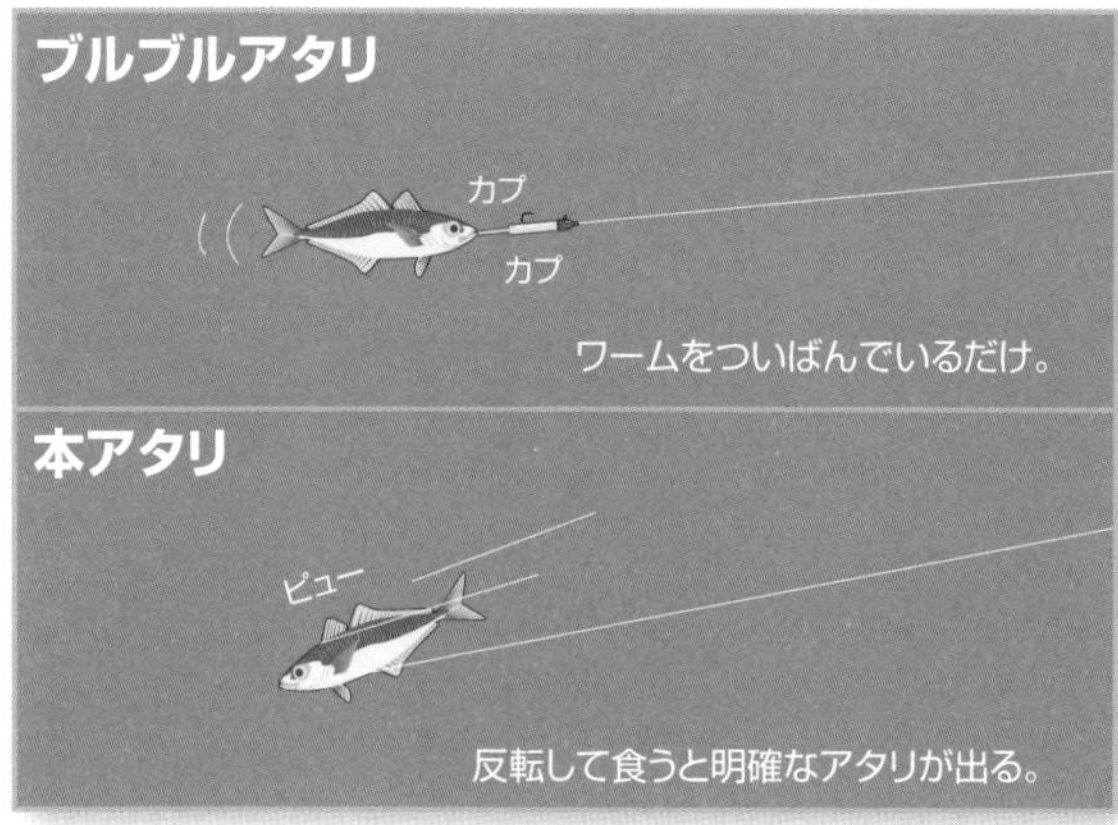
ブルブルアタリ
カプ
カプ
ワームをついばんでいるだけ。
本アタリ
ピュー
反転して食うと明確なアタリが出る。

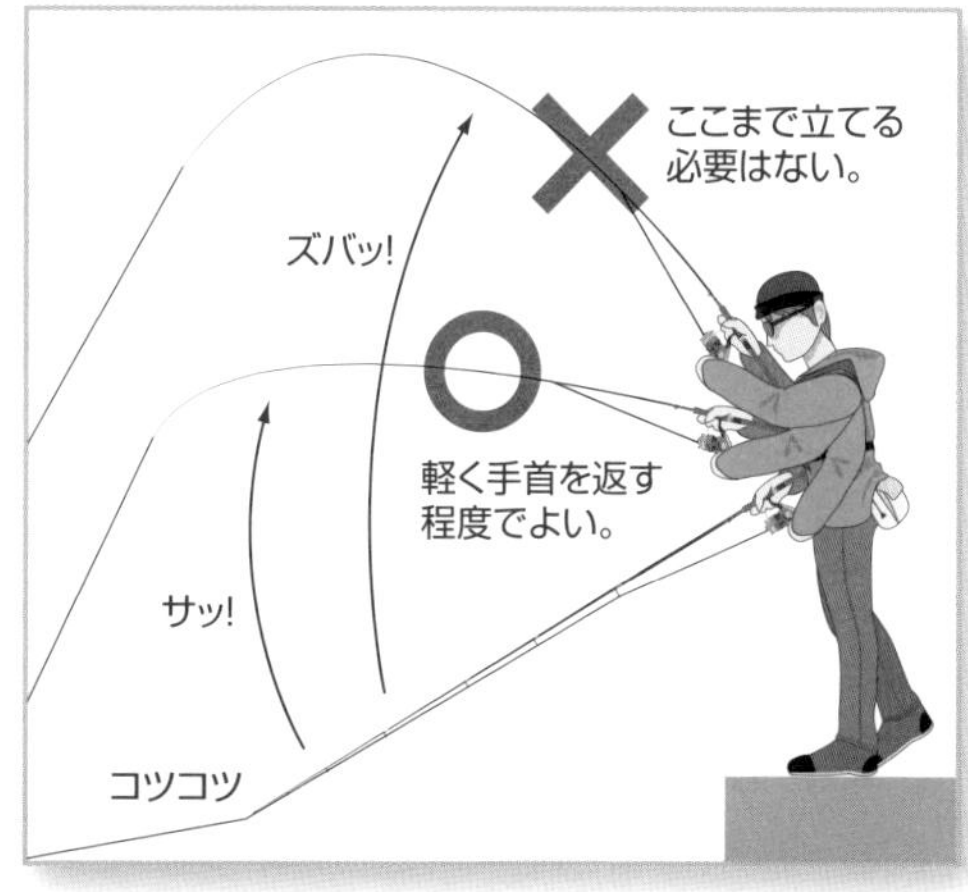
ここまで立てる
必要はない。
ズバッ!
軽く手首を返す
程度でよい。
サッ!
コツコツ

●ランディング

一定のテンションを保ったまま足下に寄せ、そのままブリ上げる。ポンピングしたり巻くスピードを途中で変えるとバレやすくなるので注意が必要。

抜き上げるときにバラシが多いようならランディングネットを使うのも手だ。

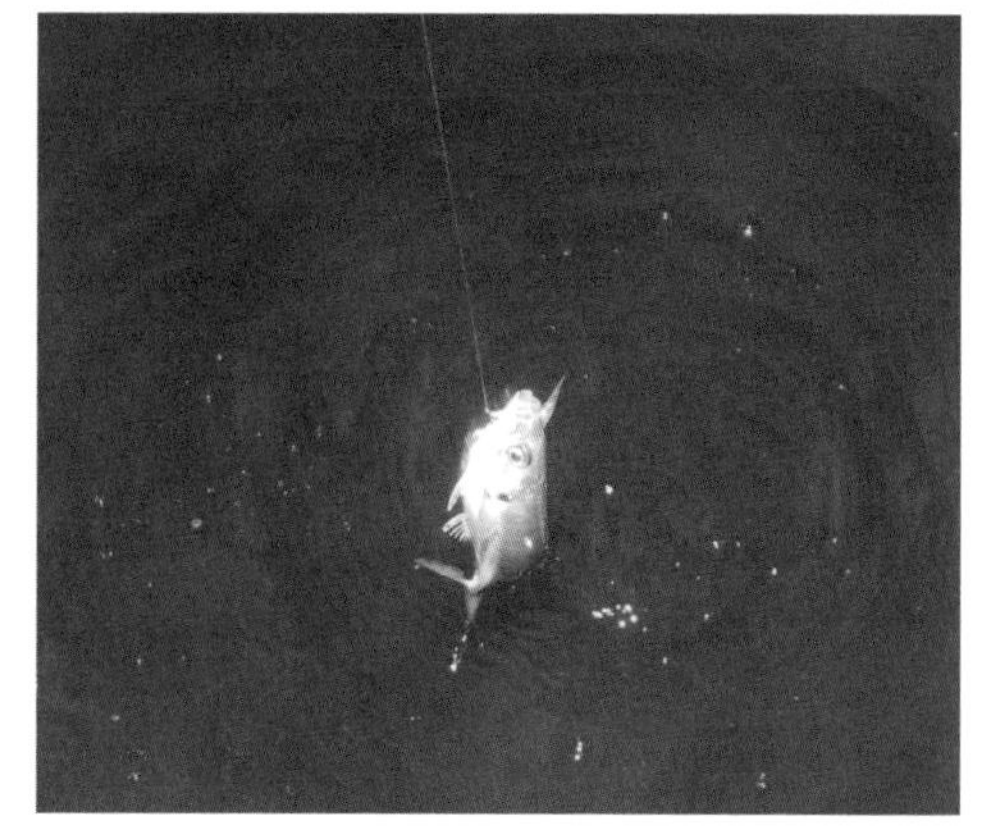

★手軽に遠投&ディープを攻めるスプリットリグ

シンカーを後付けできるので自由に重さを変えられるのが強み。ジグヘッドリグ単体より遠投することができ、ディープレンジを攻めることができる。キャロライナリグと比べると、仕掛けを作るのは簡単だが、シンカーが固定されているため、ターゲットが食ったときに違和感を与えやすいというデメリットがある。

●リグの特徴

PEライン+フロロカーボンリーダーの組み合わせが基本。リーダーの長さは感度重視なら30~40㎝と短めに、自然に漂わせて食いを誘うときは70~80㎝と長めにとる。シンカーはウキ釣り用のガン玉でもよいが、専用設計のワンタッチシンカーがおすすめ。ジグヘッドはフォールの動きを際立たせるために、0・5gまでの軽めのものがベストだ。

●活躍するシチュエーション

沖のポイントのボトム周辺を探りたいときにシンカーを追加するだけで済むので重宝する。また、潮の流れが速いときや風が強いとき、急に状況が変わったときなども、シンカーの調整で簡単に対応でき、ブレにくくレンジをキープしやすいため、より的確にアジのいるレンジを探ることができる。

●攻め方のセオリー

基本はただ巻きだが、スプリットリグの特長を活かすために、軽いシャクリとカーブフォールを織り交ぜてやると効果的でフォール時に食ってくることが多い。ワームの種類にもよるが、ダートやドリフトが有効な場合もある。いずれもショートストロークでコンパクトなアクションを心掛けよう。

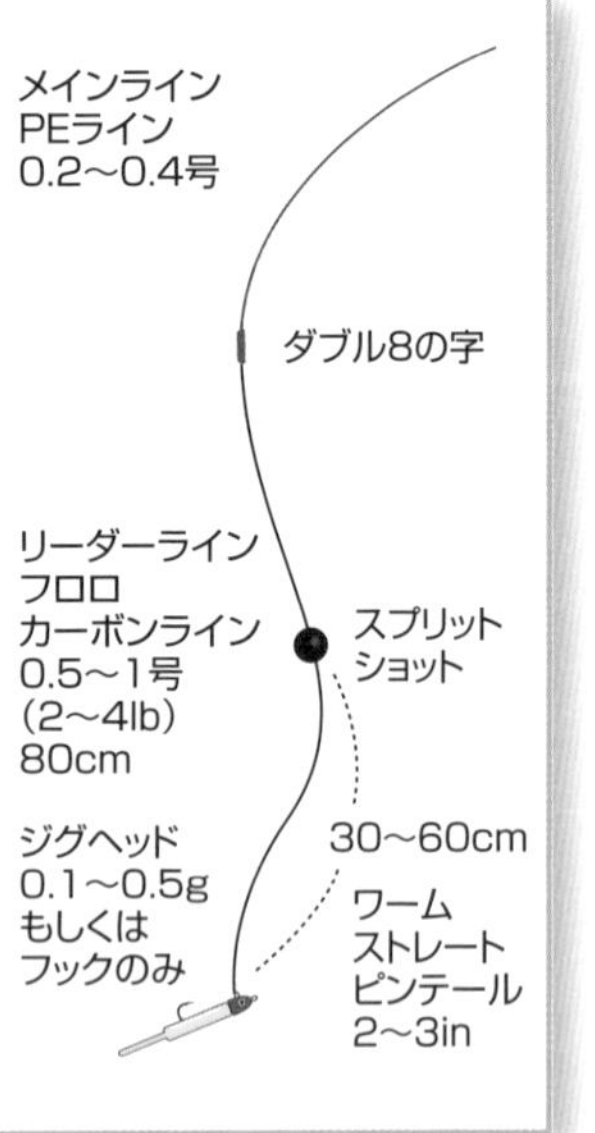
メインライン
PEライン
0.2~0.4号
ダブル8の字
リーダーライン
フロロ
カーボンライン
0.5~1号
(2~4lb)
80cm
スプリット
ショット
30~60cm
ジグヘッド
0.1~0.5g
もしくは
フックのみ
ワーム
ストレート
ピンテール
2~3in

YAMAWA
ゴム張ガン玉
ヤマワ
ゴム張ガン玉

内側にゴムが貼り付けられたタイプならラインを傷つけない。

★ターゲットに違和感を与えにくいキャロライナリグ

アジングは時期やフィールドの状況によってリグを変えるのがセオリーだ。

遠投が必要な場合や底を攻めるときはスプリットショットリグが簡単だが、より繊細な釣りを展開する場合はキャロライナリグが適している。

●リグの特徴

キャロライナリグはシンカーを使うという点ではスプリットショットリグと同様だが、シンカーが遊動式となるのが特徴だ。先端に付けられたジグヘッドがシンカーの重さの影響を受けにくいため、アジがバイトしてきたときも、違和感が少なく食わせることが可能となる。

PEラインの先にはリーダーラインを付け、これにキャロシンカーを通す。シンカーの重量は潮流の速さと狙いたいレンジで決定する。遊動式シンカーの場合、リーダーの擦れが気になるため、シンカーを通したリーダーの先にスイベルを付け、その先に細めのリーダー（ティップリーダー）をセットするのが一般的。

ジグヘッドは軽めのものか、フックのみのタイプ。ワームは2～3inのストレートワームが標準。当たりカラーは状況によって違うのでチャート系やグロー系など数種類携行した方がよい。

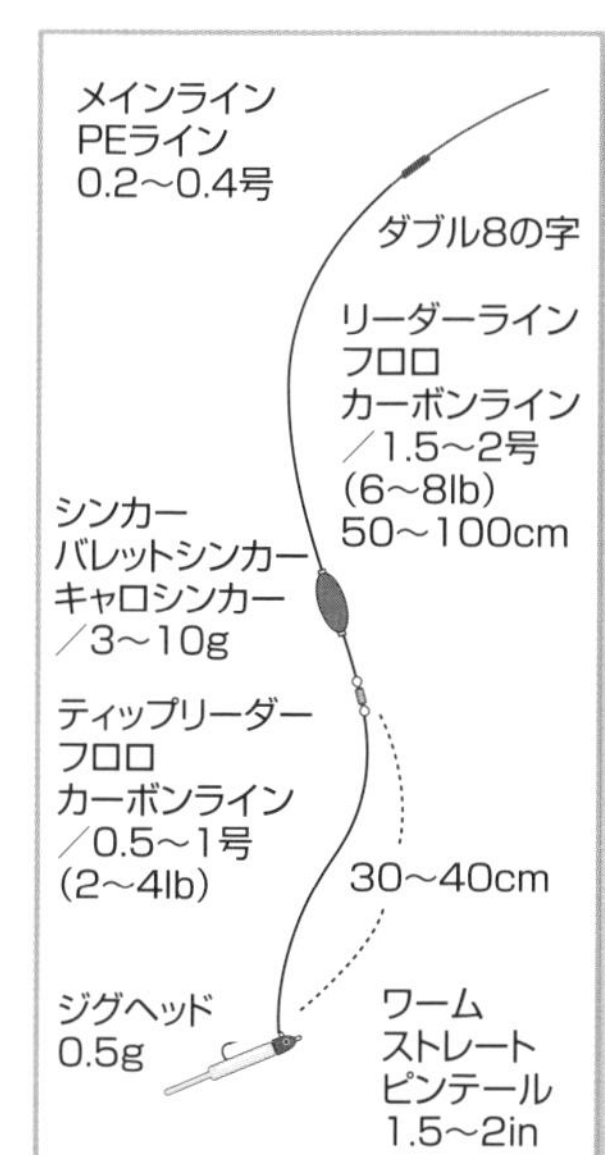
メインライン
PEライン
0.2～0.4号
ダブル8の字
リーダーライン
フロロ
カーボンライン
／1.5～2号
(6～8lb)
50～100cm
シンカー
バレットシンカー
キャロシンカー
／3～10g
ティップリーダー
フロロ
カーボンライン
／0.5～1号
(2～4lb)
30～40cm
ジグヘッド
0.5g
ワーム
ストレート
ピンテール
1.5～2in

キャロライナリグは着水音に気をつける

キャロライナリグやハードルアーの場合、着水音が大きくなってしまいがち。魚の群れを散らしてしまうので、着水直前にサミングをして着水時のスピードをゆるめよう。

サミングしないと…

ドボン!

ルアーの落下速度そのままで海面に突き刺さり、大きな着水音が鳴る。また、ティップリーダーがラインに絡んでしまうことも。

サミングをすると…

チャポン!

着水直前にラインの放出を手で止めれば（サミング）、着水音が小さくなりティップリーダーがまっすぐになって絡みにくくなる。

★尺オーバーを狙うならプラッギング

アジングではワームに比べるとあまり馴染みがないが、大型ベイトのシーズンなど活躍する場面も少なからずある。シンカーやフロートを追加することなく遠投が効き、アクションやフッキングも簡単なので初心者にもやさしい。比較的良型がアタるのも特長だ。

●活躍するシチュエーション

アジの活性が高くボイルがあるようなときは、ワーミングより間違いなく手返しが早いプラッキングの方が数を稼げる。

また、常夜灯のない浅場など活性の低いフィールドでは大きなアクションでアピールすることで寄せる効果がある。

●リグの特徴

PEライン＋フロロカーボンリーダーの組み合わせが一般的。リーダーは1m程度取る。プラグは5〜6㎝のシンキングミノーかシンキングペンシルで、吸い込みやすいようにスリムなものが良い。カラーはクリア系とミラー系に実績がある。

●攻め方のセオリー

ボイルがある場合は表層をただ巻きで引いてくるだけでよい。無駄なアクションは群れを散らせるだけだ。

魚の動きが見えないときは足下を中心に広角的にヒットレンジを探っていく。

狙い目は潮の変化があるところ。潮目があれば、境目に沿ってトレースしていく。日中に潮目のできやすいところを確認し、ルアーを泳がせてみよう。

アクアウェーブ
ミノーマジック

アクアウェーブ
シャローマジック50

ダイワ
月下美人 澪示威
SOLID

★バッグンの飛距離で広範囲を攻めるメタルジグ

すぐれた遠投性能で、広い範囲を探ることができる。レンジもリトリーブスピードを変えることでボトムからトップまで自由自在。プラッキングと同様、シンプルなリグなので初心者でも取っつきやすいだろう。

●リグの特徴

ジグをキビキビ動かすためにはPEラインが不可欠。リーダーは3～5lbを1～1・5m取る。ジグはアジ用またはメバル用の3～7gを潮流の速さで使い分ける。カラーはあまり気にせず、派手目のものを選べばよい。フォーリングの姿勢が大事なのでウエイトバランスの違うものを数種類揃えておこう。リアのトレブルフックにラインが絡まるときはシングルフックに交換してもよい。

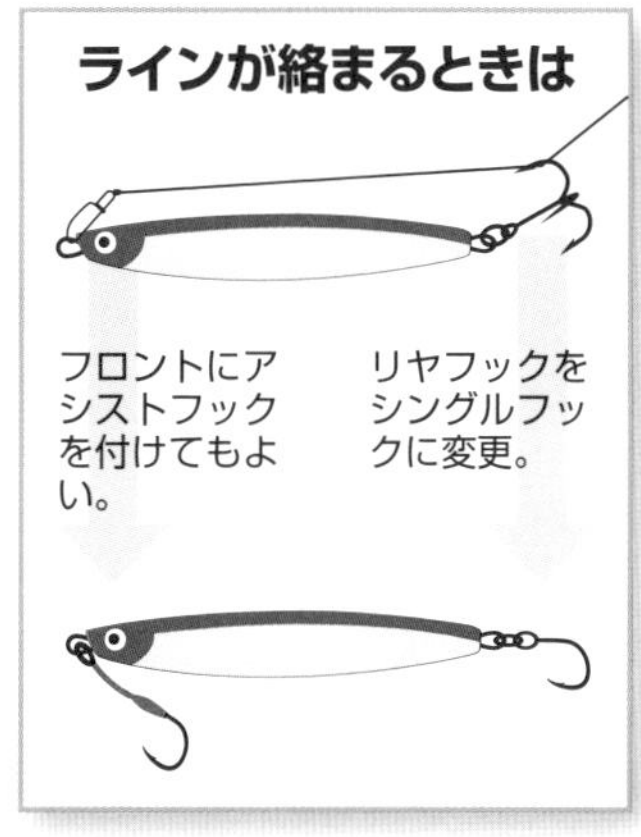
ラインが絡まるときは
リヤフックをシングルフックに変更。
フロントにアシストフックを付けてもよい。

ダイワ
月下美人
プリズナー

●活躍するシチュエーション

デイゲーム～まづめ時に主に活躍する。活性が高く、ワームで入れ食いになっているような状況でもボトム付近には一回り大きな個体がいることが多い。ここを狙い撃つのがメタルジグだ。

また、強風時、激流時などはメタルジグでしか攻略できないポイントもある。初めてのフィールドでも、ボトムからトップまで、足下から遠くまでくまなく探れるのも強みだ。

●攻め方のセオリー

レンジが分からない場合は、しっかりボトムをとり、リフト&フォールで足下まで引いてくる。レンジを少しずつ上げながら、時折小刻みなアクションを入れてリアクションバイトを誘う。

ボイルしているようなときは、着水したら数秒カウントし、ただ巻きで数をかせぐ。食わなければリフト&フォールだ。

★デカアジを狙って獲る

●シーズンと時間帯

アジは居着き型と回遊型に分けられる。居着きの大型はほぼ一年中、回遊型は地域によって異なるが、産卵で接岸する春と食餌行動が活発な秋がデカアジを狙うのに適している。

時間帯は夜が中心。湾内を回遊している個体が夜になると沿岸部へと移動してくる。

●ポイント

潮流の影響を受けやすい場所、ベイトが集まりやすい場所となる港湾の常夜灯周りや河口がベストポイント。

同じポイントでもデカアジが潜むのは明るい場所より暗い場所、そしてシャローよりディープ、ボトムレンジである。他の魚と同様にアジも大型になるほど警戒心が強くなる。

当然のことだが、釣り人があまり入っていない沖堤防や離島の堤防などはデカアジ狙いの絶好のフィールドとなる。

●タックル

ロッドやリールは、50cmクラスがコンスタントに出るような場合でもない限り、特に気を使う必要はなく、普段のアジングタックルで充分対応できる。ラインはワンランクアップさせた方が安心だ。

ディープレンジを広範囲に攻めるため、パイロットとしてキャロライナリグが最適。シンカーのウエイトは潮流に合わせて、ときには1/2oz（14g）以上のヘビキャロリグも使う。

ワームは通常より長めのもので、最低でも2in以上は欲しい。

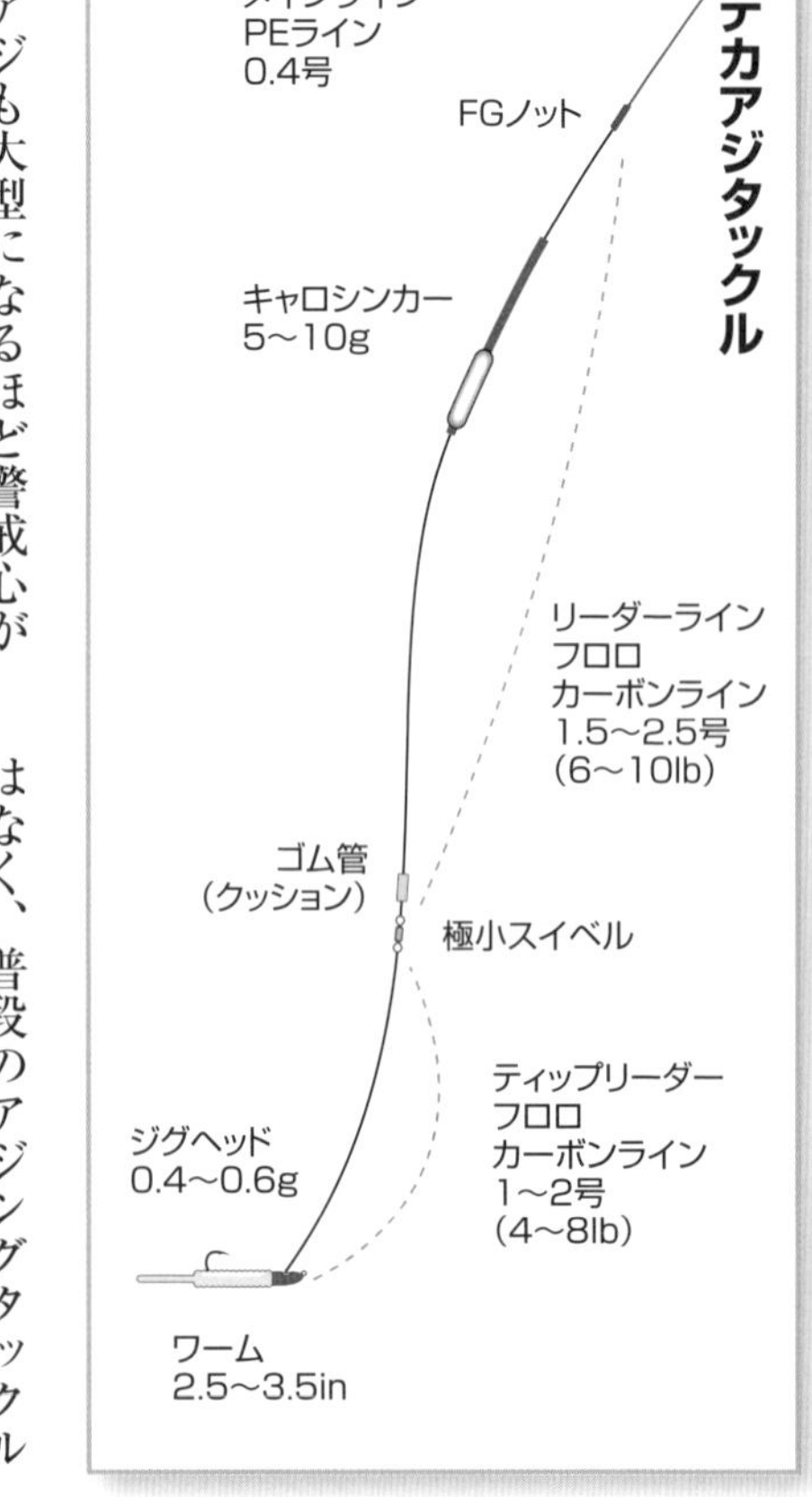
デカアジタックル
メインライン
PEライン
0.4号
FGノット
キャロシンカー
5〜10g
リーダーライン
フロロ
カーボンライン
1.5〜2.5号
(6〜10lb)
ゴム管
(クッション)
極小スイベル
ティップリーダー
フロロ
カーボンライン
1〜2号
(4〜8lb)
ジグヘッド
0.4〜0.6g
ワーム
2.5〜3.5in

これは、大型を狙うというよりも小型を釣らないためである。小型エリアを通り抜けることができなければ当然大型が釣れる確率は低くなる。

活性が高いようであればプラグやメタルジグが活躍する。

■ディープレンジ攻略

ボトム付近を回遊する大型に狙いを定めて、ボトムから探るのが基本。

ブレイクラインや常夜灯の明暗の境目を狙ってキャスト。ラインスラックを取ったらカウントダウンして着底を確認する。

ロッドを1～2回大きくシャクってテンションフォールでアタリを待ち、アタリがなければまたジャークしてテンションフォールを繰り返す。

それでもアタリがなければ扇状に探りながら様々なアクションを試してみよう。

フォール時にアタリが出やすいので、テンションは保ったままにすること。フリーフォールは禁物だ。

また、最も注意しなければいけないのがバラシである。フックから外れて一目散に逃げ去る仲間を見て、パニックが起こり、大型になるほど警戒心を強くしてしまう。

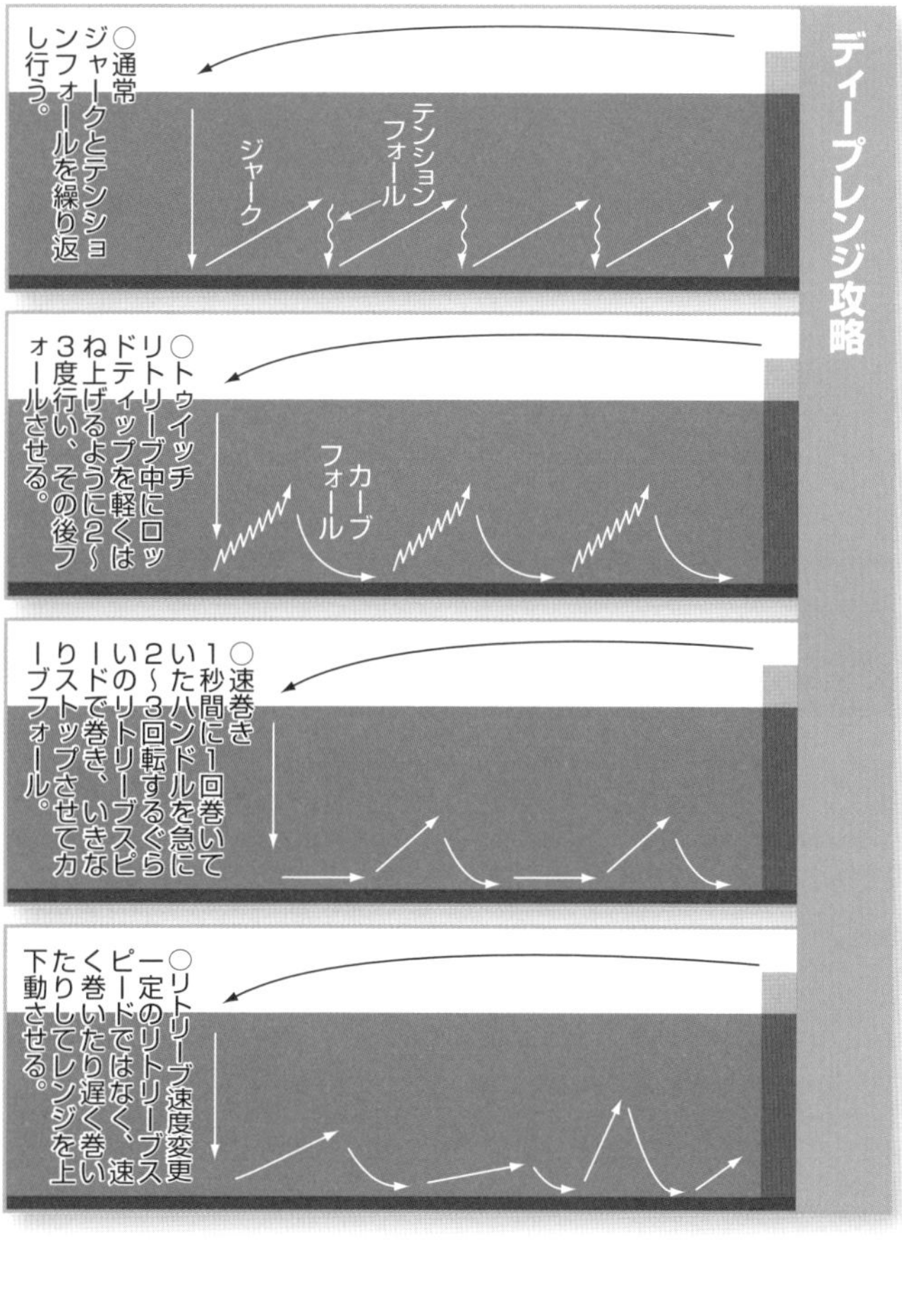

ディープレンジ攻略

○通常
ジャークとテンションフォールを繰り返し行う。

ジャーク
テンションフォール

○トゥイッチ
リトリーブ中にロッドティップを軽くはね上げるように2～3度行い、その後フォールさせる。

カーブフォール

○速巻き
1秒間に1回巻いていたハンドルを急に2～3回転するぐらいのリトリーブスピードで巻き、いきなりストップさせてカーブフォール。

○リトリーブ速度変更
一定のリトリーブスピードではなく、速く巻いたり遅く巻いたりしてレンジを上下動させる。

シーバス

現在、日本には３種類が生息しているが、スズキとヒラスズキが在来種で、より大型に成長するタイリクスズキは中国や台湾が原産と言われている。沿岸や港湾などを主な生息域とするが淡水への順応力が高く、河口より遥か上流まで小魚を追い遡上することも多い。

これがエラ洗いと呼ばれるスズキ独特の動き。ルアーを外されやすいのでロッドティップを下げて対応しよう。

スズキ目スズキ科
Sebastes inermis

★シーズン

春			夏			秋			冬		
3月	4月	5月	6月	7月	8月	9月	10月	11月	12月	1月	2月

オールシーズン狙える好敵手で早春はバチパターン、アミパターン、夏のイナパターン、イワシパターン、秋はサヨリパターン、アユパターン、冬にはコノシロパターンと多くのパターンがあり身近に狙える人気の高いターゲットだ。

Main Field

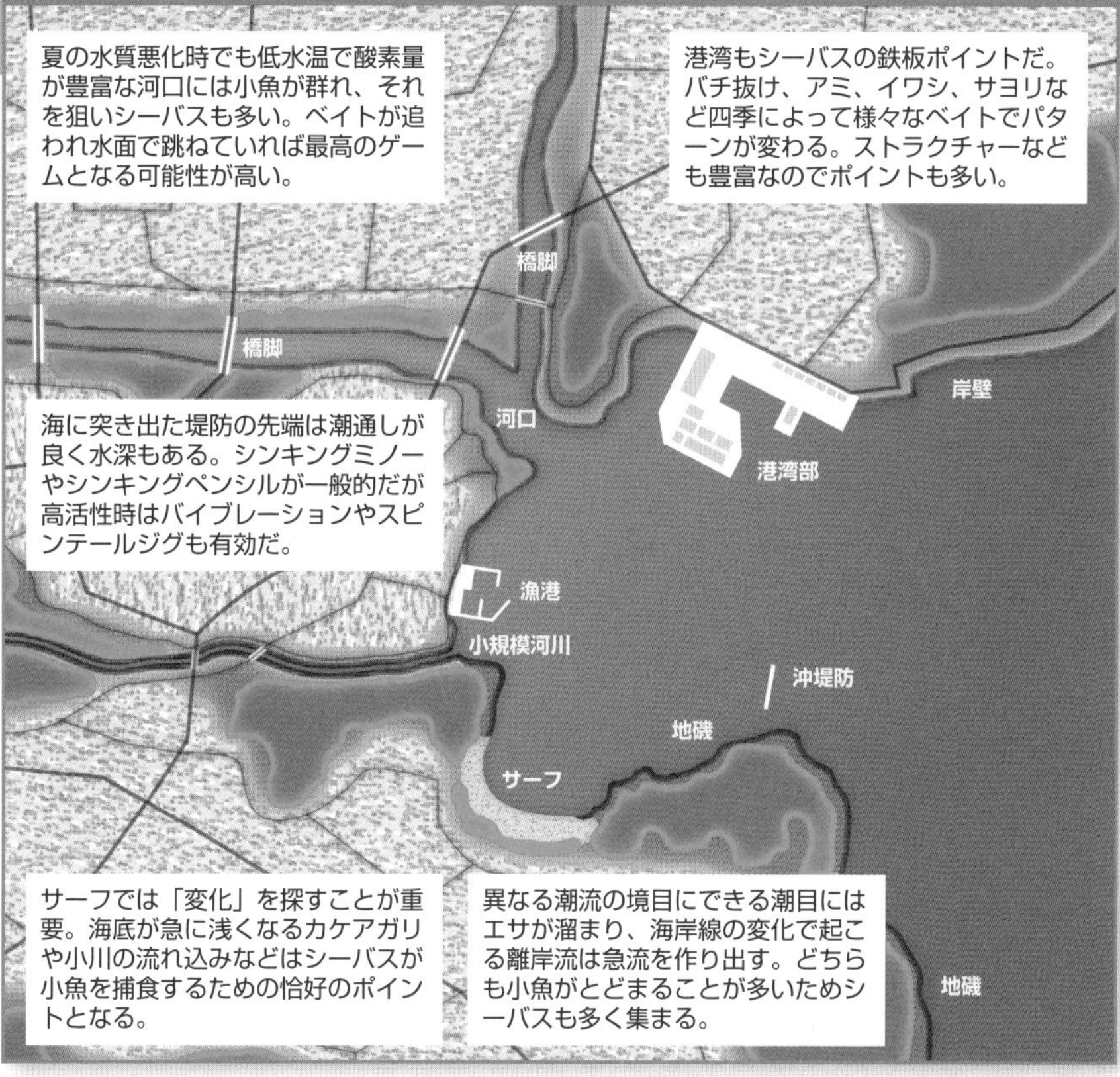

夏の水質悪化時でも低水温で酸素量が豊富な河口には小魚が群れ、それを狙いシーバスも多い。ベイトが追われ水面で跳ねていれば最高のゲームとなる可能性が高い。

港湾もシーバスの鉄板ポイントだ。バチ抜け、アミ、イワシ、サヨリなど四季によって様々なベイトでパターンが変わる。ストラクチャーなども豊富なのでポイントも多い。

橋脚
橋脚
河口
岸壁
港湾部

海に突き出た堤防の先端は潮通しが良く水深もある。シンキングミノーやシンキングペンシルが一般的だが高活性時はバイブレーションやスピンテールジグも有効だ。

漁港
小規模河川
沖堤防
地磯
サーフ

サーフでは「変化」を探すことが重要。海底が急に浅くなるカケアガリや小川の流れ込みなどはシーバスが小魚を捕食するための恰好のポイントとなる。

異なる潮流の境目にできる潮目にはエサが溜まり、海岸線の変化で起こる離岸流は急流を作り出す。どちらも小魚がとどまることが多いためシーバスも多く集まる。

地磯

Time Schedule

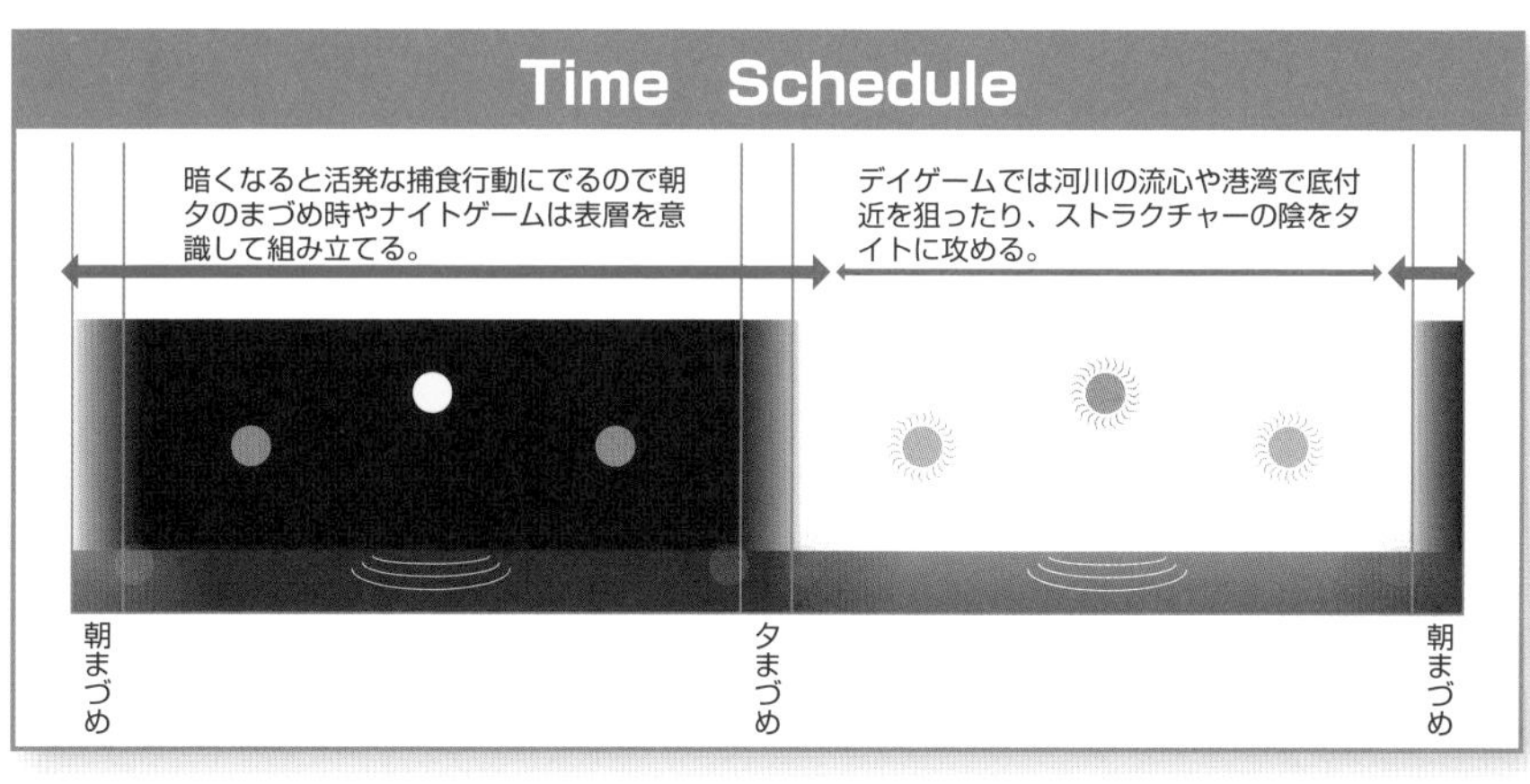
暗くなると活発な捕食行動にでるので朝夕のまづめ時やナイトゲームは表層を意識して組み立てる。
デイゲームでは河川の流心や港湾で底付近を狙ったり、ストラクチャーの陰をタイトに攻める。
朝まづめ
夕まづめ
朝まづめ

★タックルセレクト

基本のタックル

最初に揃えるならコレ!

Main Line

PEライン
／0.8〜1号

飛距離が必要なことが多く、PEラインでしかも細いほうが圧倒的に有利だが、ランカークラスの引きは強烈なため、強度と飛距離のバランスがラインに求められる。

Reader Line

フロロカーボンライン
／3号(12lb)1m

PEラインを使用する場合は、必ずリーダーラインが必要。障害物の多い場所ではフロロカーボンラインの方が安心だが、低温状態では巻きグセが取れ難いので冬季はナイロンラインが使いやすい。

FGノットで直結

小さなアタリや吸い込むようなバイトでも、ヒットに持ち込めるような軟らかいティップと、掛かった瞬間の強い走りをタメられるだけの強いバットが理想的。

リールは極端な遠投の必要がないためメインラインが150mほど巻け、ルアーの回収など手返しの面で有利となるハイギアタイプがベター。

Lure

フローティングミノー
／8〜11㎝

季節や場所で有効なルアーがほぼ決まる。ポッパー、ペンシル、シンキングペンシル、シンキングミノー、バイブレーション、スピンテール、メタルジグなどフィールドにマッチしたルアーを揃えよう。

Reel

スピニングリール
3000番

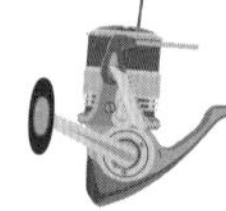

Rod

ミディアムライトクラス
ファーストテーパー
8.6ft

★ルアーの種類

フローティングやシンキングのミノー、シンキングペンシルやバイブレーション、スピンテールジグなどが定番で季節やパターンでルアーの種類がほぼ特定され、シーバスが実際に捕食しているベイトの種類や大きさで使用するルアーのサイズや色が決まる。しかし、濁っている場合やナイトゲームではレッドヘッドやチャートリユース、蛍光オレンジなどのアピール系カラーが有利な場合が多い。

★その他必要なタックル

ナイトゲームではルアー交換やノットの組み直しにライトが必需品。中でも手をかざせば点灯できる非接触式スイッチのヘッドライトが便利。明るければ組めるノットも手がかじかむ冬期にはライン結び器が重宝する。ノットに自信がない人にもおすすめだ。仕留めたシーバスを手に持つときはフィッシュグリップを使用したい。直接魚に手を触れず確実に掴めるので暴れてもケガせず、手を滑らせて魚を逃がさない。仕留めたシーバスは時合を逃さないためにもストリンガーを使い泳がせておけば、後からまとめて撮影やリリースすることができる。

GENTOS
デルタピーク・DPX-418H
非接触センサースイッチ搭載で手を触れずに操作することが可能。後部認識灯、SOSパターン点滅機能搭載。ヘッドは80度可動式。

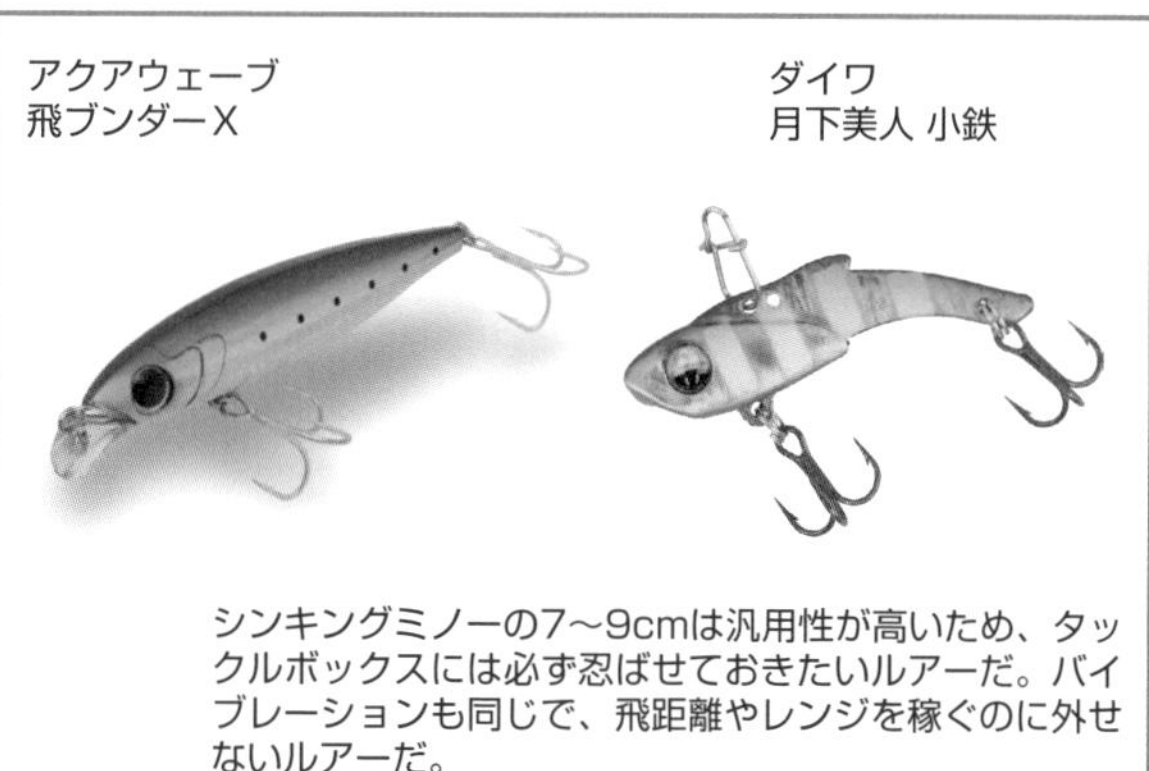

アクアウェーブ
飛ブンダーX

ダイワ
月下美人 小鉄

シンキングミノーの7〜9cmは汎用性が高いため、タックルボックスには必ず忍ばせておきたいルアーだ。バイブレーションも同じで、飛距離やレンジを稼ぐのに外せないルアーだ。

■港湾部での狙い方

イワシやアジなどのベイトフィッシュが豊富なため、通年シーバスの数が最も多い場所となる。回遊魚の群れが港内に入り時合を迎えれば、あちこちでボイルの音を耳にすることも珍しくない。

メータークラスの大物が出る確率は低いが、40㎝前後のフッコクラスが数アタるのが港湾部の大きな特徴でナイトゲームが中心となる。常夜灯や係留船の光が作り出す明暗がバイトのカギとなり、シーバスが捕食行動を起こしやすい光と影の境目にルアーを通すのが一般的な狙い方となる。

大型船が入港する港は水深があるため、縦を意識して様々なルアーを駆使し、キャストする角度を変えながらどこにシーバスが潜んでいるかを見つける釣りとなる。

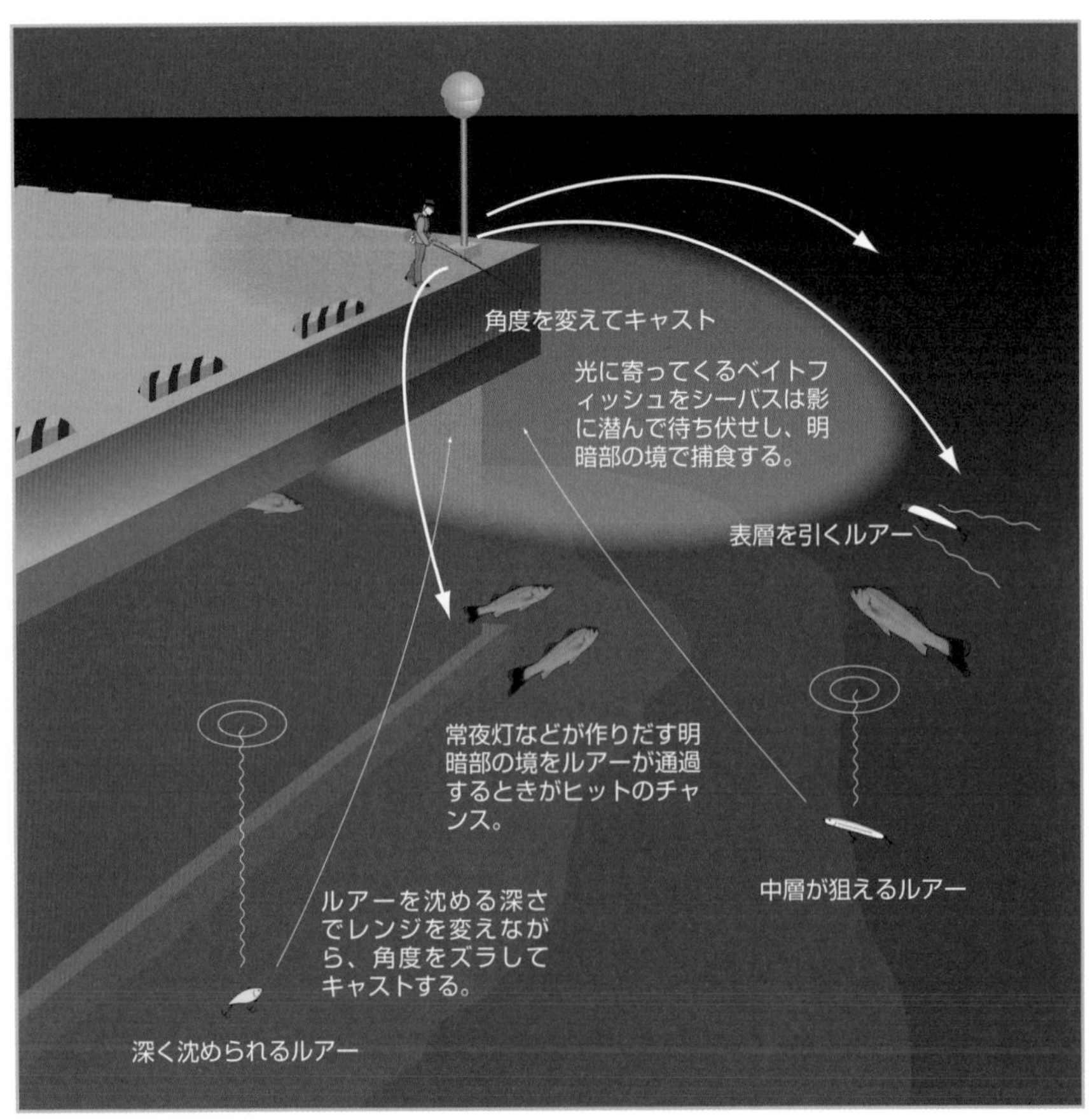
角度を変えてキャスト
光に寄ってくるベイトフィッシュをシーバスは影に潜んで待ち伏せし、明暗部の境で捕食する。
表層を引くルアー
常夜灯などが作りだす明暗部の境をルアーが通過するときがヒットのチャンス。
中層が狙えるルアー
ルアーを沈める深さでレンジを変えながら、角度をズラしてキャストする。
深く沈められるルアー

■河口域での狙い方

夏の低酸素状態や降雨による増水、下げ潮に作りだされる強い流れなどの特定条件で非常に好ポイントになるのが河口域で、ミノーやトップ系が有効なエリアだ。

水温の上昇と共に海水の酸素は減少するため、ベイトフィッシュ達は酸素が豊富な河口に集まり、それを狙うシーバスにはミノーが有効な攻略ルアーとなる。

河川の増水は濁りを伴い、流された淡水魚が海水で弱っていればシーバスは大胆になり、ミノーや水面で弱った小魚を演出できるトップ系ルアーが大活躍する。

上げ潮と共に河口からエサを求めて遡上し小魚が下げ潮で作り出される強い流れに翻弄されるときも時合となる。ここでも活躍するのはミノー系のルアーだ。

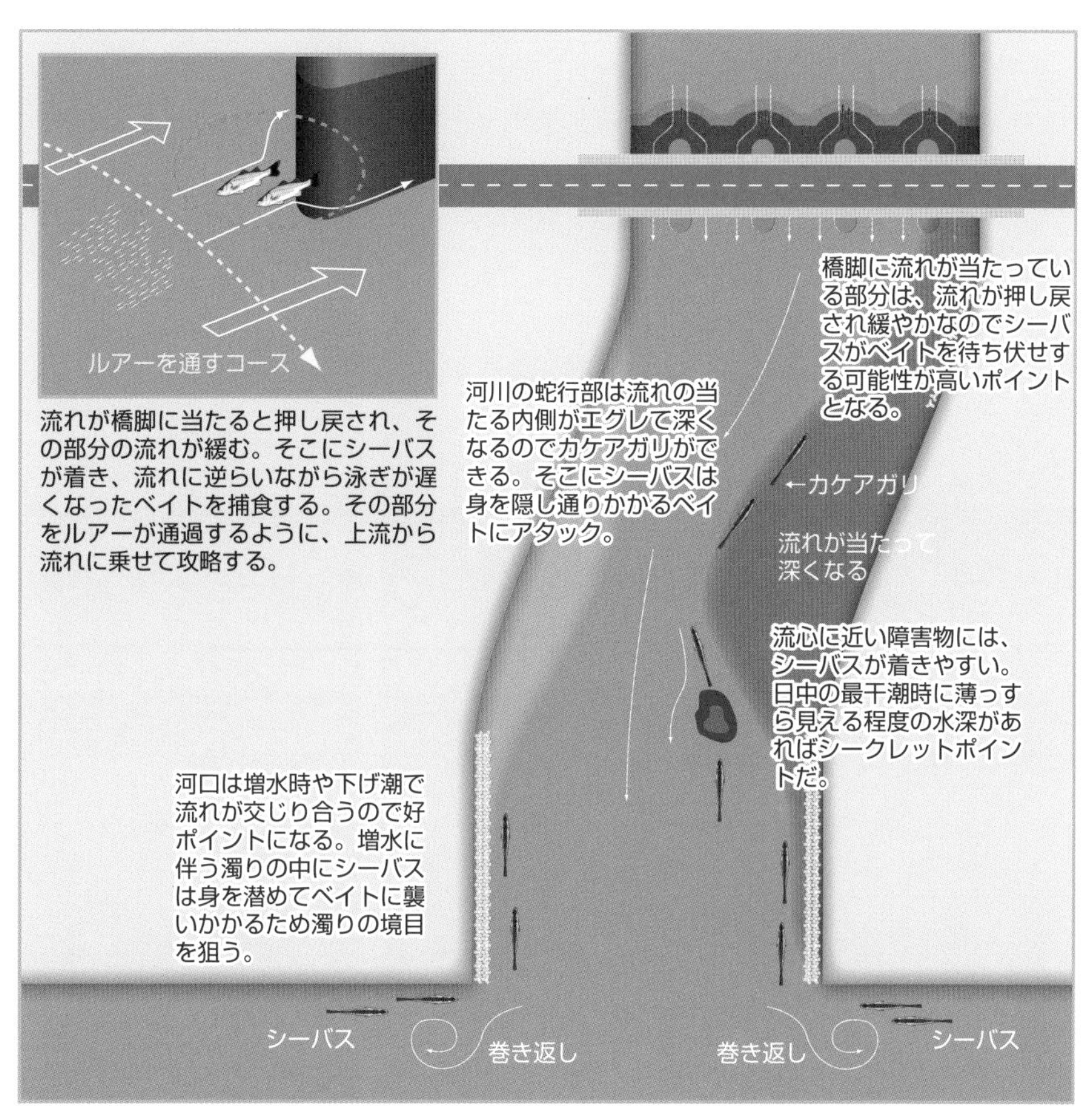
ルアーを通すコース
流れが橋脚に当たると押し戻され、その部分の流れが緩む。そこにシーバスが着き、流れに逆らいながら泳ぎが遅くなったベイトを捕食する。その部分をルアーが通過するように、上流から流れに乗せて攻略する。
橋脚に流れが当たっている部分は、流れが押し戻され緩やかなのでシーバスがベイトを待ち伏せする可能性が高いポイントとなる。
河川の蛇行部は流れの当たる内側がエグレて深くなるのでカケアガリができる。そこにシーバスは身を隠し通りかかるベイトにアタック。
←カケアガリ
流れが当たって深くなる
流心に近い障害物には、シーバスが着きやすい。日中の最干潮時に薄っすら見える程度の水深があればシークレットポイントだ。
河口は増水時や下げ潮で流れが交じり合うので好ポイントになる。増水に伴う濁りの中にシーバスは身を潜めてベイトに襲いかかるため濁りの境目を狙う。
シーバス
巻き返し
巻き返し
シーバス

★バチパターン（3~5月）

バチとはイソメ類の総称で、さまざまな環虫類が満月の大潮前後に入れ替わりながら、次々と産卵することをバチ抜けと呼ぶ。

バチ抜けは河口域や湾奥で行われることが多く、夕まづめになると産卵を迎えた種が住みかから這い出て放卵を始める。場所やタイミングによって無数のバチと遭遇することもあるが、普通は水面でまばらに確認できる程度だ。

バチ抜けに集まるシーバスは50cmまでのフッコサイズが多いが、ランカークラスが交じってアタってくるのでドラグのセッティングが重要となってくる。

ルアーはリトリーブしても派手にアクションせずふらふらと一定のレンジを引ける7cm前後と12cm前後の暗いカラーが有効だ。

湾奥とはいえ、わずかな潮の流れはある。遊泳力の低いバチは自然に流されて一か所に溜まることがあり、そこを探し当てることができれば爆釣も珍しくない。

反転流にバチが溜まることもある。

水面でバチの姿が見当たらなくても諦めることはない。海底付近で始まっていることもあり、暗がりでは確認できない離れた所に溜まっていることもあるからだ。

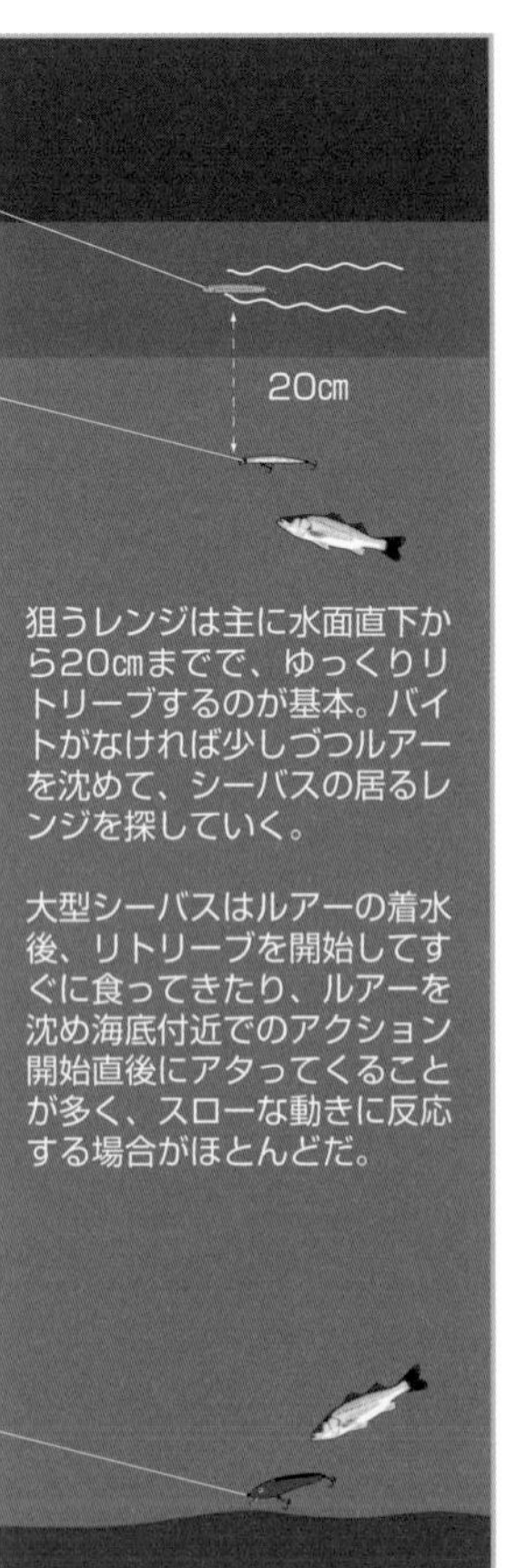
20cm
狙うレンジは主に水面直下から20cmまでで、ゆっくりリトリーブするのが基本。バイトがなければ少しづつルアーを沈めて、シーバスの居るレンジを探していく。
大型シーバスはルアーの着水後、リトリーブを開始してすぐに食ってきたり、ルアーを沈め海底付近でのアクション開始直後にアタってくることが多く、スローな動きに反応する場合がほとんどだ。

★イワシパターン（5～10月）

バイトの確率が最も高いのが夕まづめのボイル狙いだ。暗くなってくるとイワシは群れて固まり、水面付近まで浮上する。それを目がけてシーバスの捕食が始まる。

捕食が始まると派手なボイルが起き、群れの位置が分かるので移動方向を予測して狙う。ボイルが起こるのは浅場が多いがイワシの行動に左右される。

イワシの遊泳は意外に速くルアーの演出も速めになるが、ただリーリングするのではなく、シーバスがルアーにアタックするタイミングを与えるのが重要となる。

ルアーサイズは群れているイワシに合わせるのが基本で12～16㎝のミノーが標準となり、ボイルが起こっている状態では、ポッパーやペンシルベイトも有効だ。

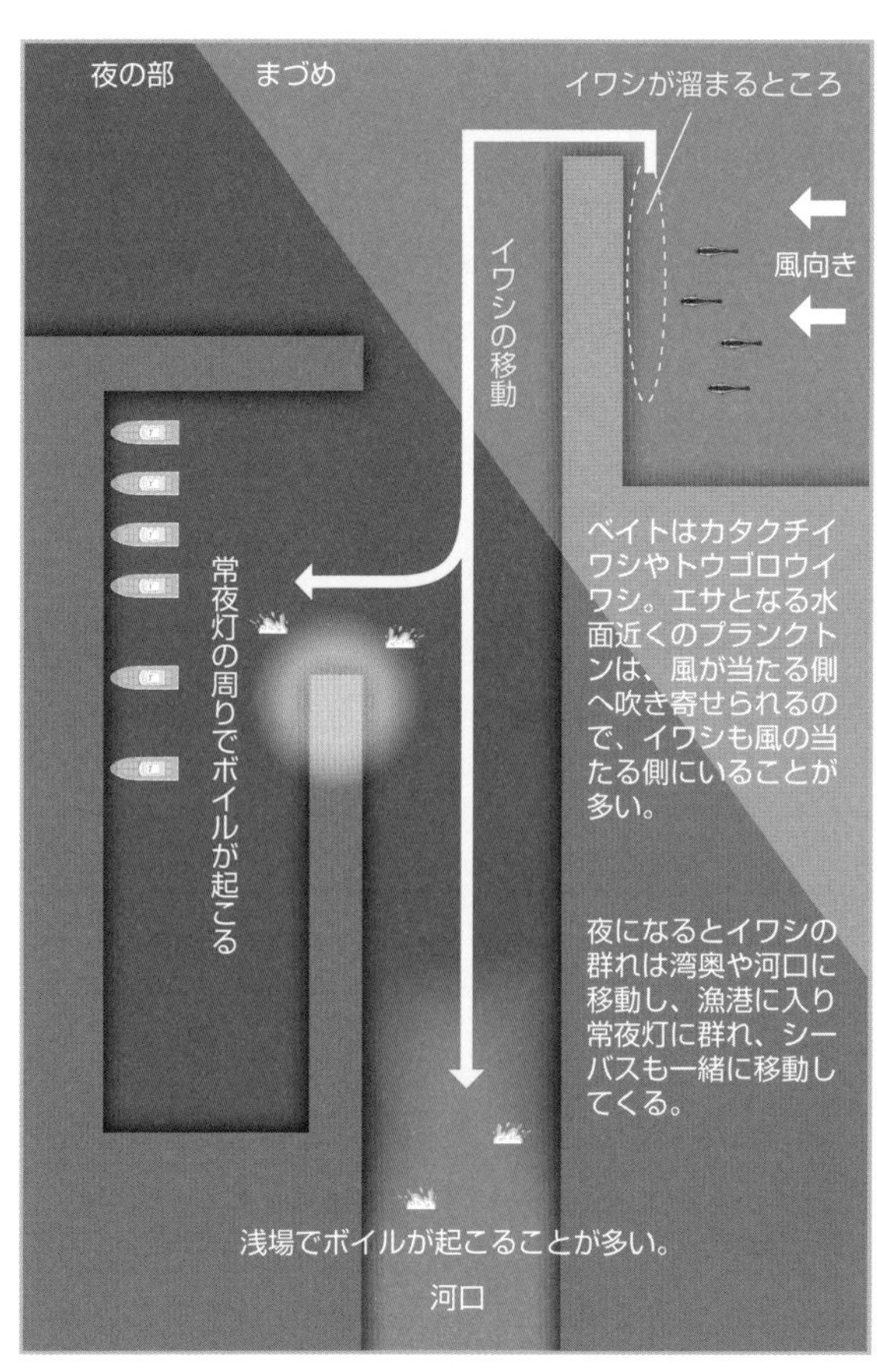
夜の部
まづめ
イワシが溜まるところ
風向き
イワシの移動
常夜灯の周りでボイルが起こる
ベイトはカタクチイワシやトウゴロウイワシ。エサとなる水面近くのプランクトンは、風が当たる側へ吹き寄せられるので、イワシも風の当たる側にいることが多い。
夜になるとイワシの群れは湾奥や河口に移動し、漁港に入り常夜灯に群れ、シーバスも一緒に移動してくる。
浅場でボイルが起こることが多い。
河口

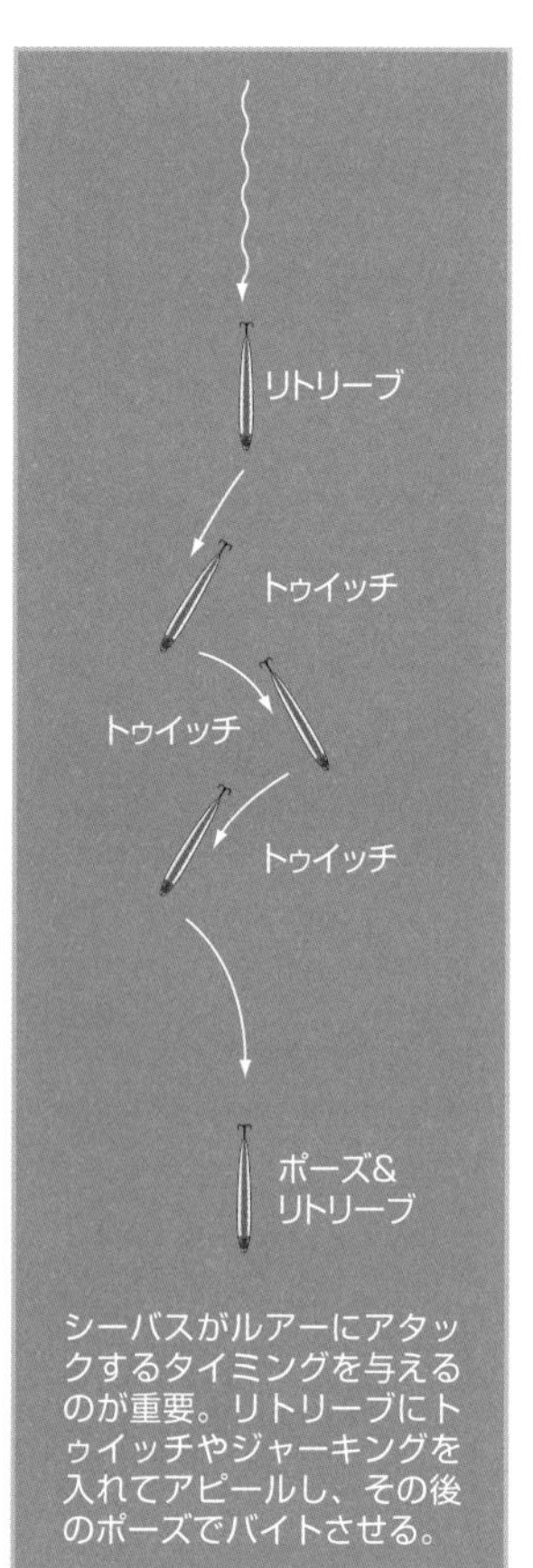
リトリーブ
トゥイッチ
トゥイッチ
トゥイッチ
ポーズ&
リトリーブ
シーバスがルアーにアタックするタイミングを与えるのが重要。リトリーブにトゥイッチやジャーキングを入れてアピールし、その後のポーズでバイトさせる。

★サヨリパターン（9〜12月）

サヨリパターンでは派手なボイルに騙されやすい。サヨリは水面直下を泳ぎ、シーバスが近づくと水面を飛び跳ねて上手に逃げる。

シーバスはバイトに失敗することが多く、これを繰り返すことで捕食行動自体にスレてしまい、ルアーに対しての反応も鈍くなる。

ボイルはあるのにバイトがない状況に対して、アングラーはルアーを替えるという悪循環に陥ることになる。そうならないためには、サヨリに似たスリムなフローティングミノーで場所を絞って迷わず狙い続けることだ。

水面で引き波を立てるようにルアーをスローリトリーブし、サヨリの群れにルアーが入ったら更にスピードを落とし、軽くトゥイッチしてのステイが基本となる。

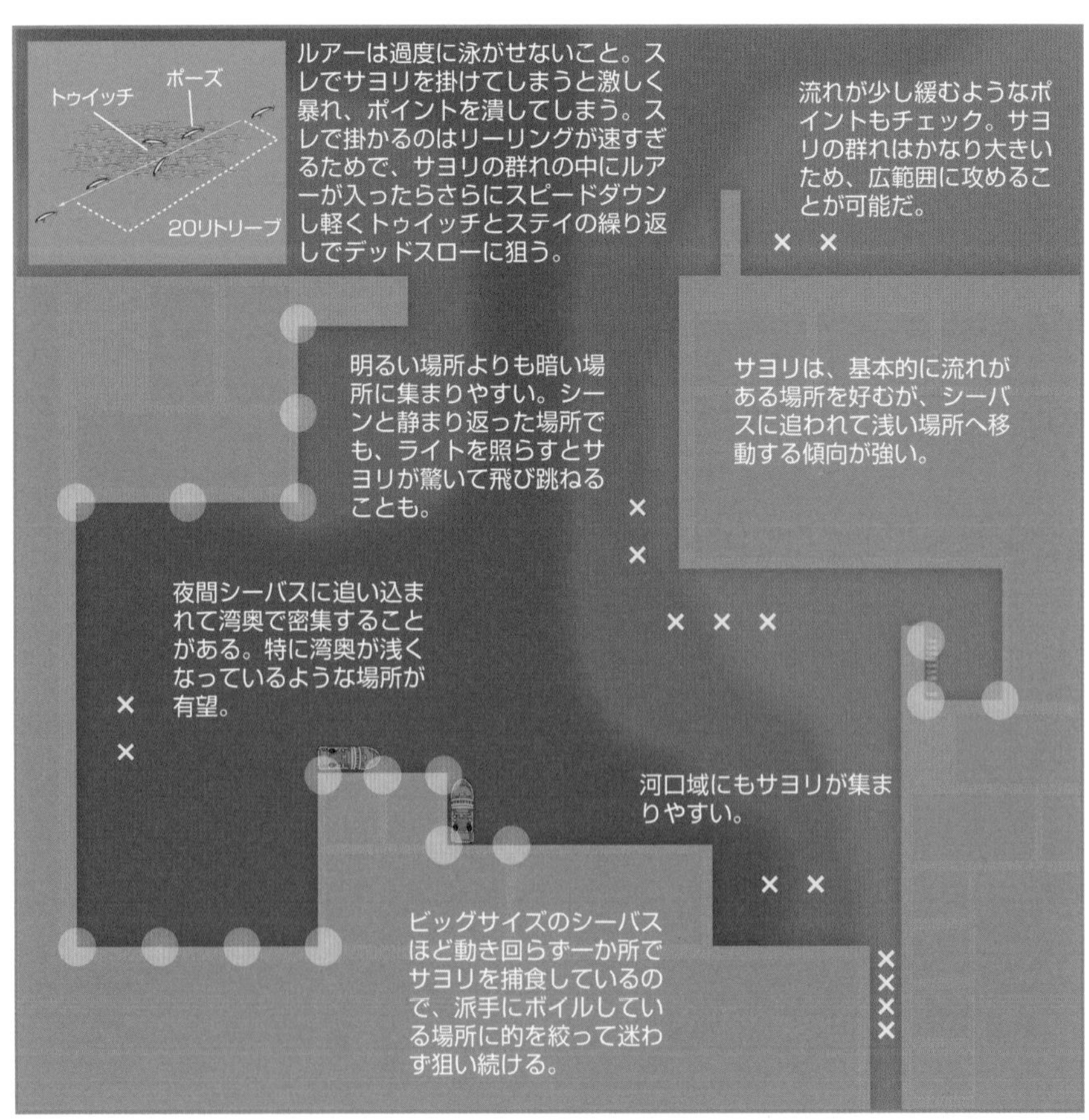
トゥイッチ
ポーズ
20リトリーブ
ルアーは過度に泳がせないこと。スレでサヨリを掛けてしまうと激しく暴れ、ポイントを潰してしまう。スレで掛かるのはリーリングが速すぎるためで、サヨリの群れの中にルアーが入ったらさらにスピードダウンし軽くトゥイッチとステイの繰り返しでデッドスローに狙う。
流れが少し緩むようなポイントもチェック。サヨリの群れはかなり大きいため、広範囲に攻めることが可能だ。
明るい場所よりも暗い場所に集まりやすい。シーンと静まり返った場所でも、ライトを照らすとサヨリが驚いて飛び跳ねることも。
サヨリは、基本的に流れがある場所を好むが、シーバスに追われて浅い場所へ移動する傾向が強い。
夜間シーバスに追い込まれて湾奥で密集することがある。特に湾奥が浅くなっているような場所が有望。
河口域にもサヨリが集まりやすい。
ビッグサイズのシーバスほど動き回らず一か所でサヨリを捕食しているので、派手にボイルしている場所に的を絞って迷わず狙い続ける。

★アミパターン（12〜6月）

アミとはイサザアミなど体長5〜30㎜の甲殻類全般を指す。産卵のために集まったアミが潮流で流され、ストラクチャーや構造物の影にポジションしたシーバスが選択的に捕食している状態をアミパターンと呼ぶ。

アミの数があまりに多い場合には成立しないパターンで、適度にまばらな方がルアーへの興味を惹きやすい。アミはごく小さく、ルアーのサイズを合わせられないため、選択の基準は海面に漂うアミの群れの動きと同化できる微妙な浮力があるかどうかとなる。

小さくて派手にアクションしないクリアーカラー系のルアーを流れに乗せ、ポイントに送り込みデッドスローでリトリーブすることが攻略の基本となる。

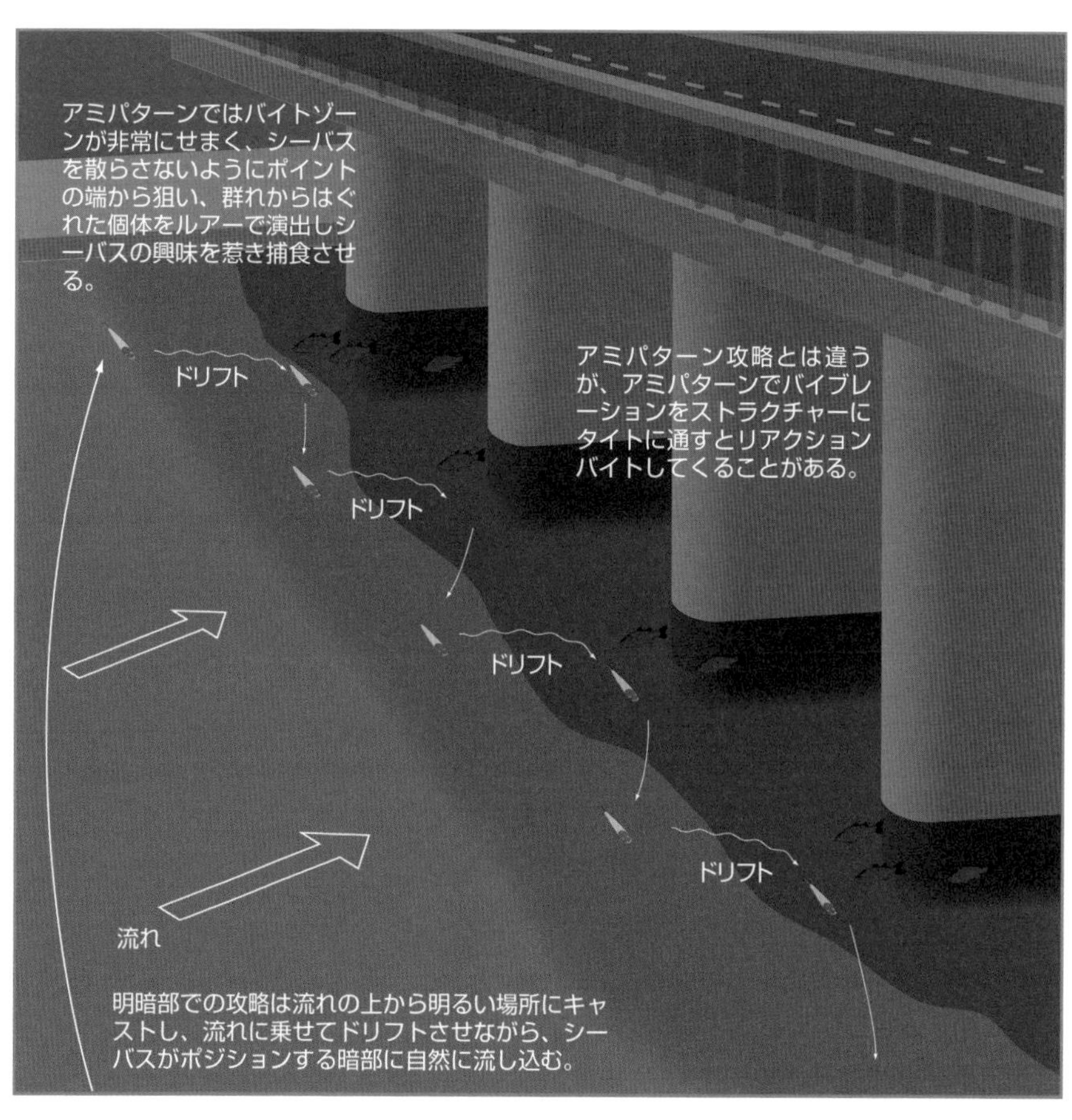
アミパターンではバイトゾーンが非常にせまく、シーバスを散らさないようにポイントの端から狙い、群れからはぐれた個体をルアーで演出しシーバスの興味を惹き捕食させる。
アミパターン攻略とは違うが、アミパターンでバイブレーションをストラクチャーにタイトに通すとリアクションバイトしてくることがある。
ドリフト
ドリフト
ドリフト
ドリフト
流れ
明暗部での攻略は流れの上から明るい場所にキャストし、流れに乗せてドリフトさせながら、シーバスがポジションする暗部に自然に流し込む。

ロックフィッシュ

カサゴ
カサゴ目フサカサゴ科
Sebastiscus
marmoratus
キジハタ
スズキ目ハタ科
Epinephelus akaara
アイナメ
カサゴ目フサカサゴ科
Hexagrammos otakii

カサゴ、キジハタ、ソイ、アイナメなど岩礁帯に生息する魚を総称してロックフィッシュと呼んでいる。成長するにしたがい浅場から深いところに生活圏を移すが、産卵前など、時期によってエサの豊富な浅場で積極的な捕食行動をとる大型の個体もいる。捕食行動は昼夜ともに行われ、日没前後が一番盛んになるといわれている。昼間は自分の近くに来たエサを、暗くなると移動しながら積極的にエサを探す。

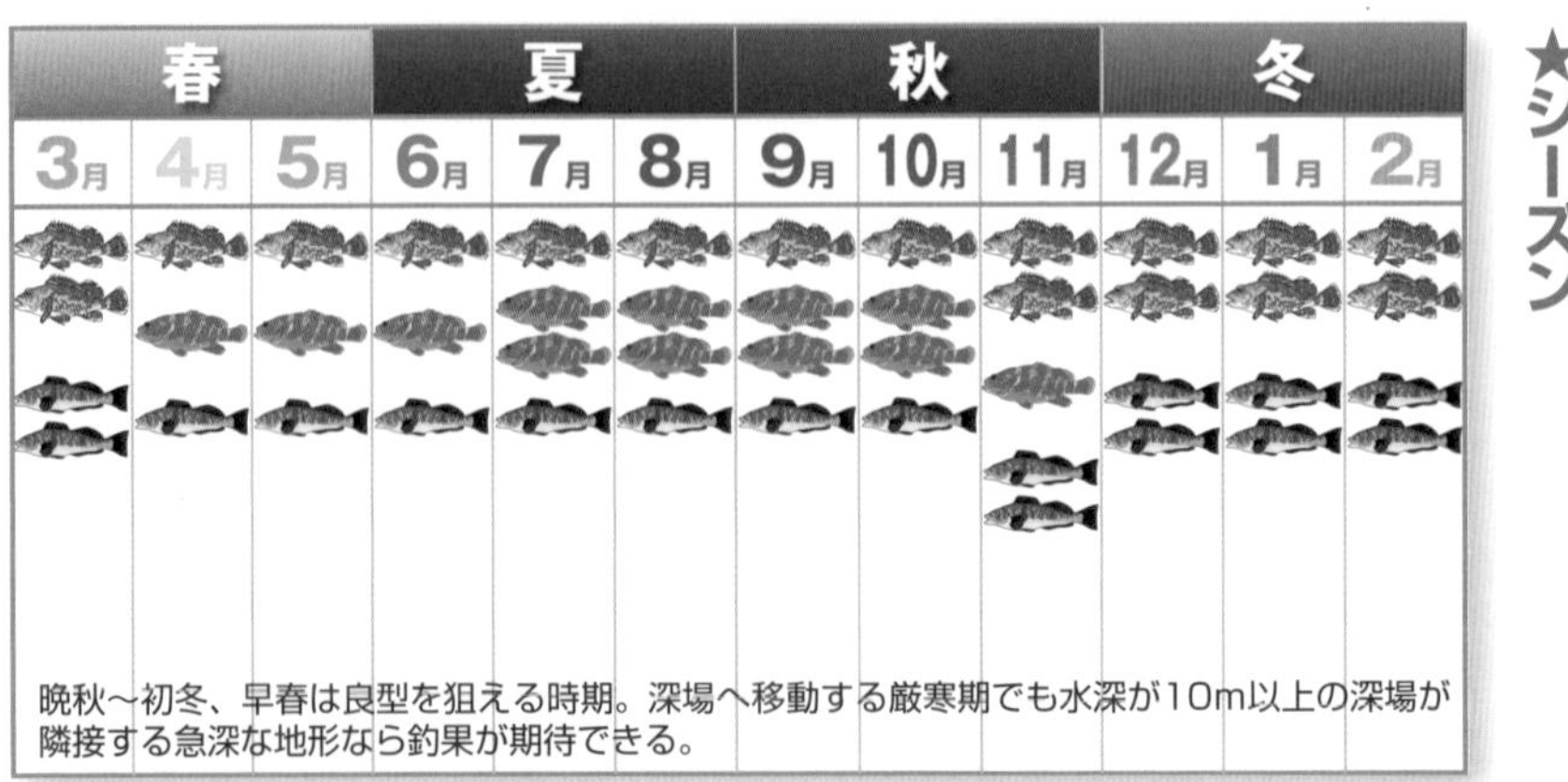
春
夏
秋
冬
3月
4月
5月
6月
7月
8月
9月
10月
11月
12月
1月
2月
★シーズン
晩秋～初冬、早春は良型を狙える時期。深場へ移動する厳寒期でも水深が10m以上の深場が隣接する急深な地形なら釣果が期待できる。

Main Field

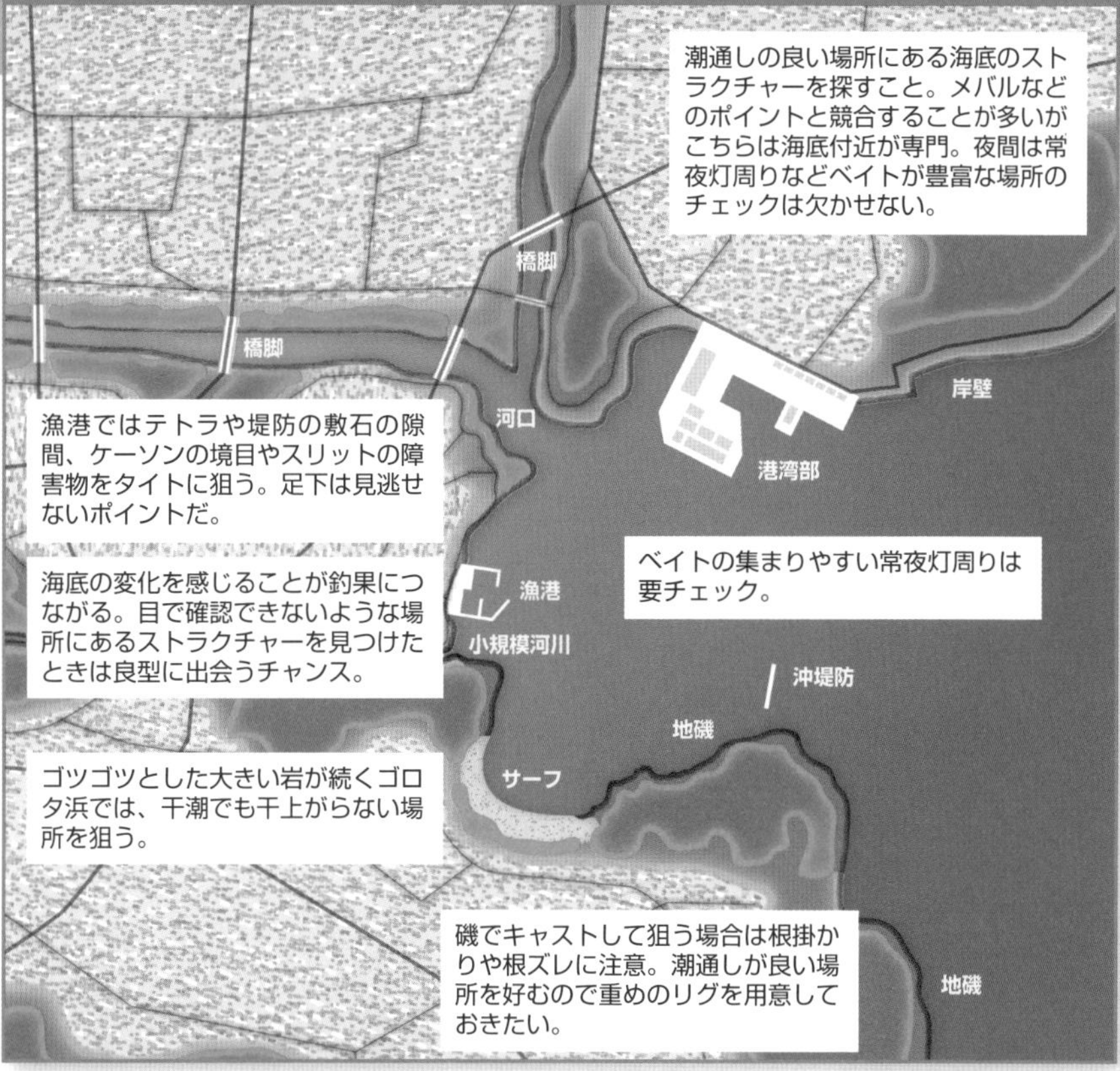

潮通しの良い場所にある海底のストラクチャーを探すこと。メバルなどのポイントと競合することが多いがこちらは海底付近が専門。夜間は常夜灯周りなどベイトが豊富な場所のチェックは欠かせない。

橋脚

橋脚

岸壁

河口

港湾部

漁港ではテトラや堤防の敷石の隙間、ケーソンの境目やスリットの障害物をタイトに狙う。足下は見逃せないポイントだ。

海底の変化を感じることが釣果につながる。目で確認できないような場所にあるストラクチャーを見つけたときは良型に出会うチャンス。

漁港

ベイトの集まりやすい常夜灯周りは要チェック。

小規模河川

沖堤防

地磯

ゴツゴツとした大きい岩が続くゴロタ浜では、干潮でも干上がらない場所を狙う。

サーフ

磯でキャストして狙う場合は根掛かりや根ズレに注意。潮通しが良い場所を好むので重めのリグを用意しておきたい。

地磯

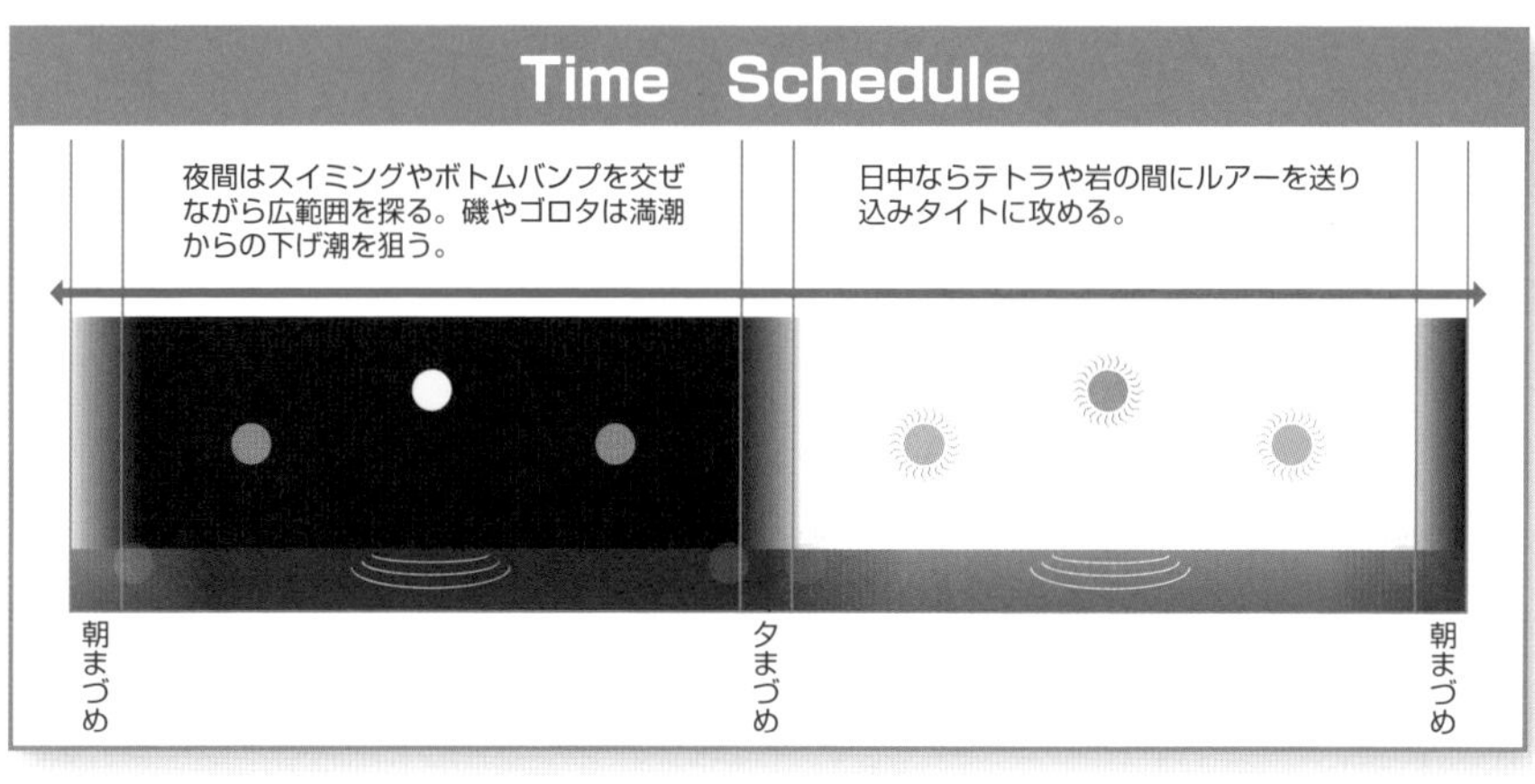

Time Schedule
夜間はスイミングやボトムバンプを交ぜながら広範囲を探る。磯やゴロタは満潮からの下げ潮を狙う。
日中ならテトラや岩の間にルアーを送り込みタイトに攻める。
朝まづめ
夕まづめ
朝まづめ

★タックルセレクト

基本のタックル

最初に揃えるならコレ!

Main Line

PEライン
／1号

Reader Line

フロロカーボンライン
／3号(12lb)1.5m

足場が低いところや根の荒いところは長めにセットする。

Lure

ワーム／2〜3in
クロー、グラブ、ストレート

ジグヘッドリグ

●ジグヘッド
3〜7g

ジグヘッドはワームをセットしたときの姿勢が水平になるもの。根魚用の特徴は、根掛かりを減らすためにハリの部分の長さが短く、ハリ先が内側を向いている。また大きい口にフックが掛かりやすいようにカーブの幅は広めに取られている。

テキサスリグ

●シンカー
3〜14g
●オフセットフック
#1〜1/0

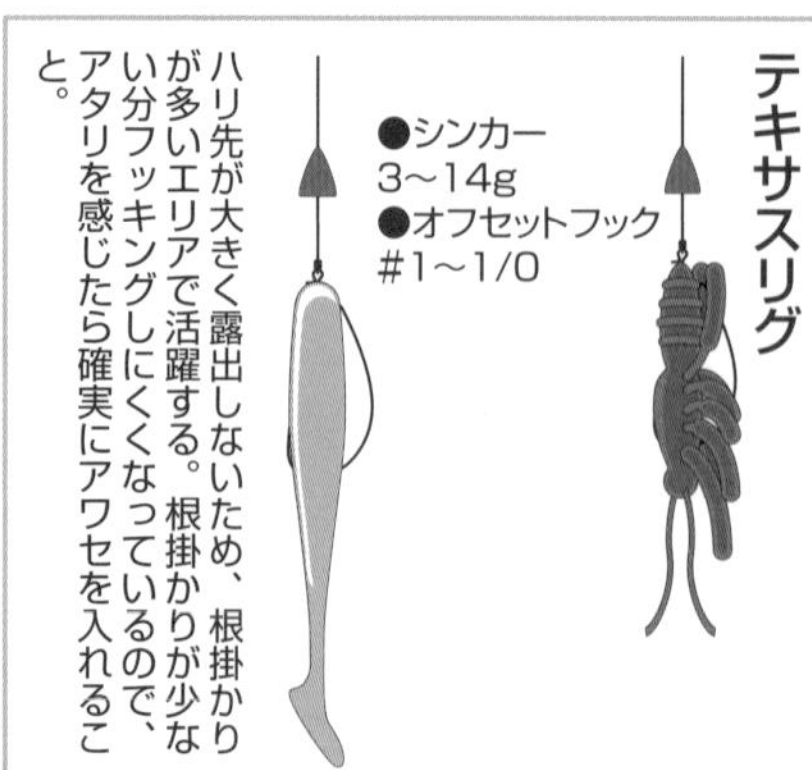

ハリ先が大きく露出しないため、根掛かりが多いエリアで活躍する。根掛かりが少ない分フッキングしにくくなっているので、アタリを感じたら確実にアワセを入れること。

Reel

スピニングリール
3000番

Rod

ロックフィッシュ専用
7ft

ロッドは魚を根から離しやすいバットパワーがあるもの。

★基本タックル

海底にいるターゲットを根掛かりしないように狙うため、着底が分かる重さのルアーを使用することが絶対条件。

慣れてくると軽くても着底がわかるようになるが、初めは重いものを使い着底や障害物の有無、ルアーが海底からどれくらい離れているのかが分かるようになろう。

そのためにはロッドの感度が重要になってくるので、感度重視で軽くて硬めのものが向いている。

リグはワームを使用したものがメインになる。フッキングを優先させるならジグヘッドリグ、ボトム周りのストラクチャーにコンタクトさせながら狙うならオフセットフックを使用したテキサスリグ、もしくはキャロライナリグで根掛かりのリスクを回避しよう。

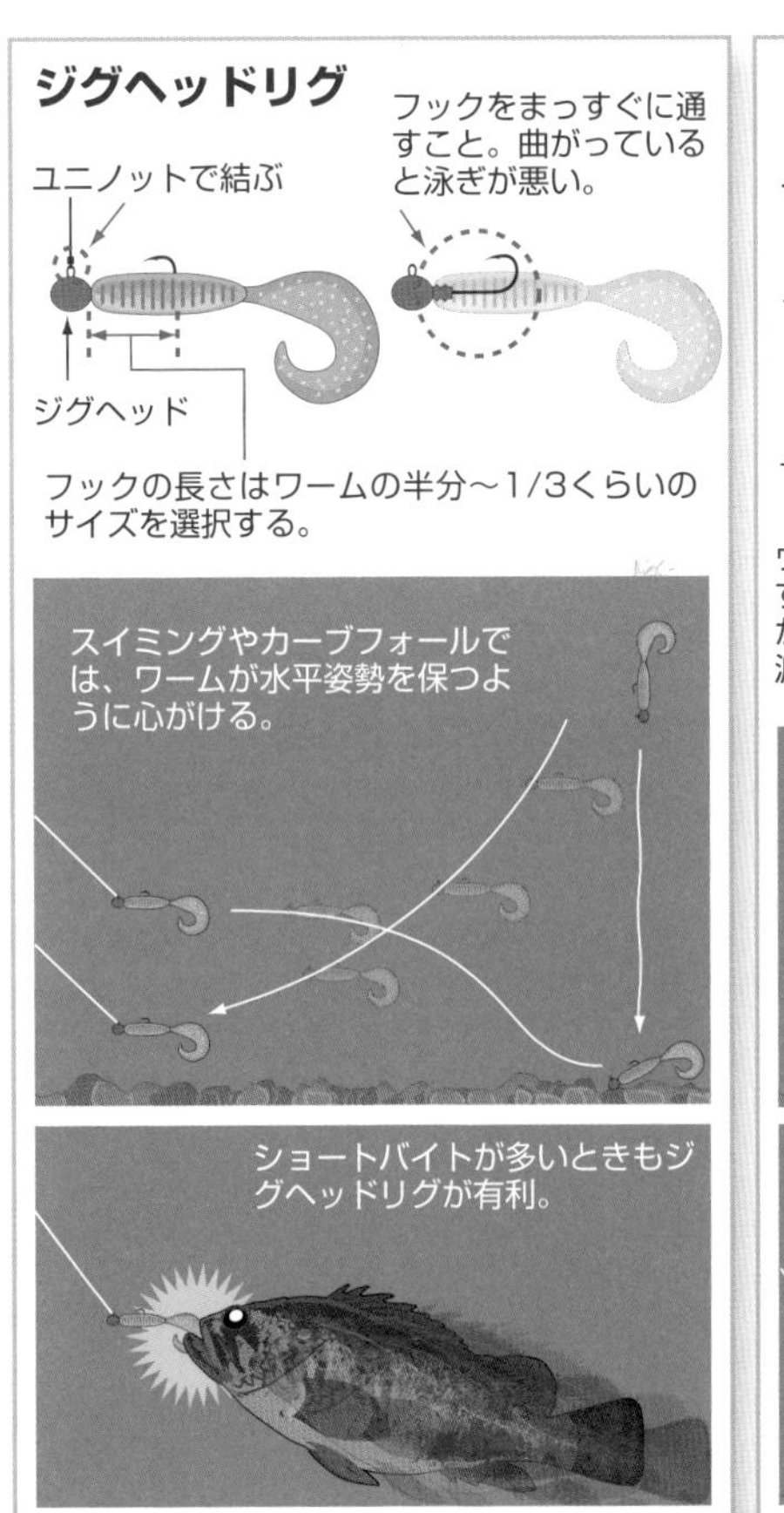
ジグヘッドリグ
ユニノットで結ぶ
フックをまっすぐに通すこと。曲がっていると泳ぎが悪い。
ジグヘッド
フックの長さはワームの半分〜1/3くらいのサイズを選択する。
スイミングやカーブフォールでは、ワームが水平姿勢を保つように心がける。
ショートバイトが多いときもジグヘッドリグが有利。

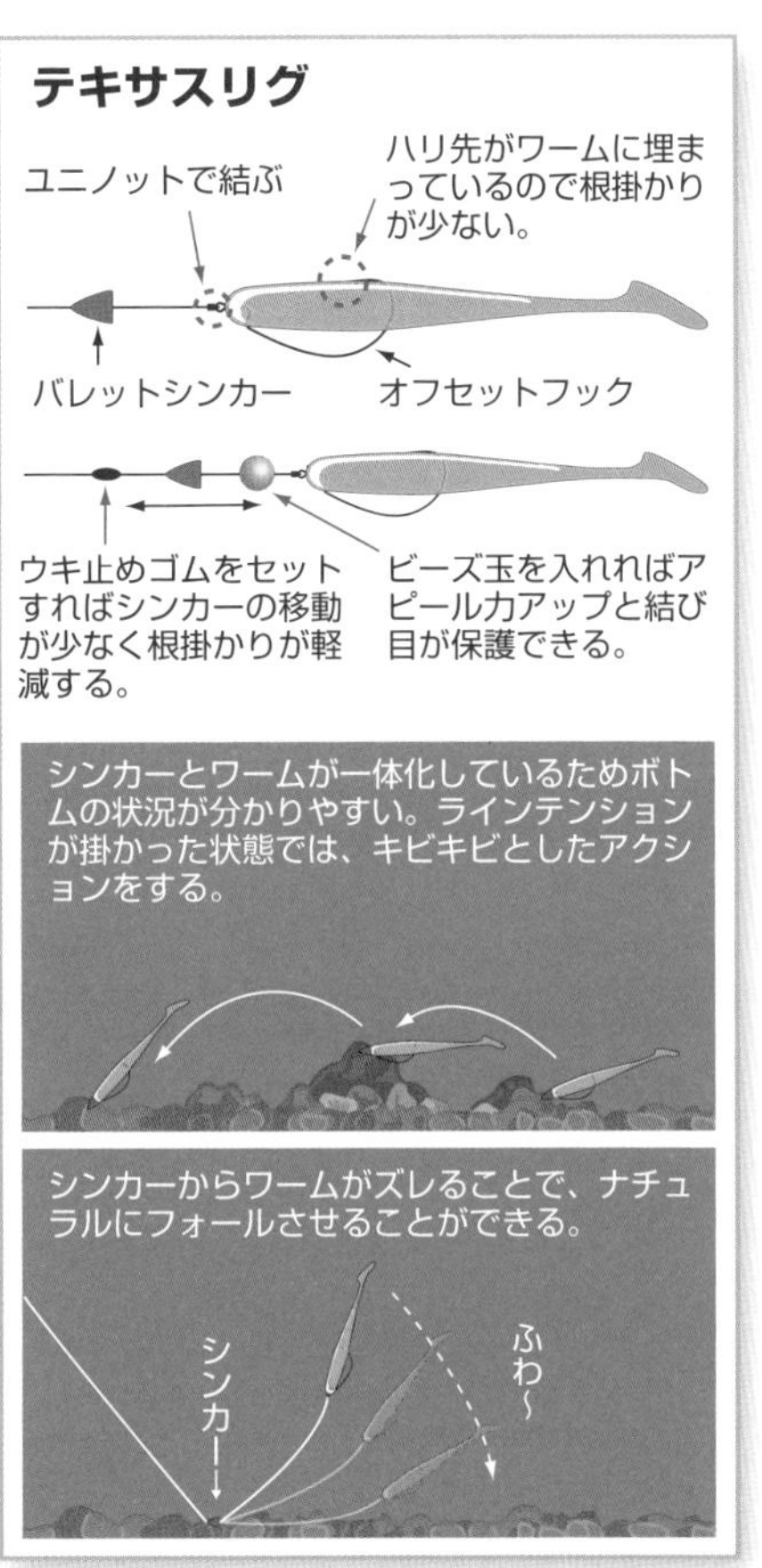
テキサスリグ
ユニノットで結ぶ
ハリ先がワームに埋まっているので根掛かりが少ない。
バレットシンカー
オフセットフック
ウキ止めゴムをセットすればシンカーの移動が少なく根掛かりが軽減する。
ビーズ玉を入れればアピール力アップと結び目が保護できる。
シンカーとワームが一体化しているためボトムの状況が分かりやすい。ラインテンションが掛かった状態では、キビキビとしたアクションをする。
シンカーからワームがズレることで、ナチュラルにフォールさせることができる。
シンカー
ふわ〜

★ルアーの操作方法

●ボトムバンプ

　ズル引きに縦の動きを積極的に加えたもの。ボトムをはねるようなイメージで誘いをかける。ロッドを立ててティップの操作で小さく跳ね上げる。小さな障害物をかわす際にも有効。

●リフト&フォール

ロッドで大きく持ち上げてからフォールさせる大きめのアクション。フォールのときにティップを下げラインをたるませれば移動距離の少ないフリーフォールに、上げたままにしてラインを張っておけばアタリが取りやすいカーブフ

ボトムバンプ

ロッドを立てて上下しながら小さくジャンプさせる。

ズル引きでは根掛かりしそうな場所でも有効。

大きな障害物を越えた後などここぞというポイントでは長めにステイさせて食わせるタイミングを与える。

ピョン

ピョン

ピョン

ステイ

同じパターンを続けるのではなく、たまにカーブフォールなども織り交ぜて狙ってみる。

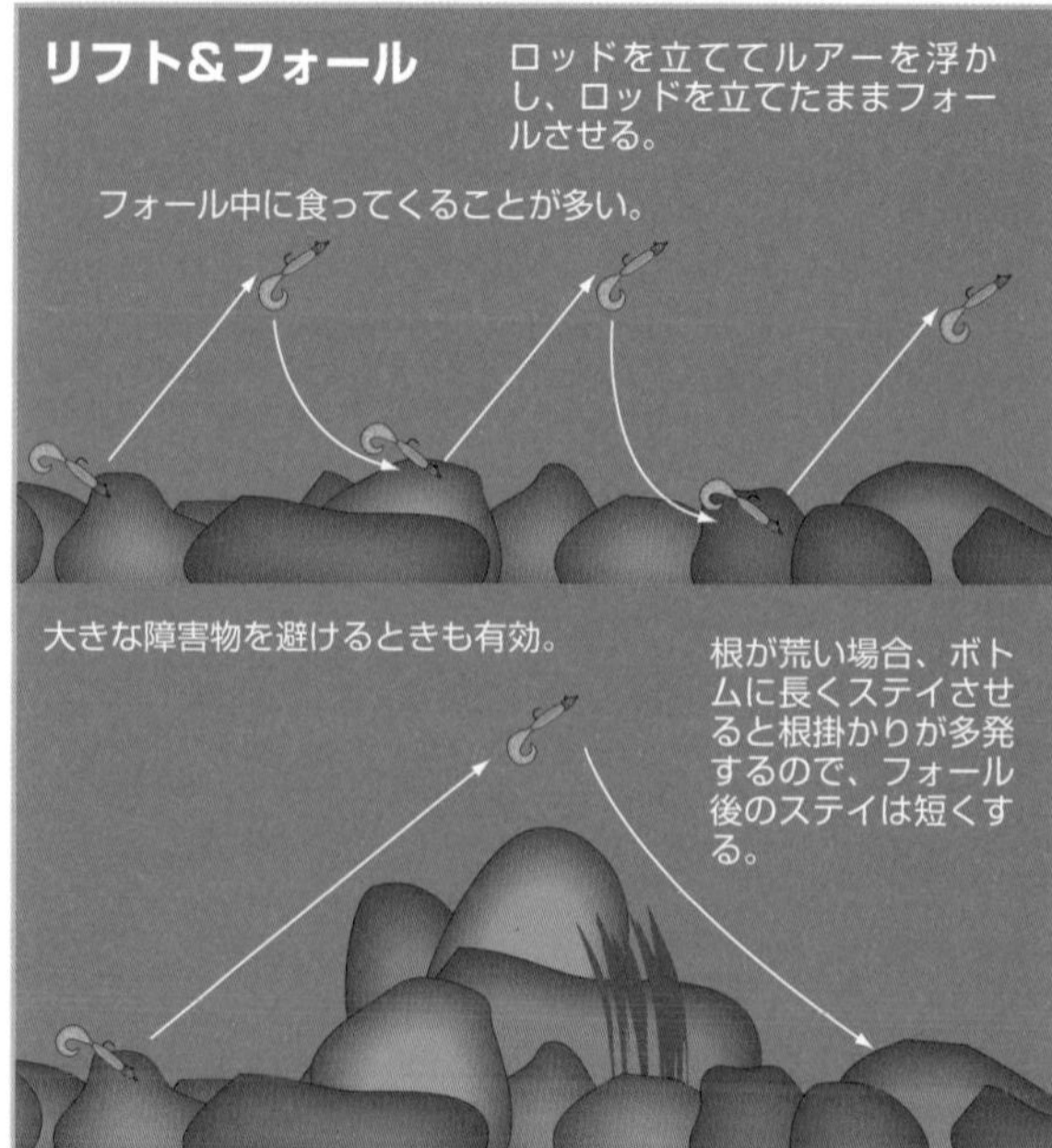
リフト&フォール
ロッドを立ててルアーを浮かし、ロッドを立てたままフォールさせる。
フォール中に食ってくることが多い。
大きな障害物を避けるときも有効。
根が荒い場合、ボトムに長くステイさせると根掛かりが多発するので、フォール後のステイは短くする。

ォールになる。大きな障害物をかわす際にも有効。

●スイミング

ロッドでルアーを浮かせ、そのままリーリングしてルアーを海底付近で泳がせる方法。根の荒い場所で海底の障害物に時折当たりながら、ボトムの上30㎝未満を泳ぐようにコントロールするのが理想。大きな障害物に当たったら根掛かりに気をつけながらリフト&フォールなどと組み合わせて誘う。

スイミング
根掛かりが多発する場所などでは、ルアーを泳がせて狙う。ただし、ボトムから離れすぎるとバイトゾーンを外れてしまうため、ボトムに軽くコンタクトするくらいでスイミングさせる。
ロッドは立て気味にして、根掛かりしたらティップを上げてかわすように操作する。
コンッ
コンッ
コンッ

★アワセ

エサをくわえたら反転して巣穴に戻ろうとするためアタリは明確。ジグヘッドの場合は向こうアワセで掛かることも多いが、テキサスリグを使うときや、巣穴にもぐられて取り込めなくなるのを防ぐためにもアワセは必要。魚が乗ったらラインを緩めず早く底から離すようにしよう。

強いアワセで一気に底から剥がすのが理想だが、根掛かりと勘違いした場合タックルを破損しかねないので明確なアタリ以外はいったんラインを張って魚の重みを確認してからアワセを入れるのがよい。この場合、もたもたしていたら根にもぐられてしまうので要注意。また、アタリがあるのに乗らないときは、根掛かりが少ない場所ならフックサイズを上げてみよう。

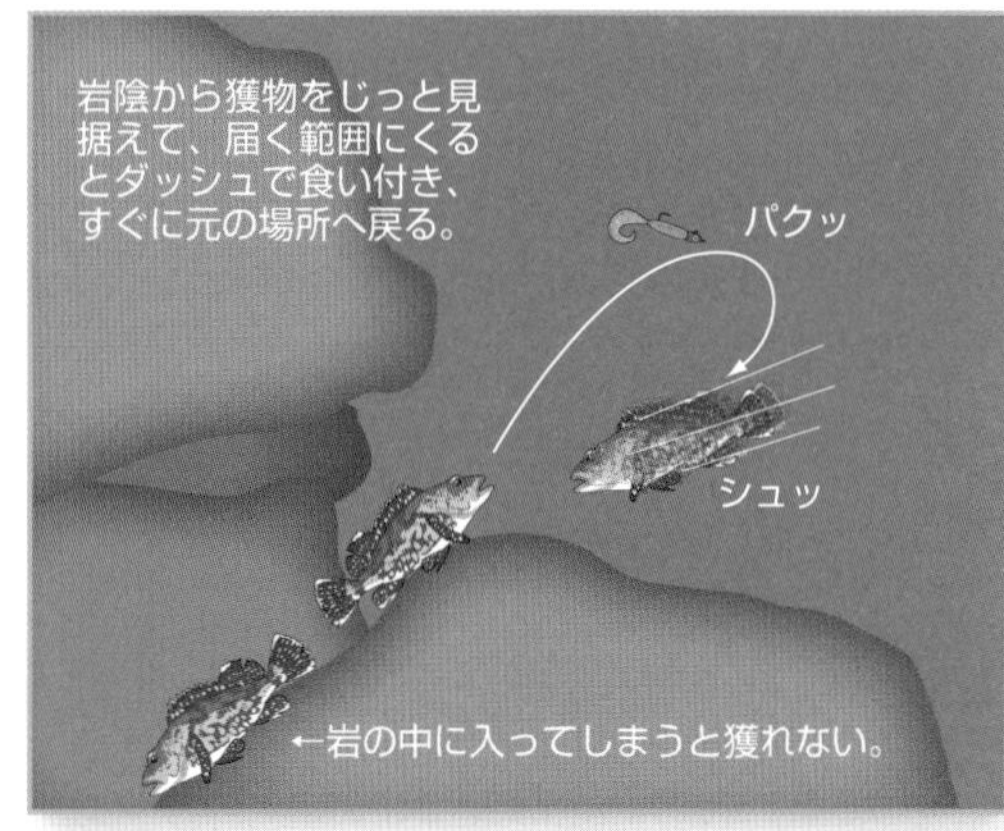
岩陰から獲物をじっと見据えて、届く範囲にくるとダッシュで食い付き、すぐに元の場所へ戻る。
パクッ
シュッ
←岩の中に入ってしまうと獲れない。

タチウオ

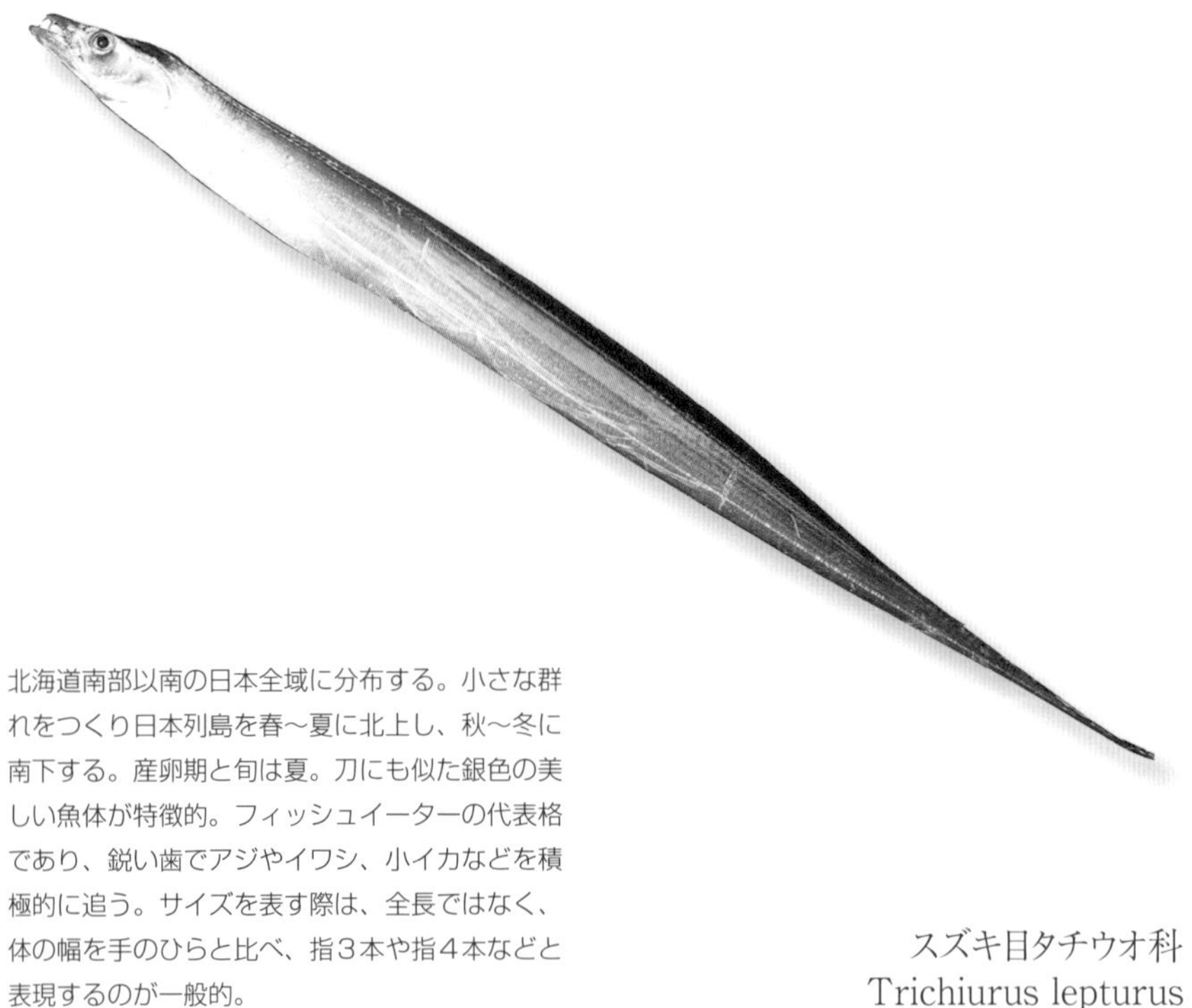

北海道南部以南の日本全域に分布する。小さな群れをつくり日本列島を春〜夏に北上し、秋〜冬に南下する。産卵期と旬は夏。刀にも似た銀色の美しい魚体が特徴的。フィッシュイーターの代表格であり、鋭い歯でアジやイワシ、小イカなどを積極的に追う。サイズを表す際は、全長ではなく、体の幅を手のひらと比べ、指３本や指４本などと表現するのが一般的。

スズキ目タチウオ科
Trichiurus lepturus

★シーズン

春			夏			秋			冬		
3月	4月	5月	6月	7月	8月	9月	10月	11月	12月	1月	2月

産卵のため接岸する夏から初冬がシーズン。水温に左右されるため接岸時期は一定せず、毎年２週間〜１か月程度ズレる。地域による差も大きい。

Main Field

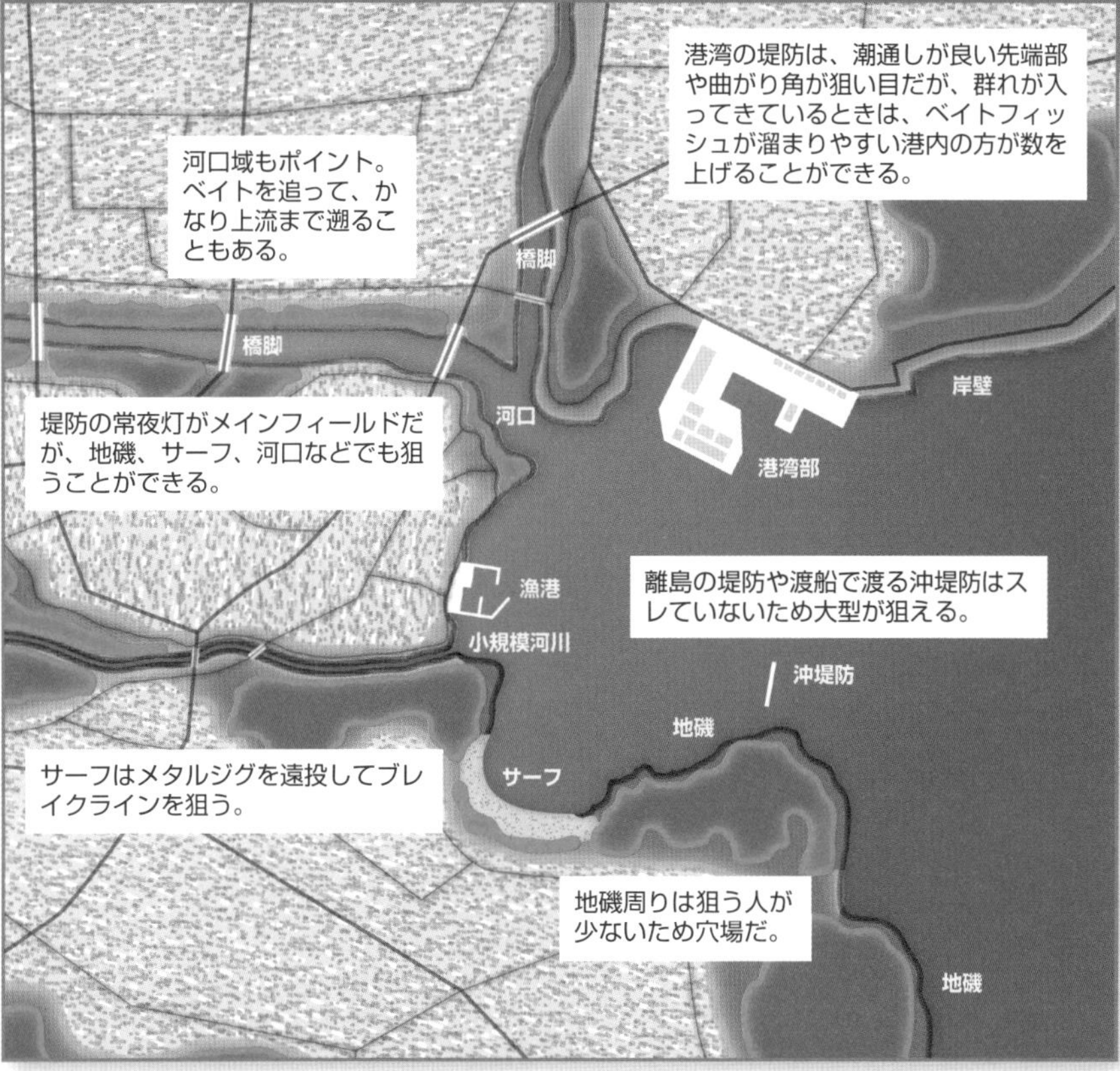

港湾の堤防は、潮通しが良い先端部や曲がり角が狙い目だが、群れが入ってきているときは、ベイトフィッシュが溜まりやすい港内の方が数を上げることができる。

河口域もポイント。ベイトを追って、かなり上流まで遡ることもある。

橋脚

橋脚

河口

岸壁

港湾部

堤防の常夜灯がメインフィールドだが、地磯、サーフ、河口などでも狙うことができる。

漁港

小規模河川

離島の堤防や渡船で渡る沖堤防はスレていないため大型が狙える。

沖堤防

地磯

サーフ

サーフはメタルジグを遠投してブレイクラインを狙う。

地磯周りは狙う人が少ないため穴場だ。

地磯

Time　Schedule

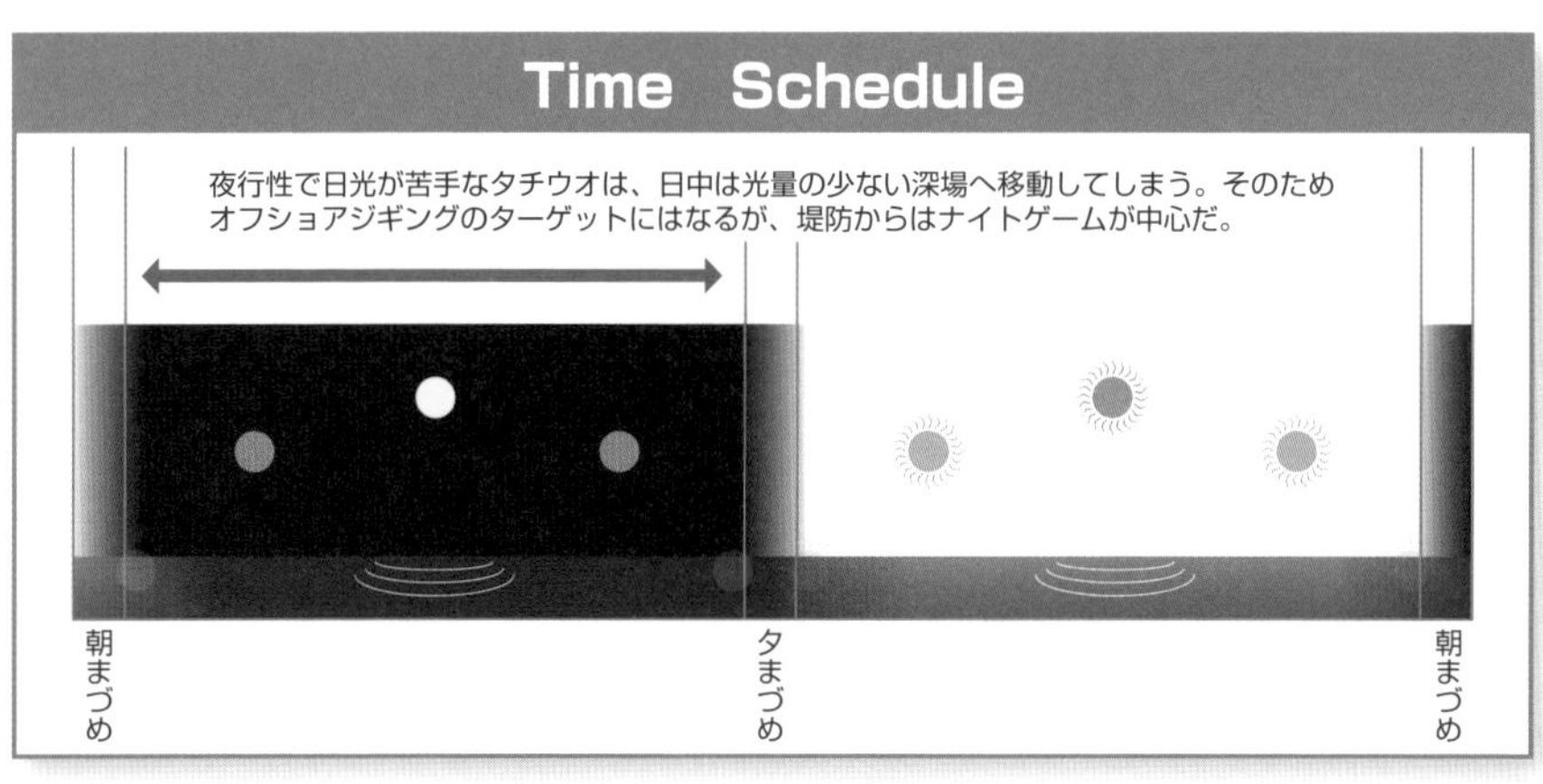
夜行性で日光が苦手なタチウオは、日中は光量の少ない深場へ移動してしまう。そのためオフショアジギングのターゲットにはなるが、堤防からはナイトゲームが中心だ。
朝まづめ
夕まづめ
朝まづめ

★タックルセレクト

基本のタックル

最初に揃えるならコレ!

Main Line

PEライン
／0.8～1号

タチウオの歯は鋭くラインを切られることもある。1尾釣れたらラインチェックを必ず行い、傷ついているようであればその部分をカットする。面倒であればタチウオ用のワイヤーラインを使うと良い。

Reader Line

フロロカーボンライン
／5～6号(20～25lb)60cm

Lure

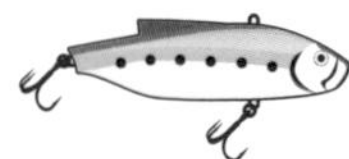

バイブレーション／15～20g

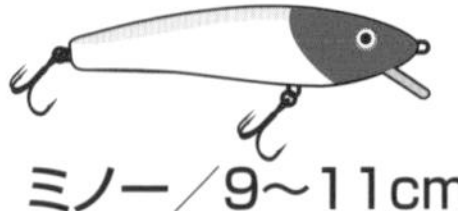

ミノー／9～11cm

メタルジグ／15～30g

ジグヘッド+ワーム

切れ味の鋭いタチウオの歯は、素手で触れると確実にケガをする。簡単な仕組みのもので構わないのでフィッシュグリップを用意しておけば、安全性はもちろん、手返しのスピードも向上する。

Reel

スピニングリール
3000番

Rod

ショアジギングロッド
8.6ft

タチウオ専用ロッドも少数ながら市販されているが、シーバスタックルやエギングタックルの流用も可能。

★基本タックル

ロッドはショアジギング用やシーバス用が流用できる。通常はレギュラーテーパーで問題ないが、ワインド釣法まで視野に入れる場合はファストテーパーのロッドを選びたい。ラインは感度に優れるPEラインが一般的。これにフロロカーボンラインのリーダーをセットする。タチウオの歯は鋭いので号数は5号以上を用意したい。それでも噛み切られてしまうことが多い場合はワイヤーリーダーを使う方法もある。しかし、フロロリーダーに比べると食いが落ちてしまうことも多いので、タチウオの活性を見て使い分けよう。

使用するルアーはミノー、バイブレーション、メタルジグ、ワームなどが一般的。タチウオはレンジが一定せずコロコロと変わるので、広く探れるシンキングタイプのルアーがよい。基本的にルアーの下からアタックするため、ジグヘッドリグはフックが下向きのものを選ぼう。

カラーは光に反応するのでミラー系を中心に、ワームはグロー系、パール系を数種類揃えておくとよい。

★漁港攻略

ベイトの動きに注目し、ベイトが溜まる場所を見極めるのが重要。潮が当たり緩む場所や港内の最奥部がポイントになりやすい。

常夜灯周りは定番スポットだ。タチウオのエサとなる小魚が明かりに寄ったプランクトンを追って集まり、それを捕食するためにタチウオも集まる。ただし、ベイトに狂喜乱舞するあまりレンジは一定せず変わることが多く、一度ヒットしたからといって次も同じレンジで釣れるとは限らない。レンジよりも明るさに注目し、同じ明るさのポイントをトップからボトムまで丁寧に探ろう。

明かりが直接照らす場所にはあまり入らないことも覚えておきたい。明かりの境目より外側に潜みベイトを狙っていることが多いのだ。水深がある場所では常夜灯の光が届きにくい足下のボトム付近も狙い目となる。

★ワインド釣法がアツい

ワインド釣法とは、ロッドを連続でシャクり、ルアーを連続ダートさせて誘う釣り方のこと。ワームとジグヘッドはダートしやすいワインド専用形状タイプのものを使うのが基本で、イワシなどのベイトのパニックアクションを思わせる動きはアピールが強く、釣りにくいとされる日中でも実績が高い。また、リアクションで食わせるため低活性のときにも有効だ。エサ釣りでタチウオが釣れる場所ならどこでもポイントになり、エサ釣りよりも手返しが早く数を伸ばせるため近年人気上昇中の釣りである。

●タックル

ショアジギングやシーバスロッドの流用で良いが、激しいアクシ

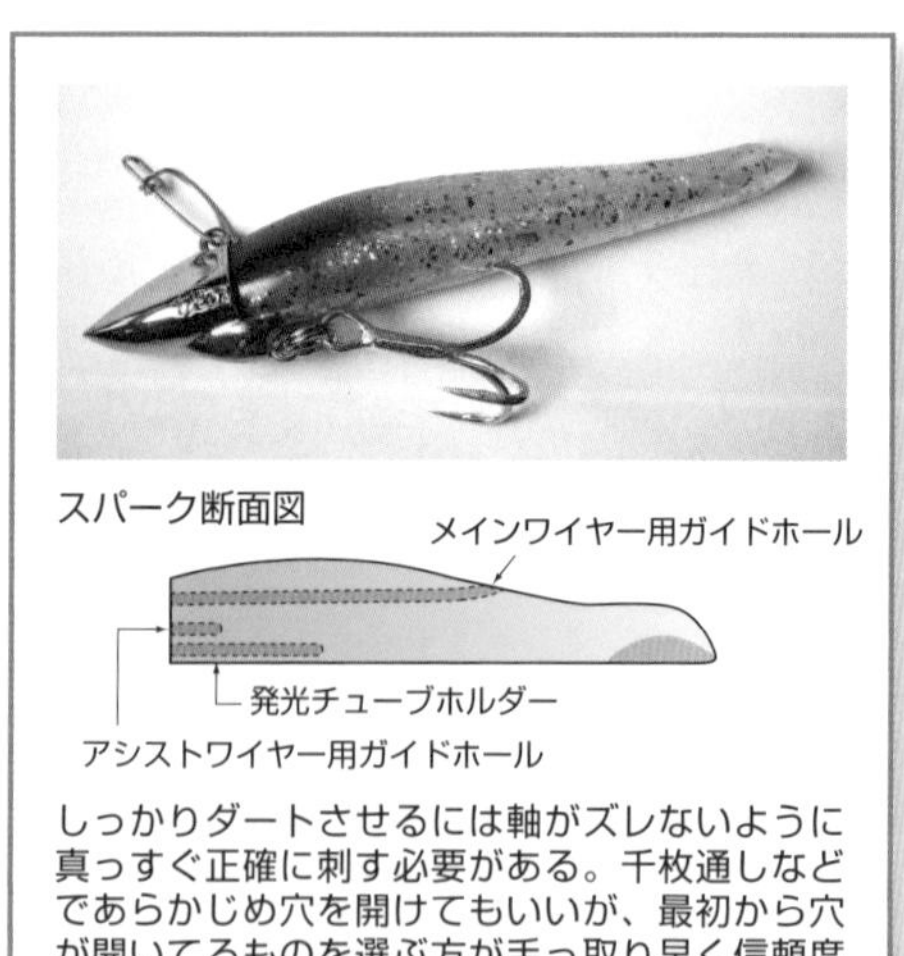
スパーク断面図
メインワイヤー用ガイドホール
発光チューブホルダー
アシストワイヤー用ガイドホール
しっかりダートさせるには軸がズレないように真っすぐ正確に刺す必要がある。千枚通しなどであらかじめ穴を開けてもいいが、最初から穴が開いてるものを選ぶ方が手っ取り早く信頼度も高い。

ケミホタルなどの発光体も有効。発光体専用の穴が開いているワームなら刺すのも簡単だ。

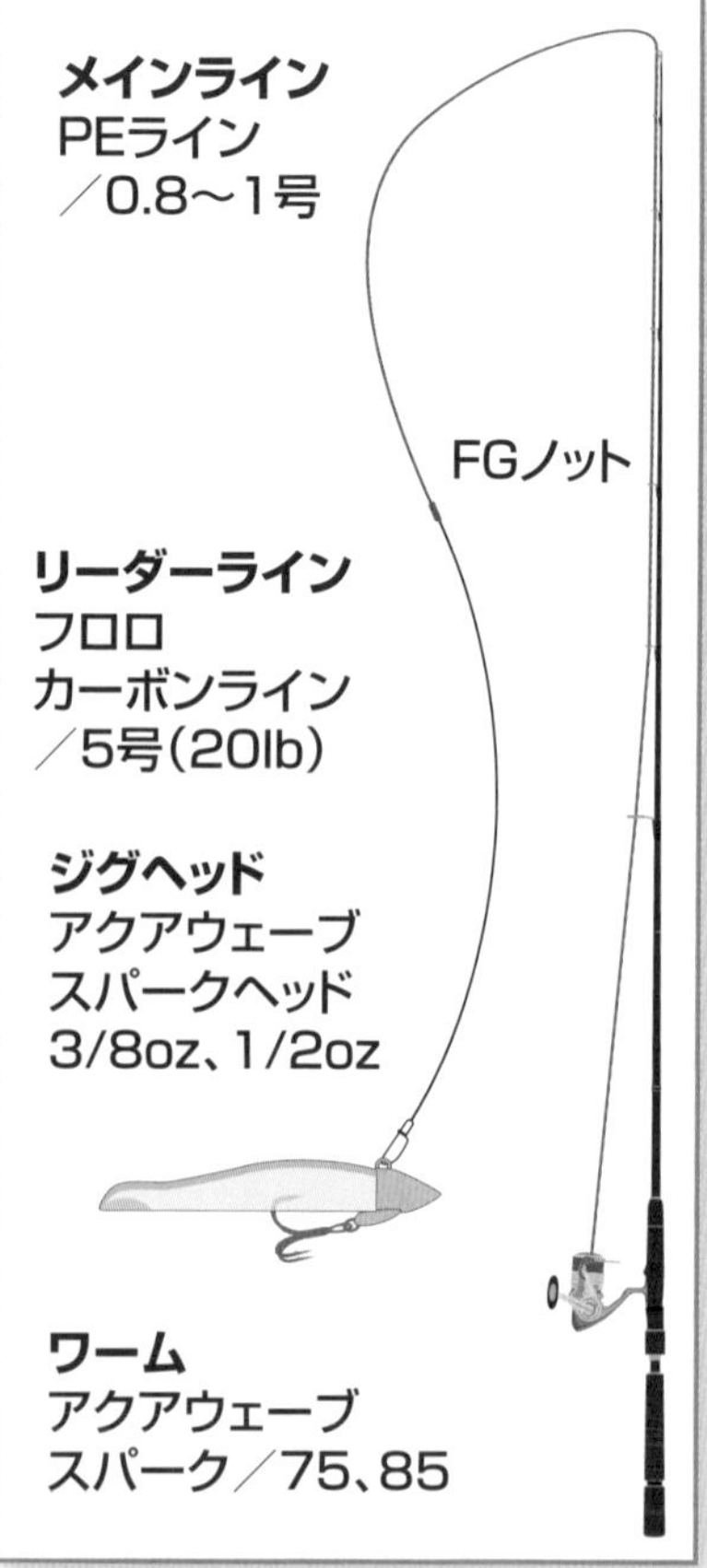
メインライン
PEライン
／0.8〜1号
FGノット
リーダーライン
フロロ
カーボンライン
／5号(20lb)
ジグヘッド
アクアウェーブ
スパークヘッド
3/8oz、1/2oz
ワーム
アクアウェーブ
スパーク／75、85

ョンを繰り返すため、バットパワーのあるファストテーパーのロッドを選ぼう。3000番のスピニングリールに0・8~1号のPEラインをセット。リーダーはフロロカーボンラインの5号前後を直結し、ワインド専用ジグヘッド+ワームを取り付ける。ワインド用のワームは、ストレート系が基本。カラーはホワイトやクリア系が人気だ。ジグヘッドは水深に合わせて10~15gを使い分け、ショートバイトが多い場合はトレーラーフックを付ける。ナイトゲームではワームに内蔵する発光体も有効だ。

●釣り方

キャスト後、ラインスラックをとり、糸を出しながら着底させる。着底を確認したらロッドを1秒に2回程度の一定のテンポでシャクりながら引いてくる。リールは1シャクリにつき1回転が基本。5~6回シャクったら、タチウオに食わせのタイミングを与えるために1~2秒止めてフリーフォールさせる。ここでアタリがなければ、シャクリとフォールを繰り返して足下まで引く。タチウオは捕食が苦手なので、食わせの「間」を与えてやるのを忘れないようにしよう。アタリはリーリング中でもフォール中でもガツンと明確に出ることが多い。アタリを感じたら即アワセが基本だ。

タチウオの活性によってその日の当たりアクションが違ってくる。反応がない場合は、1秒間に2回のシャクリを1回にしてみたり、まったくアクションを入れずただ巻きしてみたり、色々試してみよう。

シュッ
シャクリは手首を返すように回転させて行う。

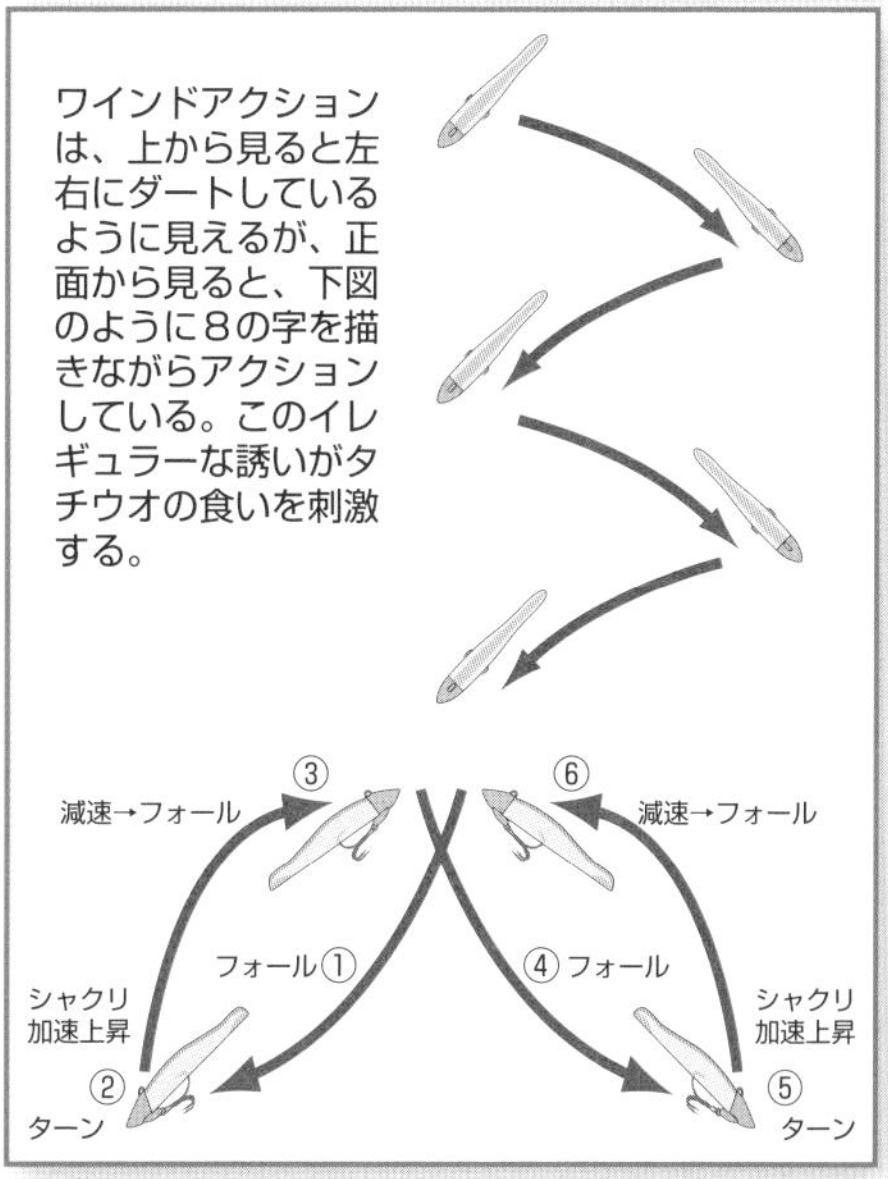

ワインドアクションは、上から見ると左右にダートしているように見えるが、正面から見ると、下図のように8の字を描きながらアクションしている。このイレギュラーな誘いがタチウオの食いを刺激する。

③
減速→フォール
⑥
減速→フォール
フォール①
④ フォール
シャクリ
加速上昇
シャクリ
加速上昇
②
ターン
⑤
ターン

メッキ

メッキという正式名称の魚は存在せず、シマアジ、ロウニンアジ、ギンガメアジなどの若魚を総称して呼ぶ。熱帯・亜熱帯海域に生息し黒潮や海流に乗って関東地方まで回遊し、大半は越冬できずに死んでしまう死滅回遊魚。ぴかぴか光るメッキ仕上げのように美しい魚体が名前の由来だ。

スズキ目アジ科
シマアジ、ロウニンアジ、ギンガメアジなどの若魚

★シーズン

春			夏			秋			冬		
3月	4月	5月	6月	7月	8月	9月	10月	11月	12月	1月	2月

海流に乗って回遊するため釣れ始めに地域差はあるが、本格的な夏を迎える前から沿岸部で姿を見せ始める。夏、秋と港湾や河口域に群れ盛んに小魚を追い、冬は少しでも水温の高い港湾や温排水溝周りに着いていることが多い。

Main Field

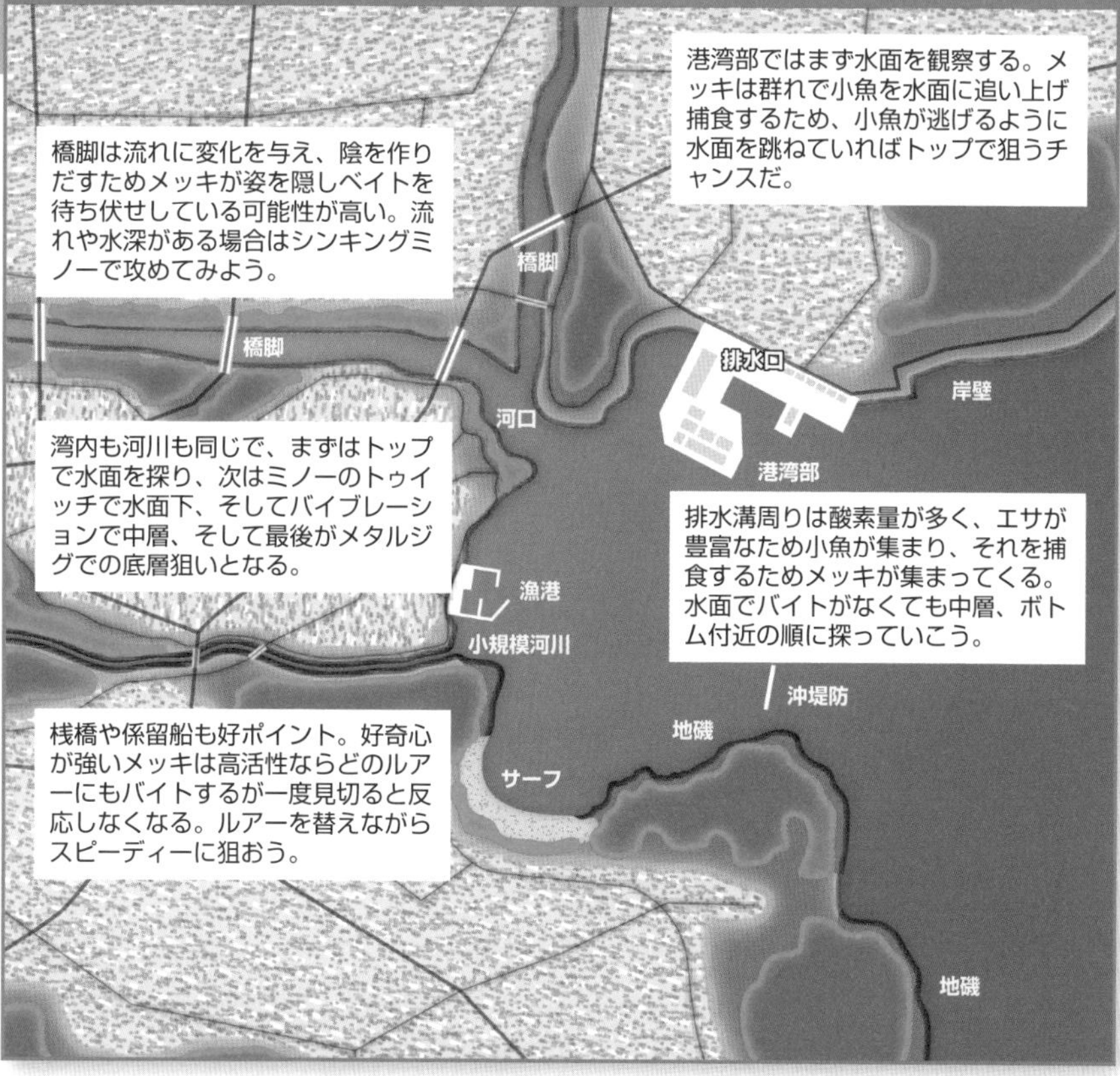

港湾部ではまず水面を観察する。メッキは群れで小魚を水面に追い上げ捕食するため、小魚が逃げるように水面を跳ねていればトップで狙うチャンスだ。

橋脚は流れに変化を与え、陰を作りだすためメッキが姿を隠しベイトを待ち伏せしている可能性が高い。流れや水深がある場合はシンキングミノーで攻めてみよう。

湾内も河川も同じで、まずはトップで水面を探り、次はミノーのトゥイッチで水面下、そしてバイブレーションで中層、そして最後がメタルジグでの底層狙いとなる。

排水溝周りは酸素量が多く、エサが豊富なため小魚が集まり、それを捕食するためメッキが集まってくる。水面でバイトがなくても中層、ボトム付近の順に探っていこう。

栈橋や係留船も好ポイント。好奇心が強いメッキは高活性ならどのルアーにもバイトするが一度見切ると反応しなくなる。ルアーを替えながらスピーディーに狙おう。

橋脚
橋脚
排水口
岸壁
河口
港湾部
漁港
小規模河川
沖堤防
地磯
サーフ
地磯

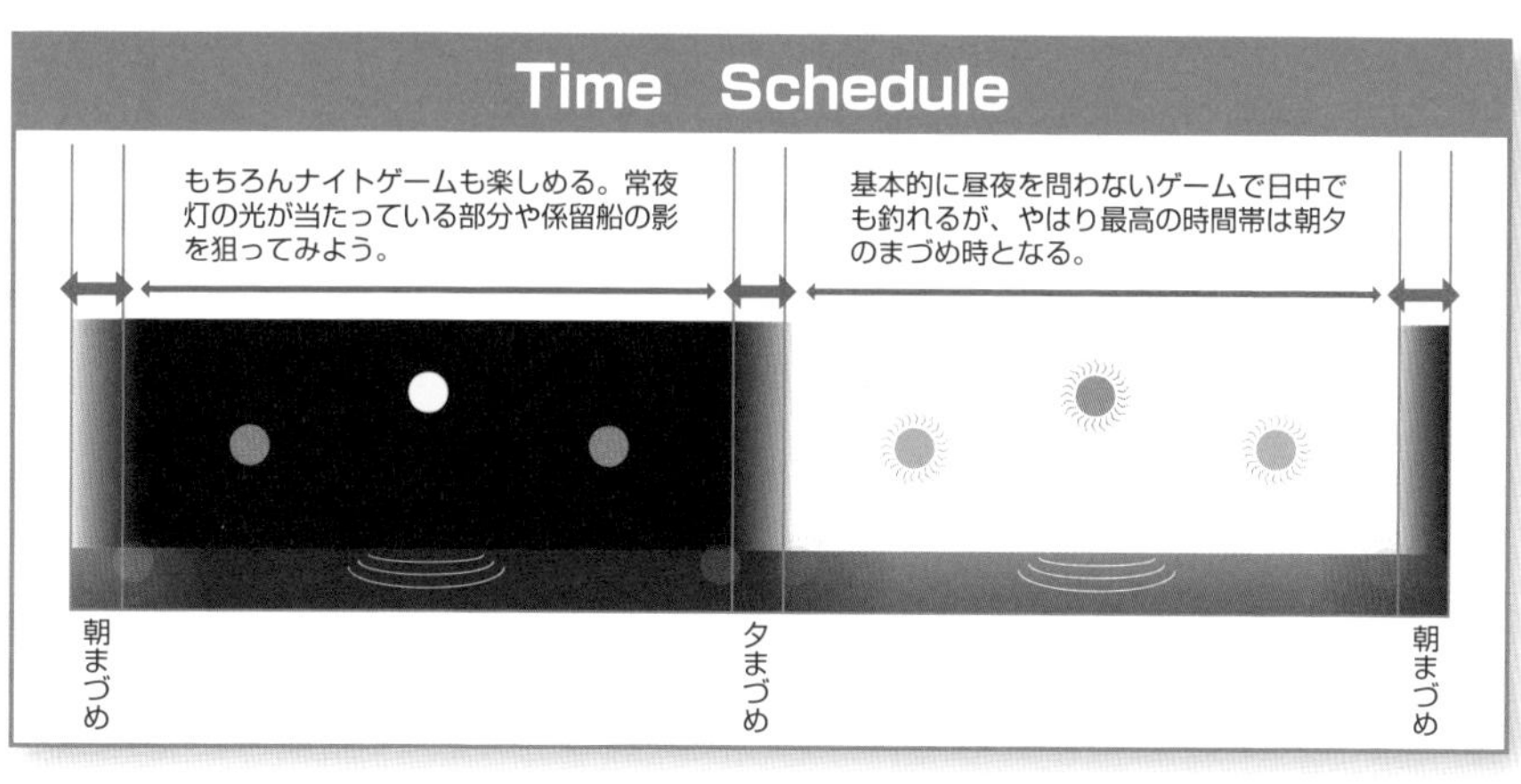
Time　Schedule
もちろんナイトゲームも楽しめる。常夜灯の光が当たっている部分や係留船の影を狙ってみよう。
基本的に昼夜を問わないゲームで日中でも釣れるが、やはり最高の時間帯は朝夕のまづめ時となる。
朝まづめ
夕まづめ
朝まづめ

★タックルセレクト

基本のタックル

最初に揃えるならコレ!

Main Line

PEライン
／0.6号

飛距離を出すため細いラインを選びたいところだが、ルアーが軽い場合、PEラインはトラブルが起きやすく、細くなるほど絡むとほどき難くなるので作業性も考えて選択する。ナイロンラインやフロロカーボンラインを使用する場合は、3～4lbを使いリーダーラインはセットしない。

FGノット

Reader Line

フロロカーボンライン
／1.5号(6lb)1m

PEラインを使用する場合は必ず、リダーラインが必要で、特に軽いルアーを使用する場合はロッドティップにラインが絡みやすい。コシのあるフロロカーボンのリーダーなら、絡み難く解きやすくなる。

Lure

シンキングミノー
／5㎝

いろいろなルアーに反応する半面、スレやすい。ポッパー、ペンシル、フローティングミノー、バイブレーション、スピンテール、メタルジグなどを5㎝以下で数揃えよう。

Reel

スピニングリール
2000番

リールは遠投の必要がないためメインラインが100mほど巻ければ充分。ロッドはルアーにキビキビとしたアクションをつけるためハリのあるものがおすすめ。

Rod

ミディアムライトクラス
ファーストテーパー
6.6ft

★ルアーを選ぶ

5㎝までのルアーを使い、種類を大きく分けると、トップ系のペンシルベイトやポッパー、浅い場所やミドルレンジを狙うミノーやバイブレーション、遠くや深いポイントを狙うスピンテールジグやメタルジグとなる。

カラーはナチュラルなクリア、ブルー、グリーンにアピール系のピンクやチャートリュースをベースにアルミやホログラムの反射材を組み合わせて選ぼう。

メッキが群れをなして盛んにボイルしている状況なら、迷わずポッパーやペンシルベイトをチョイスする。速いテンポで小さくアクションさせ、2秒以内の短いポーズを入れることで活性が高い個体をバイトさせることができる。

トップでの反応が悪くなればミノーの出番となるが、小型を使用するので重心移動システムを搭載した飛距離が出るものが有利。トゥイッチでキビキビと動かしリアクションバイトを誘う。

群れが沈んだときはバイブレーションで探ってみる。ルアーが群れの近くを通過すれば再びアタックしてくることが多く、反応がなければメタルジグのリフト&フォールでボトムを探ったり、スピンテールジグのスローリトリーブで攻めてみるのも効果的だ。

★釣りを快適にするグッズ

水中の様子が見える偏光グラスは重要なアイテム。水没しているストラクチャーなどの情報を得られ、なによりメッキがルアーにアタックする瞬間はとてもエキサイティングだ。

また、暴れているメッキの小さな口からフックを外すのは意外に難しく、あせって強く握ると弱ってリリースできなくなる。その点フィッシュグリップはしっかり掴め、プライヤーと併せて使えば手早くフックを外すことができる。

第一精工
ワニグリップ ミニ+ホルスター
手を汚したり傷つけたりせずスピーディーに獲物を掴むことができる。小型魚には最適で扱いやすい。

サーフライダー
SR-5011M-1BL
日本人の顔にフィットする偏向サングラス。軽量で明るく、ズレにくい。デザインやカラーも豊富に揃っている。

カマス

アカカマス

岸からルアーで狙えるのはアカカマスとアオカマス（ヤマトカマス）。性格は獰猛で、執拗に獲物へアタックする。このため、ルアーにミスバイトしても何度もアタってくる。産卵は6～8月で、その頃に群れになって沿岸部に接岸する。

スズキ目サバ亜目カマス科
Sphyraena pinguis

★シーズン

春			夏			秋			冬		
3月	4月	5月	6月	7月	8月	9月	10月	11月	12月	1月	2月

産卵の準備のため初夏頃沿岸部に群れで寄ってくる。この時期がショアからのシーズンとなる。アベレージは20～30cmだが、晩秋になると40cmクラスが釣れることもある。

Main Field

漁港内に常夜灯がある場合、ベイトが集まっていれば、その下に潜んでいることがよくある。そんな場所ではカマスの活性も高く、海面付近で捕食音が聞こえてくる。

港湾部では潮通しが良い外海側を狙うが、ベイト次第で港内に入ってくる。潮はできるだけきれいな場所を選ぼう。

橋脚

橋脚

岸壁

河口

港湾部

漁港を選択するなら、ワンド内よりも外海に面した場所が良い。その中でも潮流が速いポイントや、潮が当たる部分を攻めてみよう。

シーズン中は、毎日同じポイント、同じ時間帯で釣れ続けることが多い。釣れている情報をキャッチしたら場所も正確に聞いておこう。

漁港

小規模河川

沖堤防

地磯

サーフ

とにかく潮通しが良いエリアがポイントになる。堤防の先端や岬の先端などが狙いめ。川のような激流が流れる海域でもアタックしてくる。

地磯

Time　Schedule

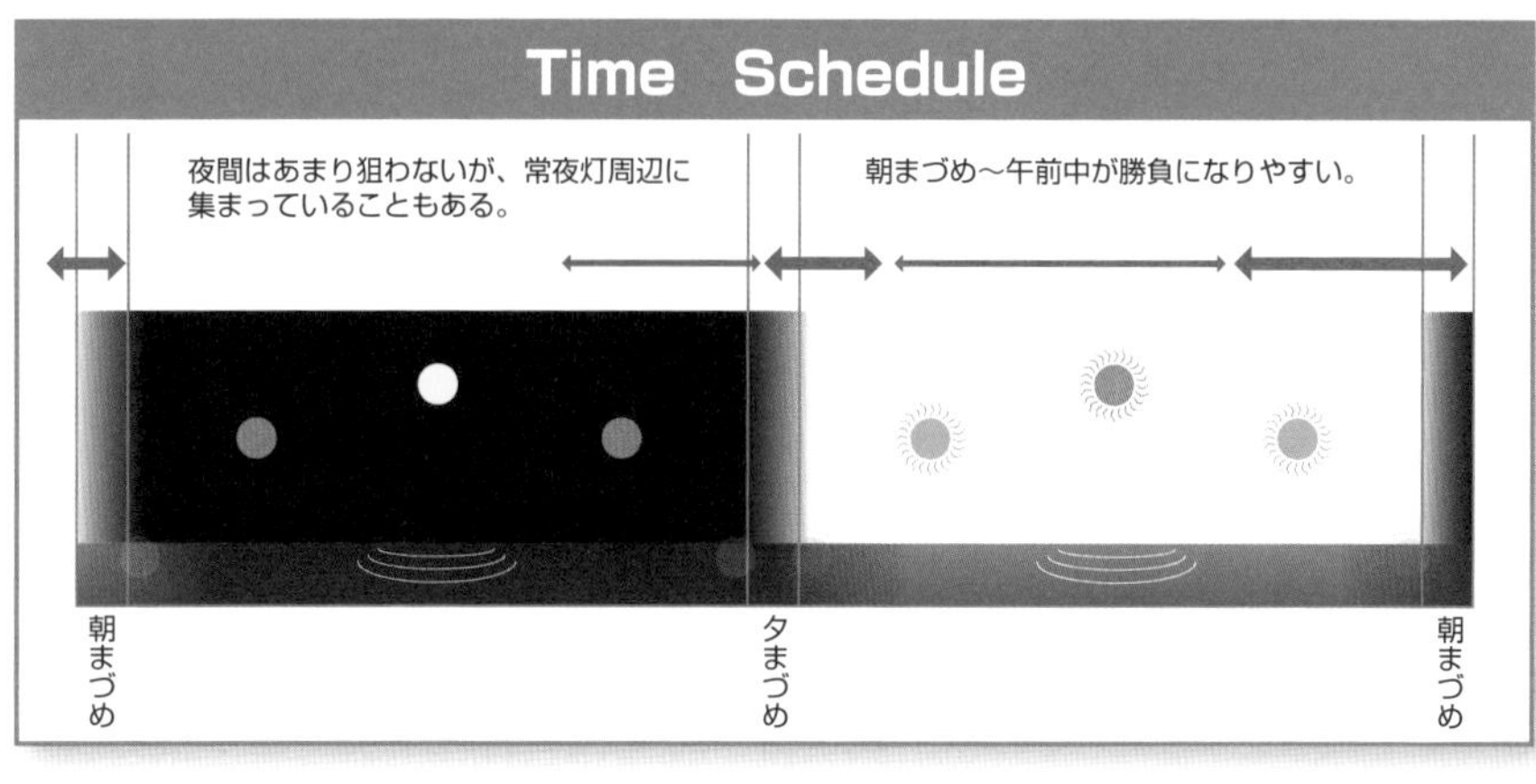
夜間はあまり狙わないが、常夜灯周辺に集まっていることもある。
朝まづめ〜午前中が勝負になりやすい。
朝まづめ
夕まづめ
朝まづめ

★タックルセレクト

基本のタックル

最初に揃えるならコレ!

Main Line

PEライン
／0.4号

PEラインを使わない場合は、ナイロンラインの2号（8lb）がおすすめ。リーダーはセットせず、スナップを取り付けてメタルジグをセットする。

Reader Line

フロロカーボンライン
／2号(8lb)60cm

PEラインを使用する場合は、必ずリーダーラインをセットする。釣り上げる途中でラインを切られることはほとんどないが、ルアーを噛まずに間違ってラインを噛んだり、ラインスラックが多く出ているときに切られてしまうことがある。また、連続して釣っていると少しずつキズが入りそのうち切れてしまう。リーダーは長めにセットし、傷ついたら少しずつカットしていこう。

FGノット

カマス専用ロッドはないので、ライトショアジギングロッド（SLS）を使う。使用するメタルジグの重量に合わせて、ロッドの適合重量をチェックしておこう。

Lure

メタルジグ
／5～10g

メタルジグは10gまで揃えておきたい。カマスが釣れるタナは状況に左右されやすく、ボトムしか釣れないことも多い。距離を稼ぐのではなく速く沈めるために重いジグを使用する。

Reel

スピニングリール
2000番

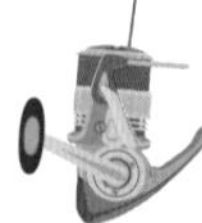

Rod

ライトショアジギングロッド
7.6ft

★まずはこのルアー

手返しよく狙えるメタルジグが一般的。活性が上がるとプラグやワームも有効だが、釣れるレンジがすぐに変わることも多いので、やはり全レンジ自在に狙いやすい小型のメタルジグが有効だ。

カラーはブルーやピンクが定番だが、時間とともにスレて釣れなくなることも多いため、イエローなども用意しておく。また、ナチュラル系はスレにくいようだ。

★狙い方の基本

手返し良く釣るのがカマスゲームの最大の特徴。釣り上げたらすぐまた、という手返しだけではなく、釣れなければ次々にレンジを変更したり、潮流に対してルアーを投げる角度を変えたりと、常にカマスのいるエリアとレンジを探りながら狙おう。

そして釣れはじめたら同じ場所をピンポイントで狙い、アタリが少なくなったらポイントを少しズラしてみる。それでダメならルアーローテーションだ。

このときに便利なのがスナップ。リーダーラインを直にメタルジグへ結んでいると、毎回切って結び直さなければならない。スナップを使用していれば簡単に交換が可能だ。もちろんリーダーラインが傷んだらその部分をカットするため、ラインカッターも揃えておこう。

根掛かりが多ければトレブルフックをアシストフックに交換してみよう。通常はトレブルフックの方がフッキングしやすいが、根掛かりが多ければ手返しが悪いし、釣りにならない。また、ミスバイトが多い時もアシストフックを追加することで掛かりが良くなることもあるので試してみよう。フックサイズは小さくてよい。

アカカマス。群れで移動するため釣れはじめたら次々とハリに掛かってくる。数を稼ぎたいならメタルジグとリーダーの間に、ジグサビキをセットするとよい。普通のサビキだとハリスが細く切られやすいから、専用のジグサビキがおすすめ。

シマノ
ソアレ メタルショット TG

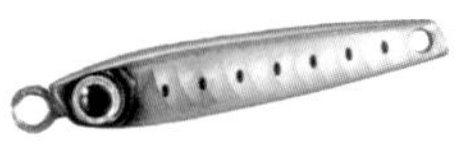

センターバランスのメタルジグは、飛距離を出しやすく激しいアクションをしても安定した動きをしてくれる、初級者にも扱いやすいタイプだ。カラーはスレることを考えて最低でも5色は用意しておきたい。

チヌ

北海道北部と沖縄を除く日本全国各地の沿岸に分布する。ウキ釣りのターゲットとして人気が高いが、そのゲーム性から近年はルアーフィッシングの対象魚としての人気も上昇中だ。標準和名はクロダイだが、西日本を中心にチヌと呼ばれている。

スズキ目タイ科
Acanthopagrus schlegelii

★シーズン

春			夏			秋			冬		
3月	4月	5月	6月	7月	8月	9月	10月	11月	12月	1月	2月

エサ釣りでは通年狙えるが、ルアー釣りでは春の乗っ込み期と夏～秋が本番。特に夏場は浅場のポッパーで狙えるためゲーム性が高く面白い。

Main Field

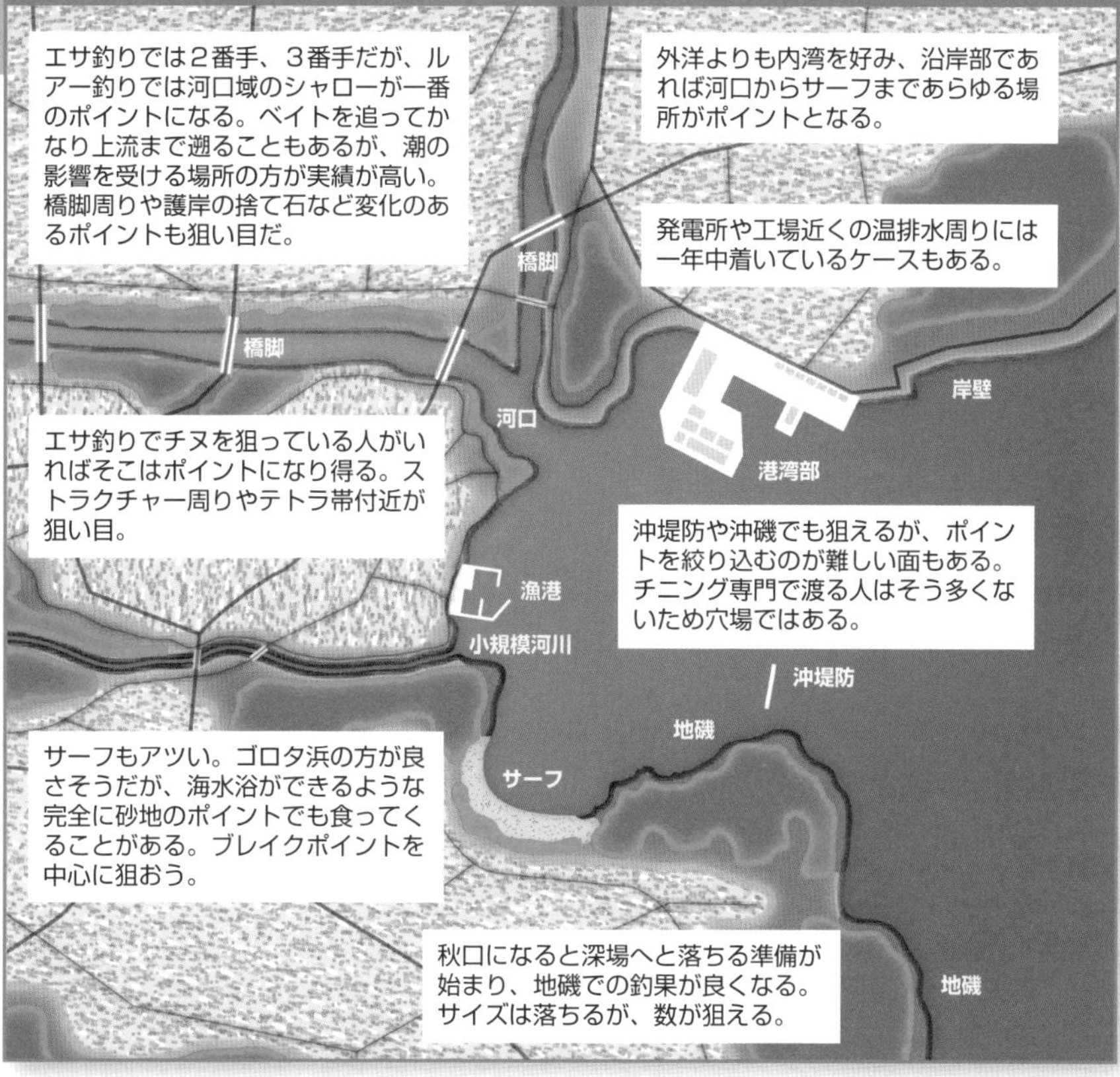

エサ釣りでは2番手、3番手だが、ルアー釣りでは河口域のシャローが一番のポイントになる。ベイトを追ってかなり上流まで遡ることもあるが、潮の影響を受ける場所の方が実績が高い。橋脚周りや護岸の捨て石など変化のあるポイントも狙い目だ。

外洋よりも内湾を好み、沿岸部であれば河口からサーフまであらゆる場所がポイントとなる。

発電所や工場近くの温排水周りには一年中着いているケースもある。

エサ釣りでチヌを狙っている人がいればそこはポイントになり得る。ストラクチャー周りやテトラ帯付近が狙い目。

沖堤防や沖磯でも狙えるが、ポイントを絞り込むのが難しい面もある。チニング専門で渡る人はそう多くないため穴場ではある。

サーフもアツい。ゴロタ浜の方が良さそうだが、海水浴ができるような完全に砂地のポイントでも食ってくることがある。ブレイクポイントを中心に狙おう。

秋口になると深場へと落ちる準備が始まり、地磯での釣果が良くなる。サイズは落ちるが、数が狙える。

橋脚
橋脚
河口
岸壁
港湾部
漁港
小規模河川
沖堤防
地磯
サーフ
地磯

Time　Schedule

ほぼ全ての時間帯で狙うことができるが、活性が高いのは朝と夕のまづめ時だ。時間帯によってレンジが違うので、日中とまづめ時はポッパーやペンシルベイトでトップ付近を狙い、夜はシンキングミノーやバイブレーションでボトムを中心に攻めよう。

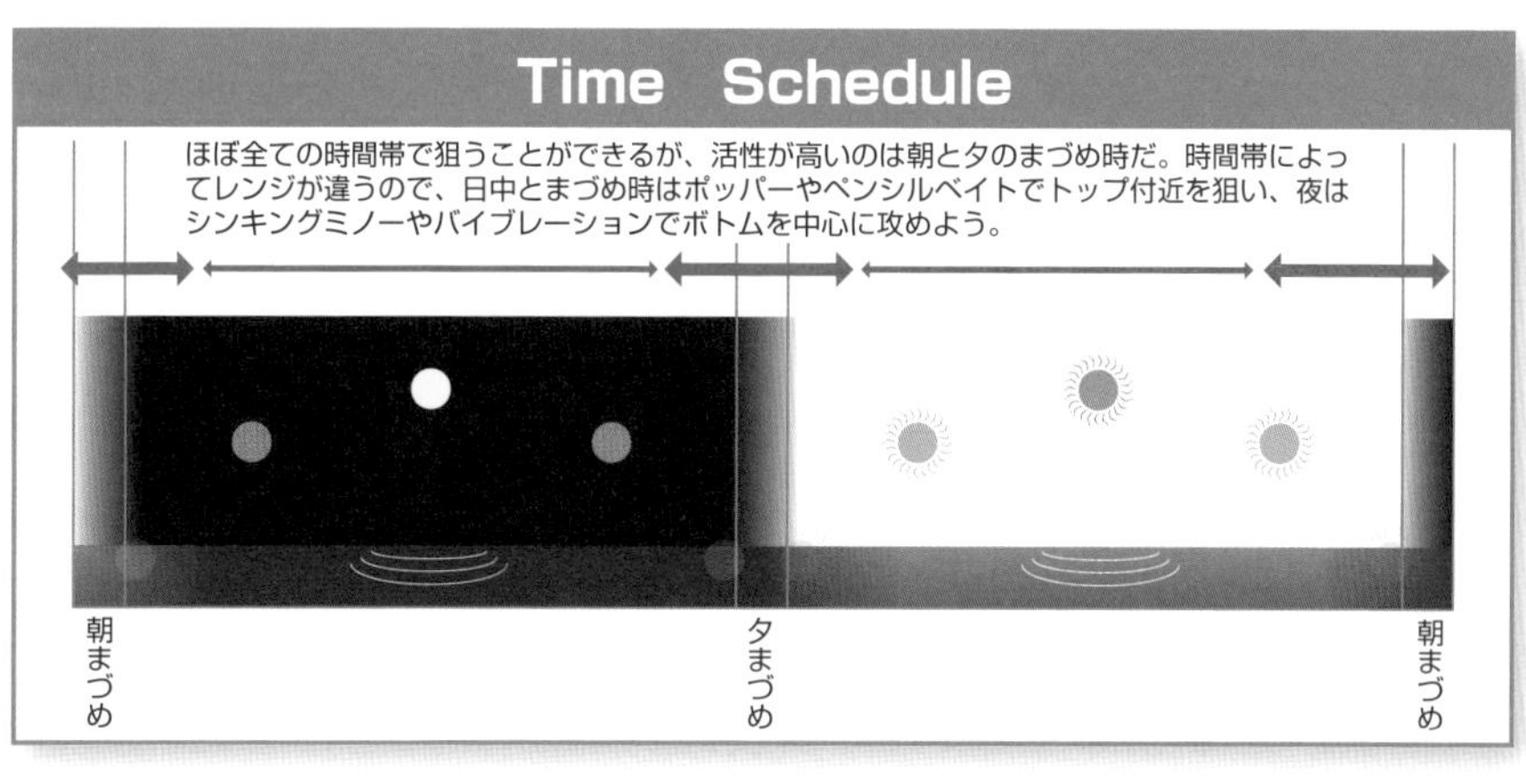
朝まづめ
夕まづめ
朝まづめ

★タックルセレクト

最初に揃えるならコレ！
基本のタックル

Main Line

PEライン
／0.6〜1号

トラブルが多発するようならナイロンラインがおすすめだ。

Reader Line

フロロカーボンライン
／2号(8lb)

Lure

6〜9cm
ポッパー

ペンシルベイト

シンキングミノー

バイブレーション

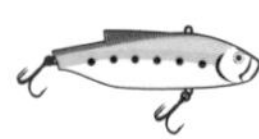

Mリグ

Mリグとは、シンキングミノーをボトムのズル引き用に改造したリグである。「M」は考案した松尾道洋氏の頭文字だ。ラパラのCD-5やCD-7のフロントフックを外してガン玉を取り付け、リアフックをダブルフックに交換すれば完成。

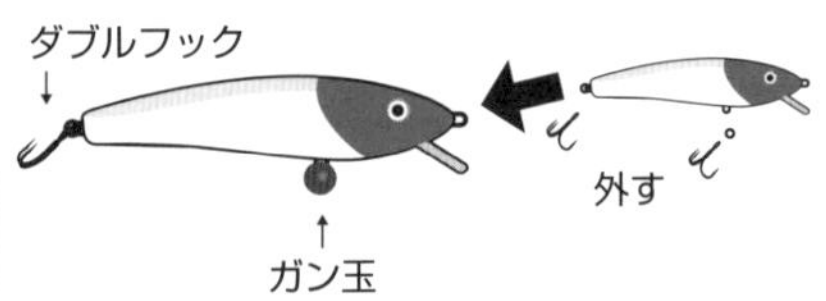
ダブルフック
ガン玉
外す

Oリグ

中通しの丸形オモリと環付きチヌバリ、蛍光玉をラインに通し、結びコブで止めたシンプルなリグ。ワームは甲殻類や昆虫を模倣したホッグ・クロー系が定番で一部カットして取り付ける。

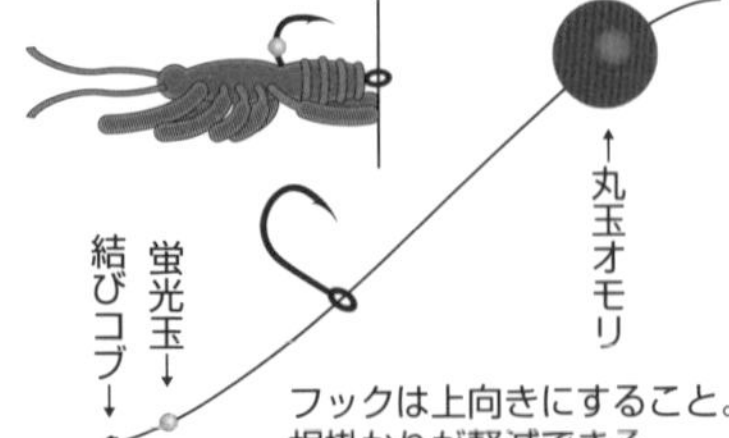
丸玉オモリ
蛍光玉
結びコブ
フックは上向きにすること。根掛かりが軽減できる。

Reel

スピニングリール
3000番

Rod

シーバスロッド
8.6ft

張りがあってバットにパワーのあるものを選ぶ。チニング専用ロッドもあるが、流用するならシーバスロッドよりエギングロッドの方が適している。

★トップとボトム

チニングは大きく分けてトップゲームとボトムゲームのどちらかになる。もちろん例外もあるが、シーズンでいえば、夏～秋の高水温期はトップ、冬～春はボトム。時間帯でいえば、日中～まづめはトップ、夜はボトム狙いが中心となる。

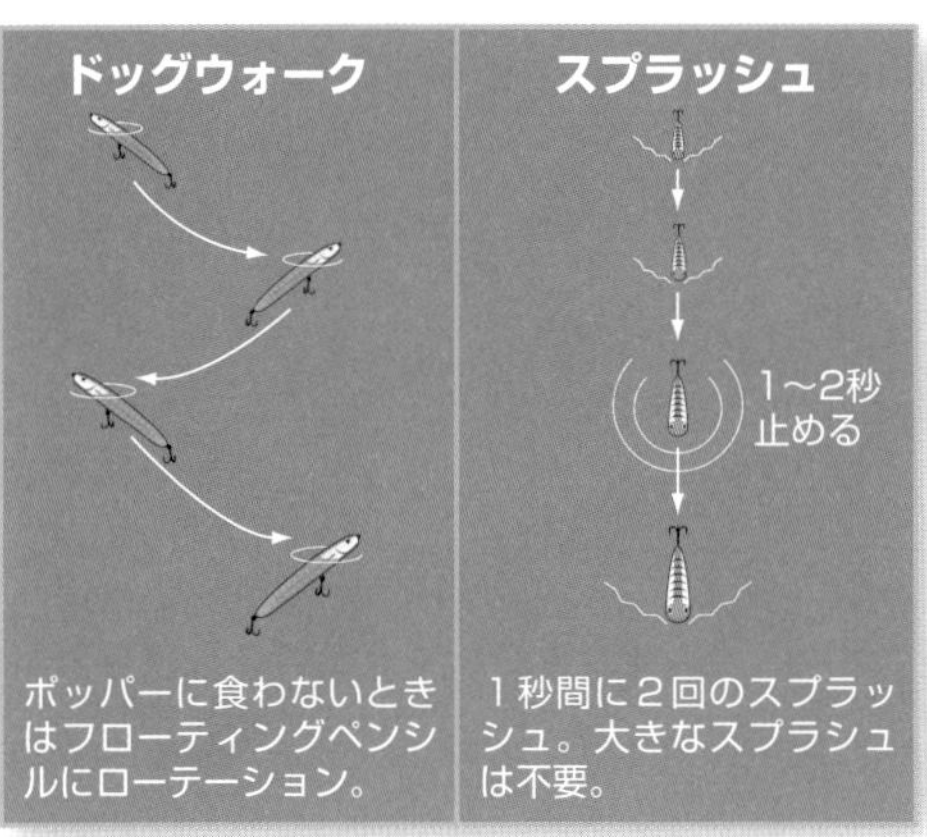
ドッグウォーク
スプラッシュ
1～2秒
止める

ポッパーに食わないときはフローティングペンシルにローテーション。

1秒間に2回のスプラッシュ。大きなスプラシュは不要。

●トップゲーム

水深1～2m程度の河口域で水面を意識したチヌを狙うゲームだ。警戒心の強い魚なので、着水音はできるだけ小さく、狙うポイントよりも先に落とし、アクションを入れながらポイントを通して引いてくる。アクションはスプラッシュやドッグウォークなどだが、大きく派手に動かす必要はなく、テンポ良く軽めで短めのストロークで引くことが求められる。

ルアーはポッパーまたはフローティングペンシルの7～9cmで、チヌ専用のタイプも多数販売されている。

●ボトムゲーム

砂泥エリアでボトムのチヌを狙うMリグを使用するメソッドが有名。着底させたらボトムをズル引いて砂煙を上げながら足下までスローリトリーブで引いてくる。基本的に底を切らないようにノンアクションで、底を這うシャコをイメージしよう。

前アタリがある場合が多いが、早アワセは禁物。

アタリがあってもそのままリトリーブを続け、ティップに反応が出るアタックが出たところでフッキングに持ち込もう。

ワームを使うOリグも注目されている。テキサスリグに近い仕組みを持ちスナッグレス効果が高く、コストもかからないので根の荒い場所でもロストを恐れずに積極的に攻めることができる。

キャスト後はテンションフォールで着底させ、スローリトリーブでボトムズル引き。Mリグと同様に前アタリがあるが、無視して引き続け、ゴンと大きくアタったときにアワセよう。

小型青物

ブリ
カンパチ

背中の色が青系の回遊魚を総称して青物と呼ぶ。一般的にはサバやアジ、サワラなども含まれるが、本書では釣り魚という観点から特に人気の高いブリ、ヒラマサ、カンパチを区別し小型の定義として60㎝程度までを示している。

スズキ目アジ科
ブリ、ヒラマサ、カンパチなどの若魚

★シーズン

春			夏			秋			冬		
3月	4月	5月	6月	7月	8月	9月	10月	11月	12月	1月	2月

初夏から晩秋にかけて沿岸部を回遊する青物。シーズン初期は25㎝程度のものが多いが、盛んに小魚を捕食し秋には60㎝を超え2kg以上のパワフルなスプリンターに成長する。サーフや堤防から狙えるためファンが多い。

Main Field

堤防の先端は潮通しが良く、水深もあるので遠近、浅深をメタルジグで狙う。スローアクションに反応する場合はバイブレーションやスピンテールジグが有効となる。

橋脚

橋脚

河口

岸壁

港湾部

河口域は酸素量が多く、川が運ぶエサを求め多くの小魚が寄ってくる。それを狙って青物の群れも集まる。水面で激しく小魚を追いかけていれば絶好のチャンスだ。

漁港

小規模河川

沖堤防

地磯

サーフ

サーフでは「変化」を探すことが重要。海面の色が濃い部分は深くカケアガリがあるので青物の回遊コースとなる。トップからボトムまでメタルジグでチェックしてみよう。

海岸線の変化は潮流に大きな変化を与え、離岸流という沖に払い出す強い流れを作り出す。青物達は強い流れで自由を奪われた小魚を狙うために集まってくる。

地磯

Time　Schedule

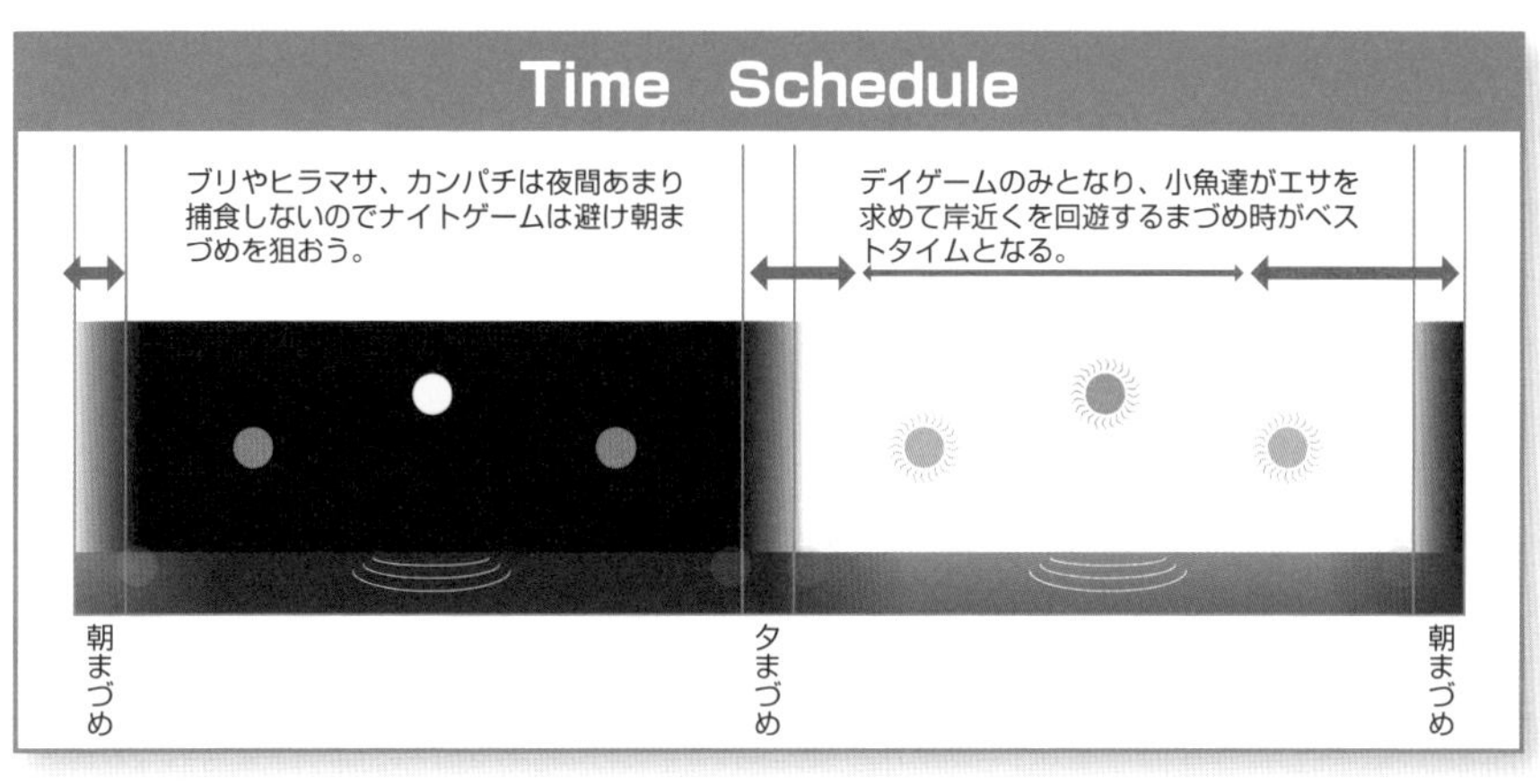

ブリやヒラマサ、カンパチは夜間あまり捕食しないのでナイトゲームは避け朝まづめを狙おう。
デイゲームのみとなり、小魚達がエサを求めて岸近くを回遊するまづめ時がベストタイムとなる。
朝まづめ
夕まづめ
朝まづめ

★タックルセレクト

基本のタックル 最初に揃えるならコレ！

FGノット

Main Line

PEライン
／1号

飛距離優先で、パワフルな走りに耐えられる強度も必要となる。PEラインは細い方が有利だが、重いメタルジグをキャスティングするときの負荷も考慮する必要がある。

Reader Line

リーダーライン
フロロカーボンライン
／3号(12lb)1m

メタルジグを遠投できる長さと振り抜けるだけのパワー、一日中キャスティングできる軽さ、ライントラブルの少ないガイドを備えたロッドが理想的。

根掛かりが多いとき

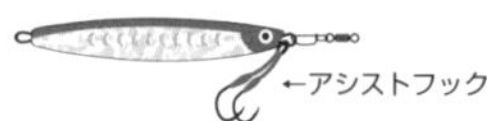

←アシストフック

掛かりが悪いとき

常に移動するナブラを狙いルアーを高速でアクション、回収することが多いためリールは断然ギア比が高いものが有利となりメインラインを150mほど巻く必要がある。

Lure

メタルジグ
／18～20g

表層から深場、超遠投までをカバーできるメタルジグを中心に、スローアクションに反応する場合は遠投が可能なバイブレーションやスピンテールジグも必要となる。

Reel

スピニングリール
3000番

Rod

ミディアムライトクラス
ファーストテーパー
9ft

★まずはこのルアー

遠投性能が高い細身のリアウエイト系のメタルジグが中心となるが、フォールでのアピールが強いセンターバランスやスローでもレンジキープ力の高いスピンテールジグも外せない。

カラーも基本となるレッド、ブルー、ブラックにアピール系のピンクやチャートリュース、パールホワイトをベースにアルミスケールやホログラムの反射材を組み合わせて選ぼう。

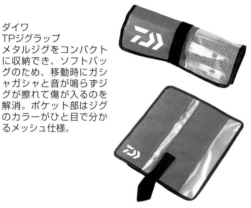

ティムコ
ボイルゲームプライヤー
ボディー部に対腐食性能と強度・重量にバランスのとれたアルミを使用。特に強度が必要となる先端部には特殊加工された炭素鋼を採用し、ラインカッターはタングステン合金製で、PEラインや太いリーダーもスムーズにカットできる。

ダイワ
TPジグラップ
メタルジグをコンパクトに収納でき、ソフトバッグのため、移動時にガシャガシャと音が鳴らずジグが擦れて傷が入るのを解消。ポケット部はジグのカラーがひと目で分かるメッシュ仕様。

★スマートなゲームに

一日中フルキャスト&ファストリトリーブでグリップを強く握り続けると、気が付いたら手にマメがなんてこともあるためフィッシンググローブは欠かせない。また、暴れる魚からフックを外すのは非常に危険を伴う。そんなときはフィッシュグリップとロングノーズのプライヤーがあれば安全かつスムーズにフックを外すことができる。

実際の釣行でメタルジグをプラスチックケースに入れて携行すると、移動するたびガシャガシャと音を立て、擦れて傷だらけになる。そんな問題を解決するのがソフトケース。一つ一つ仕切りがされており、ジグを傷つけることなくスマート&コンパクトに収納できる。

コラム

魚の視力

沿岸域に生息する魚の視力を人間に換算すると0・1〜0・2だと言われている。（メバルは例外で0・4ほど）これは目の前にルアーがあっても輪郭がボケて見える数値だ。しかも、魚は色の判別を苦手としており、多くの魚種は色を見分けることができずモノトーンに見えているという研究結果も出ている。スズキやボラなど、色の識別ができる魚種もいるが、非常に弱いものである。

しかし魚は、この弱い視力を補うための多くの機能を持ち、中には人間の能力をはるかに凌ぐ機能もある。

たとえば光に対する反応である。人間が感じ取れない紫外線や赤外線を敏感に察知し、自分がどのぐらいの水深にいるのかを知ったり、ベイトの動きを察知したりすることができる。

他にも、わずかな水の振動を感じ取る聴覚、遠くにいるベイトの匂いを感じ取る臭覚など、さらに味覚や触覚を持つ魚種もいる。

魚たちはこれら全てを駆使して厳しい生存競争に臨んでいるのだ。人間が思うほど、視力に依存していないのである。

ルアーを魚に食わせるのは、ルアーの色の違いだけではない。もちろん重要な要素だが、色の濃淡や模様、シェイプによる光の反射も関係する。そして、なんと言っても鍵を握るのがルアーアクションである。

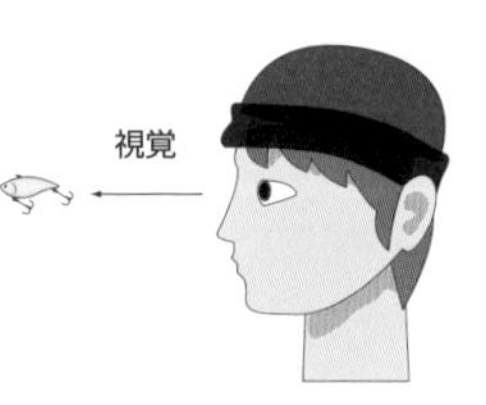
視覚

人間は視力のみで物の形状を認識する。

太陽光
紫外線の反射
視覚
臭覚
聴覚

魚は視覚以外にもさまざまな感覚をフル稼働してベイトやルアーを追う。

タックルの基本操作

●ロッドの持ち方
●キャスト法
●キャスト後の操作
巻く前にすること①／②・着底させる場合・カウントダウン
●リーリング
●ルアーの回収
●アタリのとり方
●アワセ
●ドラグ調整

★ロッドの持ち方

ロッドの握り方の基本は、リールフットを中指と薬指で挟んで握る。ロッドは利き腕で持ったほうが操作しやすい。指で挟む場所は、自分が握りやすい指で構わない。このとき、軽く前に構えた状態が一番自然で疲れないロッドの角度だ。

ルアー釣りでは、ロッドを持つ角度も重要になるので、意識しておこう。ルアーを深く潜らせたいときは下向き、浅く泳がせたいときは上向きが基本だ。

ルアーを引くときは、人差し指をロッドに添えれば、ロッドのブレが弱まる。

シーバスロッドやショアジギングロッドなどは遠投しやすいようにグリップが長く設定されている。これを脇に挟むようにしてリーリングすれば、ロッドのブレがなくスムーズに巻くことが可能なうえ、小さなアタリもよく分かるようになる。

★キャスト法

ベイルを起こして人差し指にラインを引っ掛ける。反対の手はロッドのグリップエンド付近を持つ。後方の確認ができたら、この状態でバックスイング（ロッドを後ろに軽く振る）を行い、反動を利用して前方にルアーを飛ばす。

握るバランスはロッドの硬さや長さによって若干変わってくるが、リールシートを握っている手は、力強く握らずロッドを支える気持ちで握っておく。

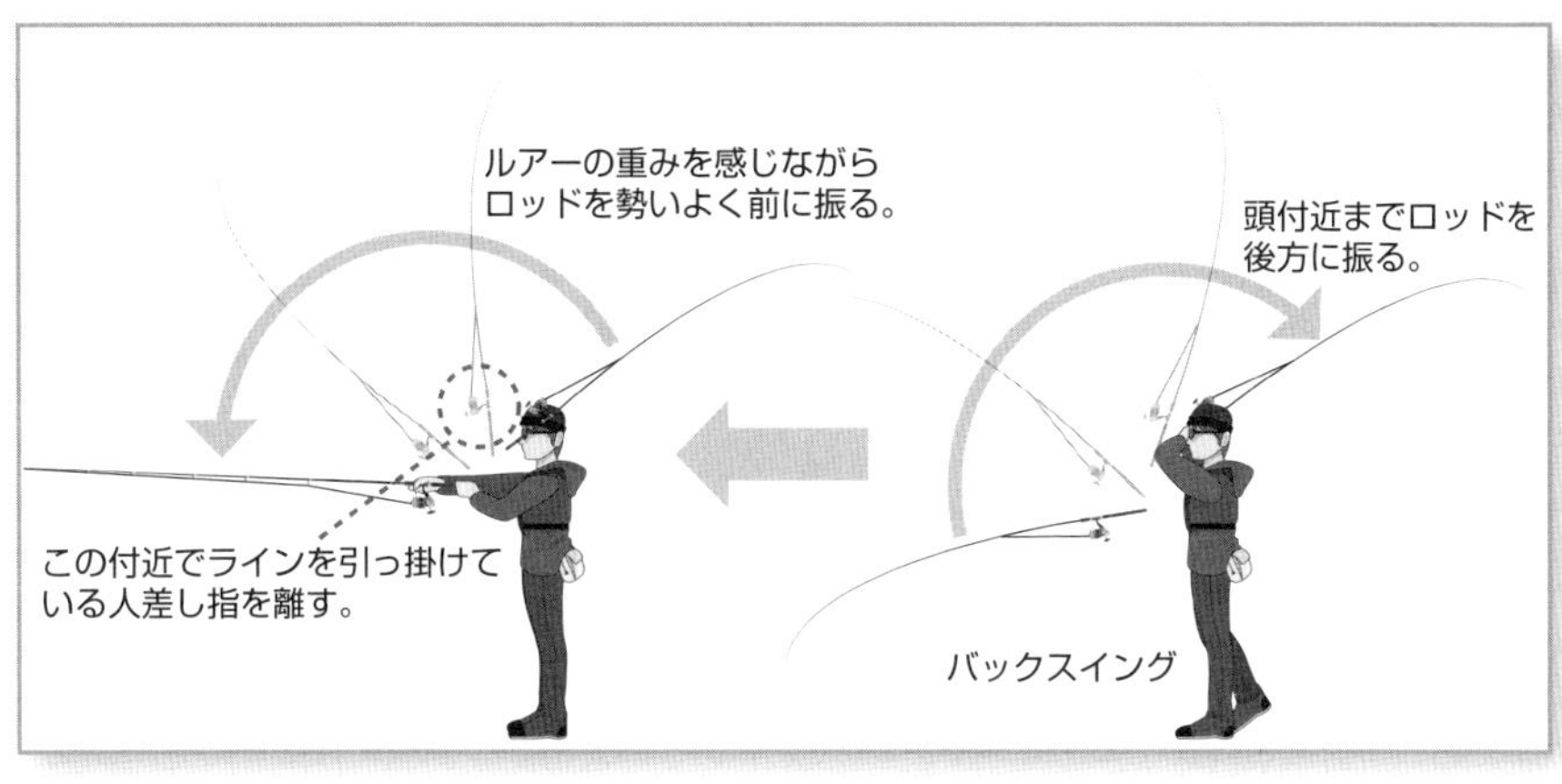
ルアーの重みを感じながら
ロッドを勢いよく前に振る。
頭付近までロッドを
後方に振る。
この付近でラインを引っ掛けて
いる人差し指を離す。
バックスイング

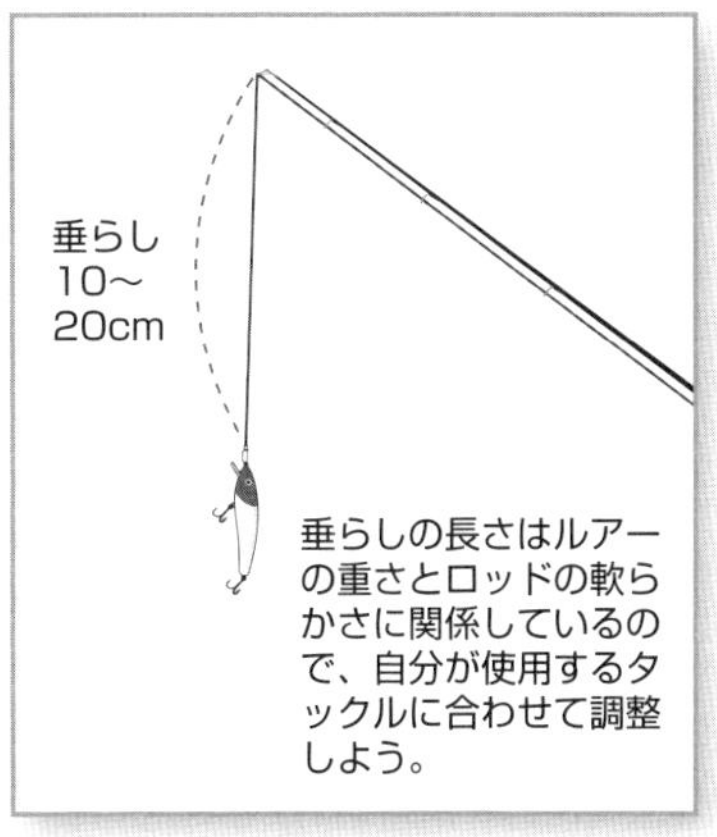
垂らし
10〜
20cm
垂らしの長さはルアーの重さとロッドの軟らかさに関係しているので、自分が使用するタックルに合わせて調整しよう。

ルアーの重さが変わるごとにバックスイングの力加減、ラインを離すタイミングが変わってくるので、最初は同じルアーで練習してコツを掴もう。

もう一つ重要なのがロッドティップ（竿先）からルアーまでの距離。短すぎるとルアーのフックがラインやロッドに絡むので注意。バックスイングでキャストする場合は、ティップからルアーまでの距離は10～20㎝が目安だ。

基本のキャスト法が楽にできるようになったら、ロングキャストを習得しよう。陸からのソルトルアーでは、より遠くへ飛ばせる技術が重要で、釣果にも大きく影響してくる。

ロングキャストするにはティップからの垂らしの長さを1m以上取り、バックスイングをせずに後方にロッドを構え、最初からルアーの重みをロッドに乗せてキャストする。このとき、リールシートを握っている手を軸に、反対の手は手前に強く引きつけ、ロッドの回転速度を速くする。

このキャストフォームは馴れるまでコントロール性が悪く失敗も多い。人が少ないポイントや後方に障害物がない広い場所で充分に練習しておこう。河川やナブラ打ち、潮目狙いと応用範囲が広いので、ぜひ習得しておきたい。

★キャスト後の操作

思った方向にキャストできるようになったら、ルアーの着水音やラインメンディングに気を配ろう。ルアーが飛んでいくのをじっと見ているだけでは、釣果に差が出てしまう。

特にPEラインを使用していると、キャスト時にバックラッシュするなどトラブルが起きやすい。これは、リールスプールから順序良くラインが放出されず、一気に出てしまうためだ。その原因はライン巻き取り時に適度なテンションが掛かっていないため、緩く巻き込んでいるからだ。メバリングやアジングで特に多い。

●巻く前にすること①

まず最初にやることは、ルアーが着水する寸前で、リールスプールを指で押さえてラインの放出を止めること。

こうすることで余分なラインが出ず、ルアーからロッドまでのラインが張った状態になるので、初回巻き取り時の緩みを防止することができる。さらに着水直前でルアーを止めることで、ルアーの着水音が小さくなり、魚に警戒心を与えてしまうことも防げる。

馴れてくればスプールから放出される勢いや音で着水のタイミングが分かるようになり、夜間でも行えるようになる。

もしラインがたるんでしまったら、ロッドを後方に戻し、ラインをできるだけ張った状態にして巻き始めるか、ラインを指でつまんで巻くようにする。

●巻く前にすること②

細いPEラインを使用している

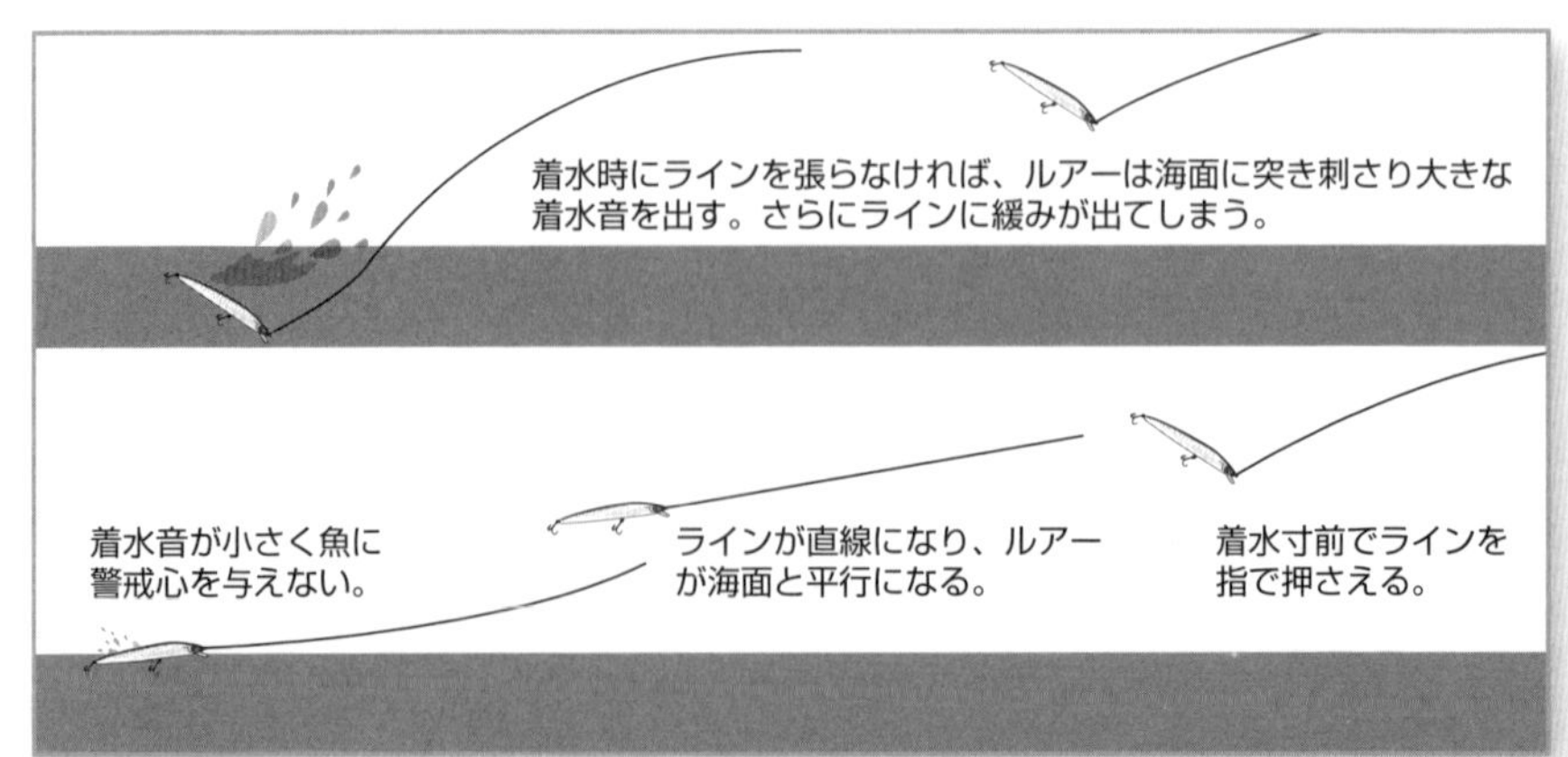
着水時にラインを張らなければ、ルアーは海面に突き刺さり大きな着水音を出す。さらにラインに緩みが出てしまう。
着水音が小さく魚に警戒心を与えない。
ラインが直線になり、ルアーが海面と平行になる。
着水寸前でラインを指で押さえる。

と、風に煽られて蛇行してしまうことがある。そのまま巻くとラインを緩く巻き取ってしまったり、小さなアタリがとれない状態となる。これを回避するためには、キャスト後できるだけ海面にロッドティップを近づけ、ルアーからのラインが直線になるようにする。

　これの応用で、わざと風にラインをふくらませ、ルアーの軌道をまっすぐではなく湾曲させるテクニックもある。

●着底させる場合

　無風状態・潮の流れがない場合は、ラインの放出が止まれば着底の合図だ。しかし、実際の海では風もあり流れもあるため、着底はラインの放出か張り具合で確かめるしかない。

　ラインを張ったまま着底させるのが比較的簡単で、ラインを通してロッドに小さな「クンッ」というテンションが抜けた感覚が伝わってくる。

　しかし、風が強い日や流れが速い場所でラインを張ったまま着底を待つと、着水地点からかなりズレて着底することになる。こういうときはラインを張らずに足下付近にラインスラック（余分なライン）を作り、その動きで察知するといいだろう。

　どちらも軽いルアーだと馴れが必要なので、どうすれば小さな感覚を感じることができるか、ロッドの持ち方も変えながら自分流を探そう。

●カウントダウン

　カウントダウンとは、一定のレンジまで秒数を数えながらルアーを沈め、巻き始める開始時間を調整することだ。

　理想は着水からボトムまで到達する秒数を知っておき、それに合わせて秒数を変え、自在にレンジを狙う。シンキングルアー全部に使えるテクニックなので覚えておこう。

クンッ
ラインを張っていれば、ティップに掛かっている負荷が緩んだことで着底を判定できる。

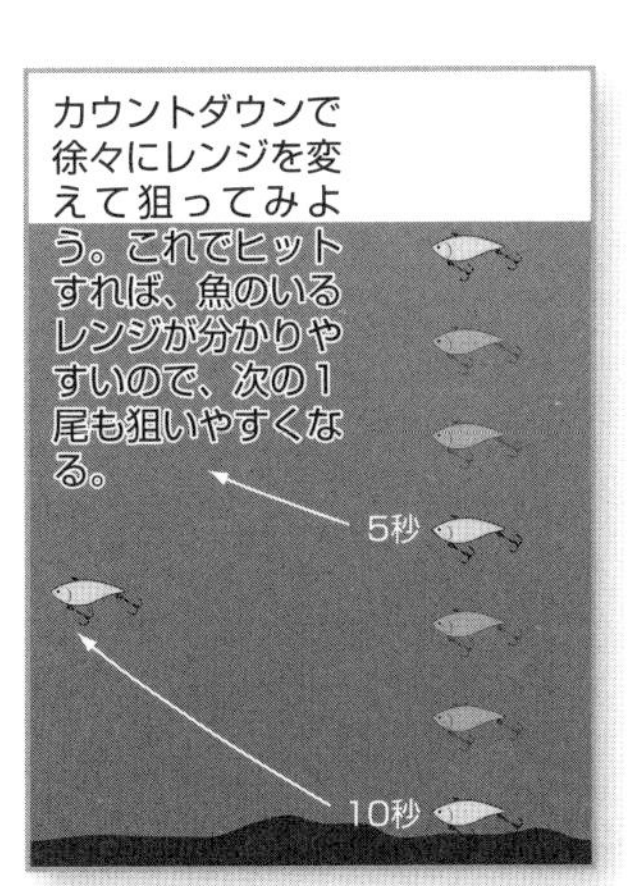
5秒
10秒
カウントダウンで徐々にレンジを変えて狙ってみよう。これでヒットすれば、魚のいるレンジが分かりやすいので、次の1尾も狙いやすくなる。

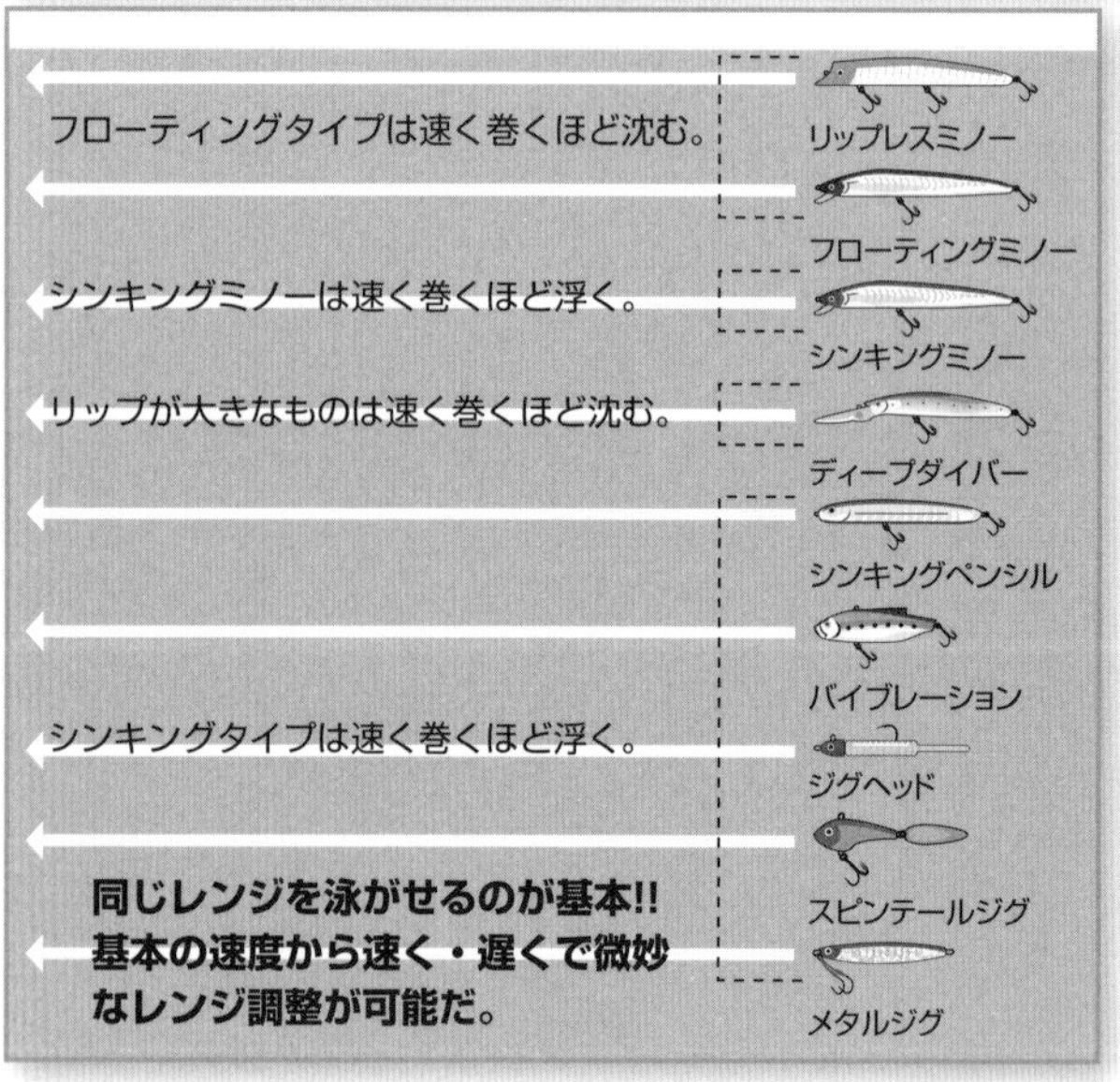

★リーリング・リトリーブ

リールの操作は巻くか止めるかしかない。この単純な動作ゆえ、巻く速度に悩む釣り人も多い。しかし、リールはラインを巻き取るためだけではなく、ルアーが動く速度を決めるためにもある。巻き取り速度によって釣果が違ってくるので、状況や使用するルアーに合わせて、常にルアーを通すレンジをイメージして速度を決めよう。また、左上の図に基本の速度を掲載しているが、これはあくまでも分かりやすく書いているだけだ。使用するルアーによって速度による動き方が変わるので、自分が持っているルアーは、全て速度と動き方の特徴を知っておこう。

巻く速度の目安(普通巻き)		
釣り方	リールのサイズ	1秒間に巻く回数
シーバス	2500〜3000番	1回転
メバリング	2000〜2500番	0.5回転
アジング	2000〜2500番	0.5回転
ショアジギング	3000〜4000番	2回転

フローティングタイプは速く巻くほど沈む。
リップレスミノー
フローティングミノー
シンキングミノーは速く巻くほど浮く。
シンキングミノー
リップが大きなものは速く巻くほど沈む。
ディープダイバー
シンキングペンシル
バイブレーション
シンキングタイプは速く巻くほど浮く。
ジグヘッド
スピンテールジグ
メタルジグ
**同じレンジを泳がせるのが基本!!
基本の速度から速く・遅くで微妙なレンジ調整が可能だ。**

★ルアーの回収

魚が食うポイントが分かっていれば、狙いたい部分だけルアーを通し、あとは速巻きで回収するほうが効率が良い。分からなければ足下まで探る。

デイゲームではルアーの動きを目で追い、ロッドガイド内にルアーを誤って巻き込まないように注意すること。最悪の場合、ロッドが破損してしまう。

ナイトゲームでは見えないことも多いため、ＰＥラインとリーダーラインの結び目で判断する。注意深く感じていれば、結び目がガイドにこすれる感触がわかるはずだ。また、リーダーラインの長さを把握しておけば、見えなくても次にキャストするときのルアーまでの垂らしの長さをリールのハンドルを回す回数で調整できる。
　バイブレーションなどシンキングタイプのルアーを使ったり、シャローエリアを攻めているとルアーが岩や海藻に根掛かりすることがある。この場合、無理に引くとロッド破損の恐れがあるので、数度シャクっても外れない場合は、ロッドとラインを平行にして持ち、後ろに下がりながら引き抜く。外れるかラインブレイクするかはそのとき次第だが、ロッドが折れるよりはましだろう。

根掛かりの外し方

利き手でロッドをしっかりと持ち、反対の手にラインを巻くなどラインが出ないようにし、ゆっくりと後退しながら引き抜く。

できるだけ
一直線にする

★アタリのとり方

　魚によってルアーへの食い方が変わるが、大小なりにラインを伝って変化が現れる。ロッドまでダイレクトに伝わればすぐに分かるが、ラインがたるんだり少しだけ動くようなアタリもある。
　デイゲームでのアタリのとり方はラインの動きとロッドの2つで感じることができる。張っていたラインがゆるんだり、方向が少し変わったりする。
　ナイトゲームではラインが見えない限りロッドでとるしかない。できるだけロッドがブレないようにしっかりと持ち、神経を集中して小さなアタリも逃さないようにしよう。

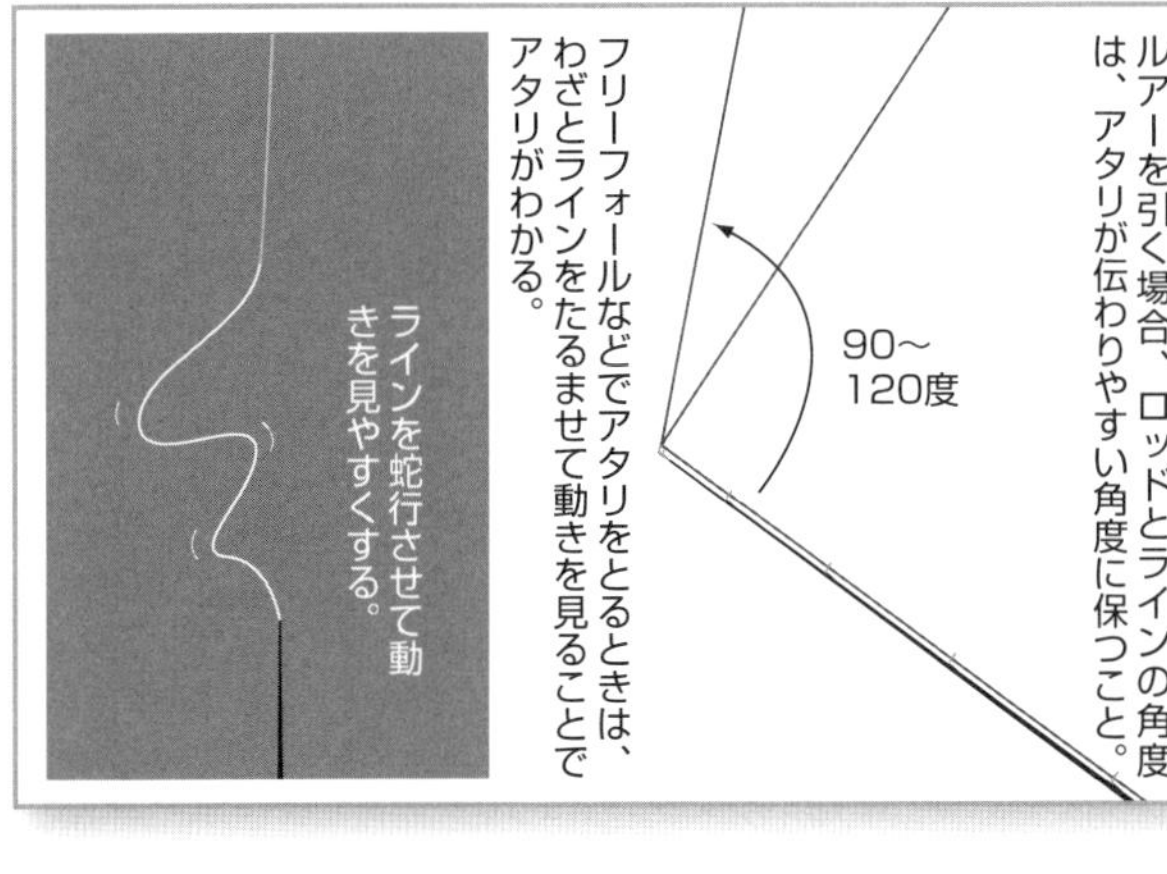
90〜
120度
ラインを蛇行させて動きを見やすくする。

ルアーを引く場合、ロッドとラインの角度は、アタリが伝わりやすい角度に保つこと。

フリーフォールなどでアタリをとるときは、わざとラインをたるませて動きを見ることでアタリがわかる。

★アワセ

エサ釣りの場合は充分に食い込ませてからアワせることが多いが、ソルトルアーではアタリがあってからじっと待つようなシチュエーションは少ない。アワセが甘いと、やり取りの途中でフックが外れてバラすシーンも多い。

これはルアーの構造によるものだが、ルアーに付いているフックは食い込ませるためというより、どこかに引っ掛けるという役割のほうが大きいからだ。食べられないと判断すればルアーを吐き出すし、食うのをやめてしまう。ハリを食いに来ているわけではないので、アワせて確実にフッキングさせることが重要だ。

逆にアワせると悪いパターンも存在する。メバリングではアワせるとスッポ抜けが多くなる。これは、メバルがついばむようにルアーを食ってくるのが原因で、グッとメバルの重さが乗るまで待つのがセオリーだ。また、ショートバイトが続くときにアワせても掛からないことが多い。シーバスなど吸い込んでエサを捕食するフィッシュイーターは、ワンテンポ遅れてからアワせるパターンもある。

このようにアワセのタイミングは魚種や使用するルアーによって違ってくる。しかし、頭の中で覚えていても突如襲ってくるアタリに対して対応できないことが多い。経験を積んで体で覚えるのが一番だろう。

★ドラグ調整

リールのほとんどには、ドラグ機能が付いている。これはラインブレイクを防いでくれる最大の機能だ。

調整方法はラインのポンド数に合わせてドラグチェッカーなどの機器を用いるのが理想だが、リールから出ているラインを手で持ち、普通に引くとラインが少しずつ出るくらいに調整する。これを基本として、細いラインを使うほど緩く設定する。緩くといってもキャスト時にドラグ音がするほどはやらない。

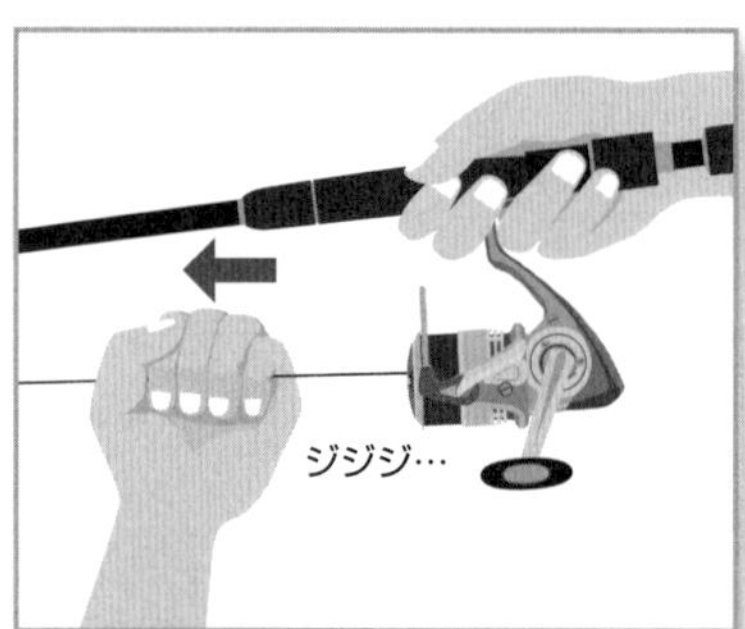
ジジジ…

魚とのやりとりの最中でも調整は可能だ。ドラグからズルズルとラインを引き出されるような場合は少し締めるとよいが、締め過ぎるとラインが切れるので注意。

タックルを知ろう

★まずレンジを知ること

ルアーには多くの種類があるが、大別すると浮くルアー（フローティング）と、沈むルアー（シンキング）に分けられる。全般的には沈むシンキングタイプが多く、使用頻度も高い。

沈むといっても、ラインに接合して引っ張るのだから、巻く前に沈めなければ浮いたまま使用することになる。

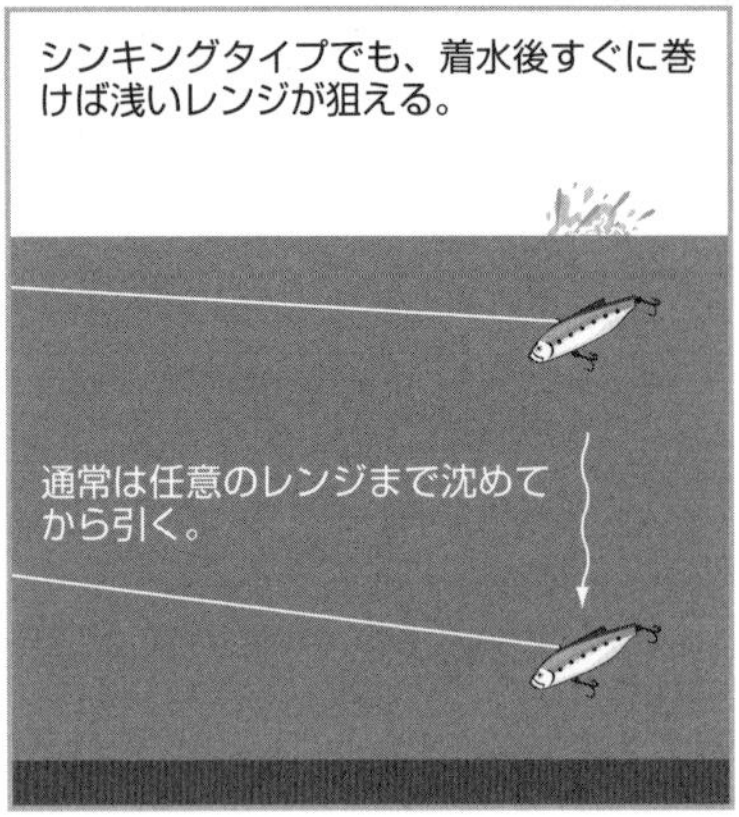

シンキングタイプでも、着水後すぐに巻けば浅いレンジが狙える。

通常は任意のレンジまで沈めてから引く。

魚が泳いでいるレンジを探し当てるのが「釣り」にとって最も重要なことで、ルアーのアクションやあらゆるテクニックを駆使しても、レンジが合っていなければ魚は釣れないということだ。

★ルアーの基本性能

魚の遊泳層を的確に狙えるよう、ルアーによって得意なレンジが存在する。ルアーを引く速度、ロッドの角度などである程度のレンジ操作は可能だが、自分が使用しているルアーがどのレンジを泳いでいるか把握しておかなければ意味のないことだ。

基本中の基本だが、ルアーが見える範囲でキャストして、ルアーごとのレンジや引く速度によるアクションの違いなどを必ず確認しておこう。

●ミノー

最も多く発売されているタイプで、基本は魚に似せたフォルムをしており、ソルトルアー全般で使用される。フローティングミノー・シンキングミノーが一般的で、さらに細かく分類することができる。最大の特徴はリップと言われる水の抵抗を受け流す部分だが、リップレスと呼ばれるタイプもある。ある・なしはもちろん、角度や大きさでルアーが潜るレンジが変わったり、アクションが違ってくる。

●バイブレーション

これも魚に似せて作られているが、ブルブルと小刻みに揺れるアクションが特徴的。フローティングタイプも存在するが、ほとんどがシンキングタイプだ。

サイズの割に重量があり遠投し

サブサーフェスミノー（シャローランナー）

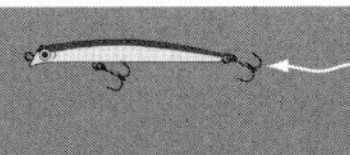

フローティングミノーの代表だが、シャローレンジを狙う最も多いタイプ。ナイトシーバスで使われることが多い。水面下30cmくらいまでを攻略する。

ポッパー

表層を狙うルアー。引いて泳がせるのではなく、ストップ＆ゴーで水しぶきを立てながら使う。活性が高く魚が浮き気味になっているときに有効。

シンキングミノー

通常は任意のレンジまで沈めてから引く。

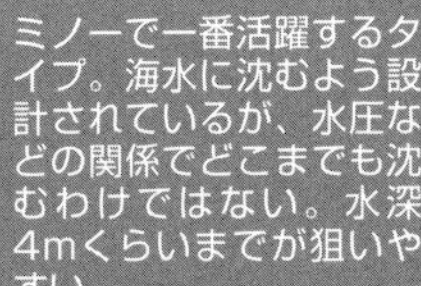

ミノーで一番活躍するタイプ。海水に沈むよう設計されているが、水圧などの関係でどこまでも沈むわけではない。水深4mくらいまでが狙いやすい。

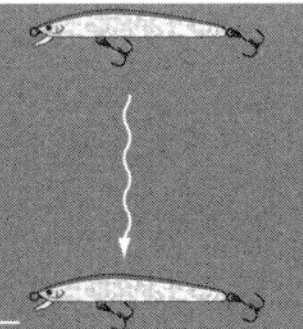

フローティングミノー

止めると浮いてくる

常に海水に浮くようにできているが、リップの形状によりルアーを引くと任意の深度まで潜る。ルアーにもよるが、水深2mくらいまでを探るのに適している。

ディープダイバー

リップを大きく水平気味に持ち、水の抵抗を大きく受けて深く潜る。水深6mくらいまで狙える。

ペンシル

シンキングペンシル

フローティングペンシル

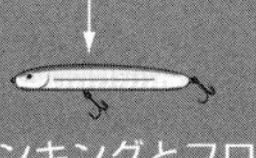

シンキングとフローティングがあるが、ソルトルアーではシンキングが主流。リップがないため海水の抵抗を受けにくく、引くと浮き気味に泳ぐ。

やすい。ミノーよりも少し速めのリトリーブが基本で、ロッドを立てて浅いレンジを狙ったり、リフト&フォールでボトムを狙うこともできる。

●メタルジグ

金属製が主流で、ジャークしながら使うのが基本。オフショアの大物狙いでも使われるため、200gを超えるものもある。ショアでは1gの超軽量から、キャスティングできる60gくらいまでが一般的。

●スピナー・スプーン

ソルトルアーでは使用頻度が低いが、小型魚を狙う場合、アピール性能が高いため魚の活性を上げながら釣ることが可能だ。浅いレンジからミドルレンジまで幅広く探るのに便利。

●ワーム

硬い素材のハードルアーに対して、軟らかい素材でできたワームなどはソフトルアーという。ビニールやゴム素材が多く、小魚やムシ類、甲殻類をイミテートしたものが主流。

形状もさながらカラーのバリエーションも多く、塩を混ぜて比重を重くしたソルトワームや、アミノ酸などを配合した匂い付きもある。ワーム単体で使うのではなく、ジグヘッドなどシンカーとフックをセットして使用する。

他にも多くのタイプがあるが、狙いたいレンジが基本となり、ルアーのサイズ→アクション→カラーの順で選択していく。また、ベイトに合わせたルアー選択も基本なので、迷ったときはマッチ・ザ・ベイトで攻めてみよう。

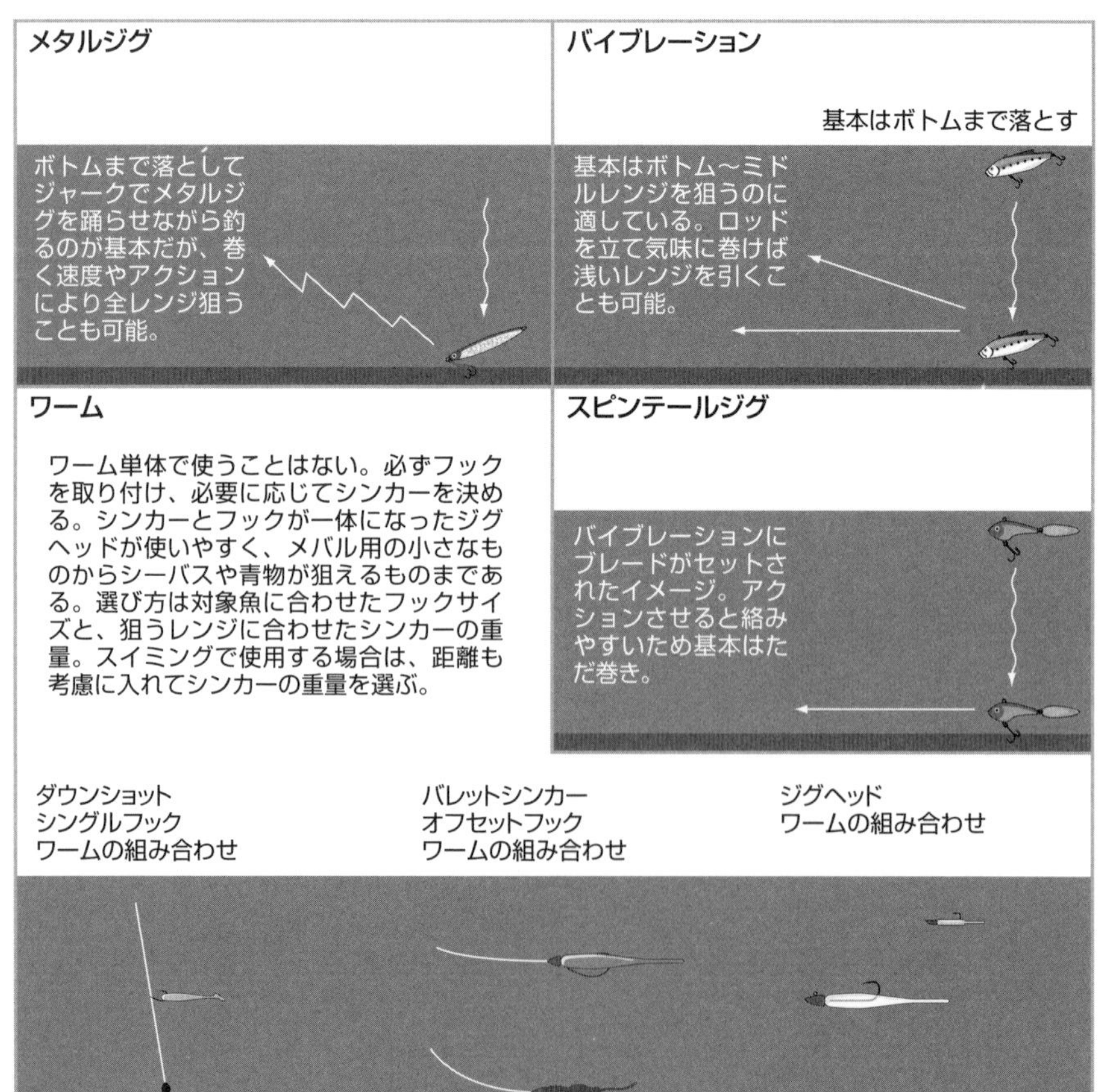
メタルジグ
ボトムまで落としてジャークでメタルジグを踊らせながら釣るのが基本だが、巻く速度やアクションにより全レンジ狙うことも可能。
バイブレーション
基本はボトムまで落とす
基本はボトム～ミドルレンジを狙うのに適している。ロッドを立て気味に巻けば浅いレンジを引くことも可能。
ワーム
ワーム単体で使うことはない。必ずフックを取り付け、必要に応じてシンカーを決める。シンカーとフックが一体になったジグヘッドが使いやすく、メバル用の小さなものからシーバスや青物が狙えるものまである。選び方は対象魚に合わせたフックサイズと、狙うレンジに合わせたシンカーの重量。スイミングで使用する場合は、距離も考慮に入れてシンカーの重量を選ぶ。
スピンテールジグ
バイブレーションにブレードがセットされたイメージ。アクションさせると絡みやすいため基本はただ巻き。
ダウンショット
シングルフック
ワームの組み合わせ
バレットシンカー
オフセットフック
ワームの組み合わせ
ジグヘッド
ワームの組み合わせ

★フォールのテクニックと食わせ方

ルアーに反応する魚が上から落ちてくるベイトの動きに敏感に反応するのは間違いない。フォールの動きは誘いだけでなく、魚がルアーにアタックする食わせのタイミングとしても有効に活用することができる。

●カーブフォール

キャスト後、ラインスラックを巻き取ってルアーにテンションをかけたまま沈めると、ゆっくり沈みながら手前に寄ってくる。これがカーブフォールの基本だ。

フォール中はラインが張られているため魚のバイトを判断しやすく、カウントダウンと組み合わせればアタリがあったレンジまで沈めて、そこからリトリーブを開始することで、魚のいる層を集中して攻めることができる。

ただし、アタリはロッドを伝わり手元に感じる分かりやすいものだけではなく、ラインが沈むのが止まったり、横に走ったりする微妙なものもあるのでフォールのときはラインの動きにも注目しておこう。

着底後のリフト&カーブフォールやリーリングを止めてのストップ&カーブフォールなどさまざまなアクションの後の食わせの間として応用することができる。

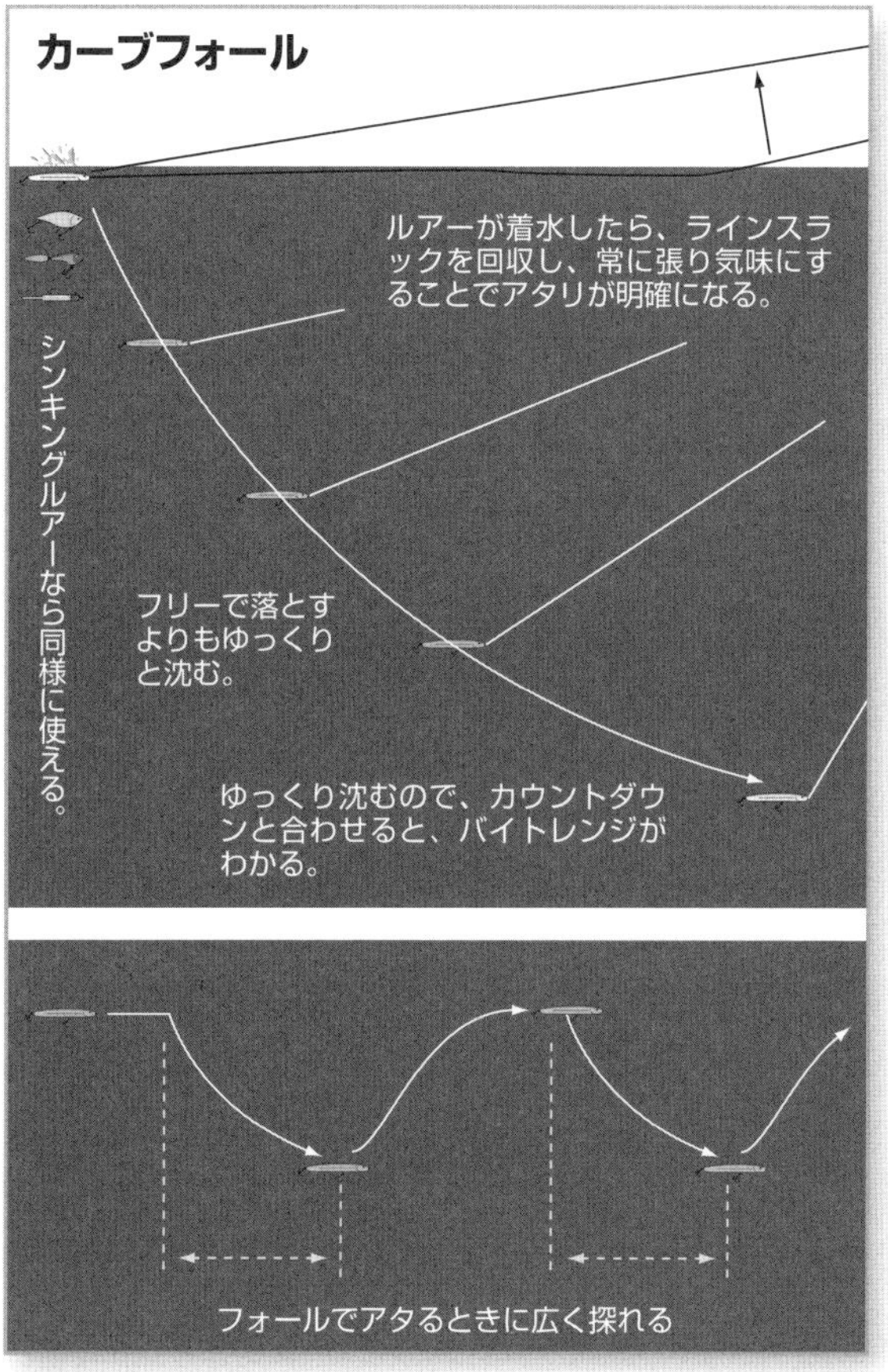

カーブフォール

ルアーが着水したら、ラインスラックを回収し、常に張り気味にすることでアタリが明確になる。

シンキングルアーなら同様に使える。

フリーで落とすよりもゆっくりと沈む。

ゆっくり沈むので、カウントダウンと合わせると、バイトレンジがわかる。

フォールでアタるときに広く探れる

●フリーフォール

沈みながら手前に移動してくるカーブフォールに対して、フリーにしたラインを送り込むことで垂直にルアーを落とすのがフリーフォールだ。

着水地点のほぼ真下に着底させることができるので、ボトムを狙える距離が長くなるのが利点。いったん着底させてから誘いをかけるロックフィッシュやメタルジグを使うときに多用する。

スプールから出て行くラインが止まったときが着底の合図だが、潮流があると着底してもすぐにルアーが流されるので判断が難しくなる。着底に気づくのが遅れるとルアーが底を引きずられ根掛かりの原因になるので着底の瞬間を見逃さないように気をつけよう。

着底が分かりにくい場合は重いルアーを使うか、ある程度沈めたところでスプールに指を当ててラインの放出を止め、感度の良いカーブフォールに切り替えるといい。

底からの誘い上げに反応が良い場合などリトリーブの途中で底を取るならフリーフォールの出番だ。

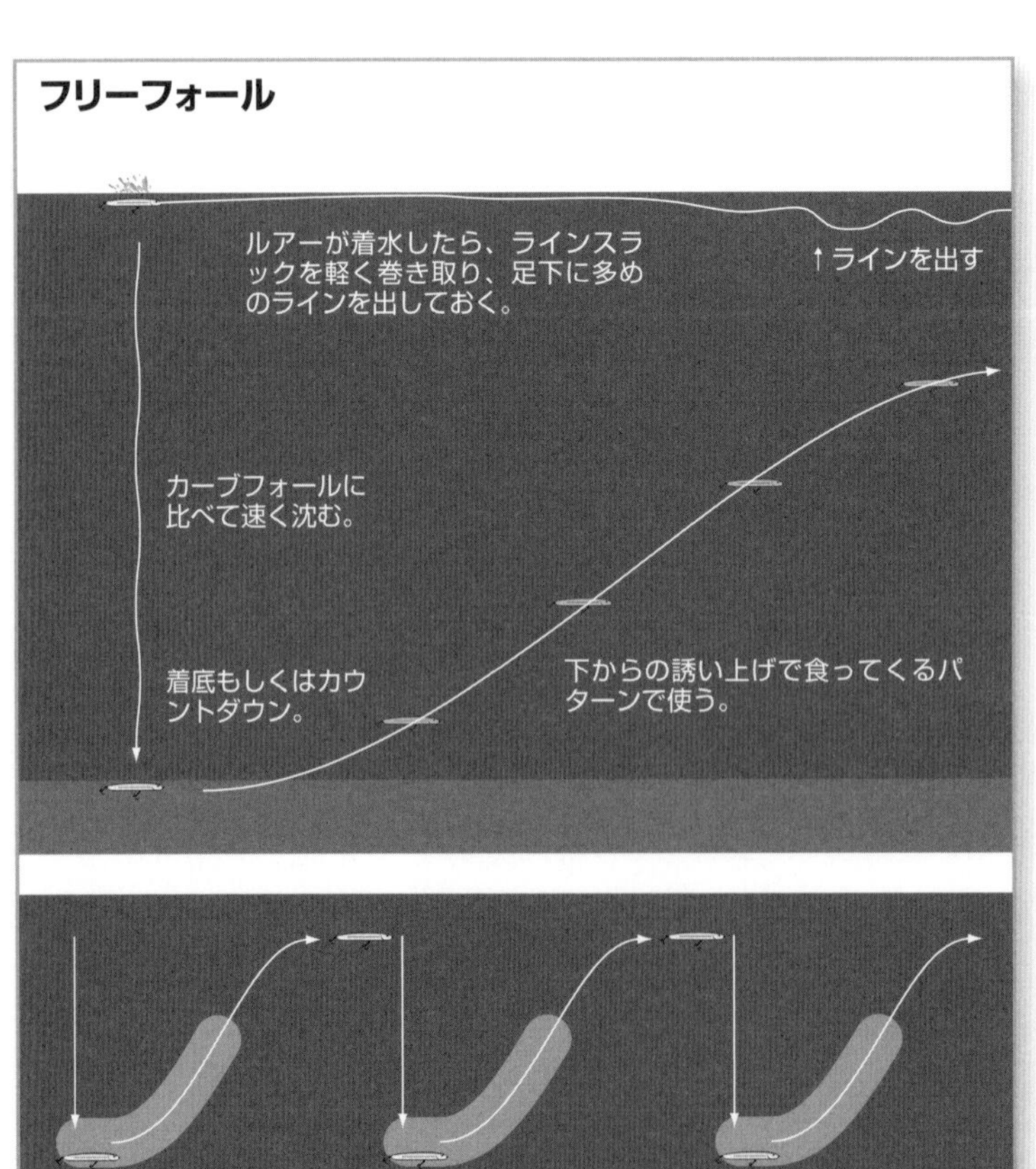
フリーフォール
ルアーが着水したら、ラインスラックを軽く巻き取り、足下に多めのラインを出しておく。
↑ラインを出す
カーブフォールに比べて速く沈む。
着底もしくはカウントダウン。
下からの誘い上げで食ってくるパターンで使う。
このエリアでバイトが多いときに有効。何度でも狙える。

●テンションフォール

フリーフォール中にアタリがあることも多い。テンションが抜けた状態でゆらゆら沈んで行くルアーは、弱ったベイトのような動きに近いからだろう。ただテンションが抜けたフリーフォールでアタリを取れるのはラインの沈みが止まった一瞬だけ、運よく魚がルアーを咥えてラインが走りだしたとしても、ラインスラックを巻き取ってからアワせるまでに間が空くためフッキングできないことも多い。フォール中のアタリを取りたいときはテンションフォールが有効だ。

テンションフォールはルアーが沈む速度に合わせ、張らず緩めずの状態でラインを送り込みながらのフォール。ベイルを戻すか、スプールに指を当ててラインの放出を止めた状態で竿先をルアーの沈みにあわせて下ろしていくため、フォールを開始するときは竿先が高い位置にあるのが望ましい。

ボトムでのリフト&フォールなら竿でルアーを持ち上げた後テンションフォールさせ、着底後にラインスラックを巻き取るという動作の繰り返し。カーブフォールよりも移動距離が少ないのがメリットだ。

中層や表層からは、竿先が下がったら、ラインをフリーにして竿先を上げる動作でスプールからラインを引き出す。後はベイルを戻すかスプールを手で押さえてテンションフォールを繰り返し、狙った深さまで沈めていく。

テンションフォールは沈めるのが目的ではなく沈んでいく途中のアタリを取ることが目的なので、ラインの動きやアタリに集中し反応があったらすぐにアワセを入れるようにしよう。

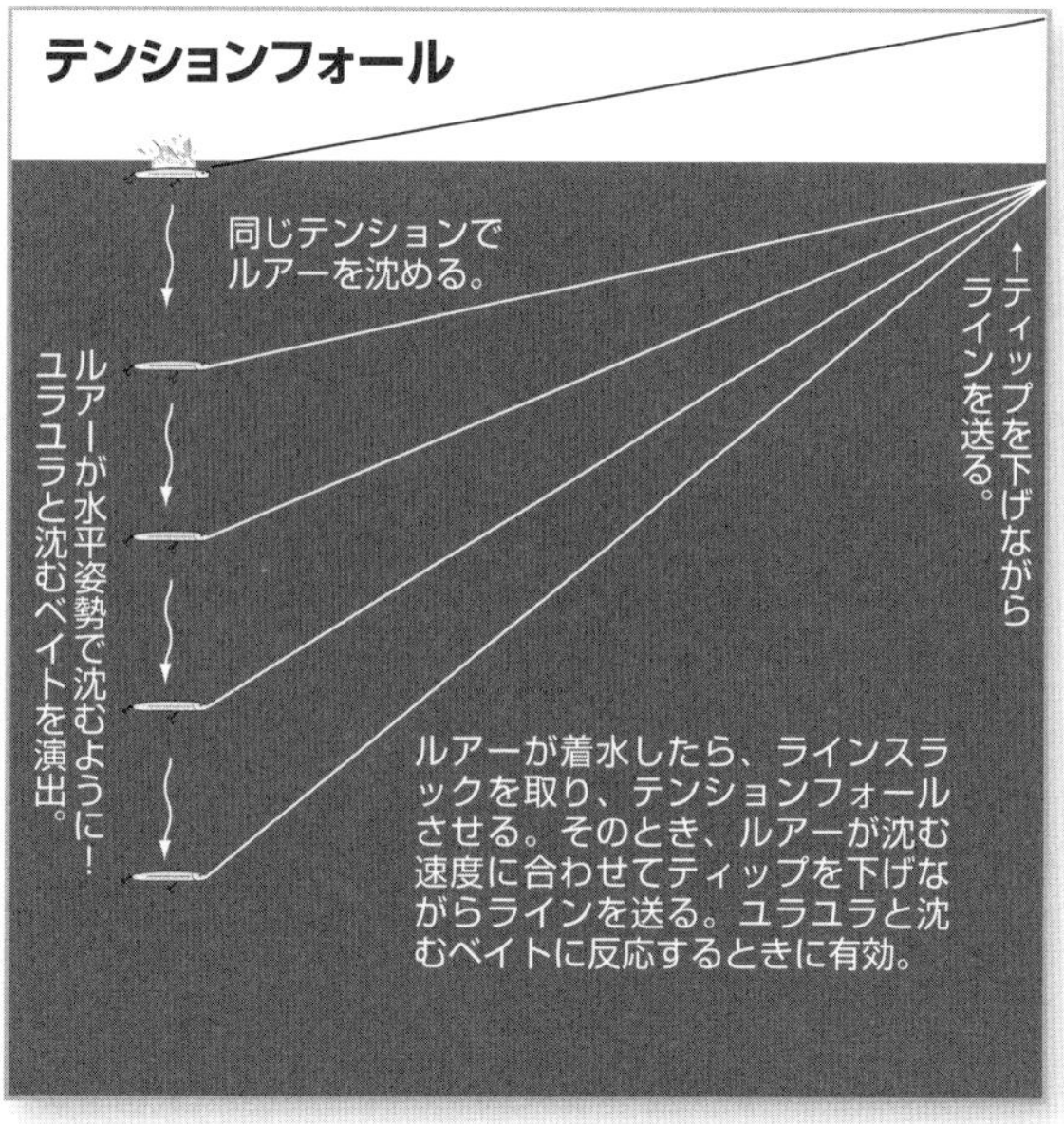

テンションフォール

←ティップを下げながらラインを送る。

同じテンションでルアーを沈める。

ルアーが水平姿勢で沈むように！ユラユラと沈むベイトを演出。

ルアーが着水したら、ラインスラックを取り、テンションフォールさせる。そのとき、ルアーが沈む速度に合わせてティップを下げながらラインを送る。ユラユラと沈むベイトに反応するときに有効。

●フォール中のアワセ

リトリーブ中のアタリは手元に感じるものが多いが、フォール中のアタリはラインや竿先に出る微妙な変化として表れることが多くなる。

具体的には、竿先が少し入る、ラインが小さくはじかれる、水深より浅い場所でルアーが沈まなくなるというようなもので、注視していないとアタリがあったことさえ分からないこともある。

もちろん、すべてがフッキングできるようなアタリではないがフォール中に違和感があれば即ロッドを立ててラインを軽く張る「聞きアワセ」をしよう。ここで魚の重みを感じたらその後はラインテンションを抜かないことが肝心。竿先を徐々に下げながら素早くラインを巻いてラインスラックを回収して再度アワセを入れるのだ。

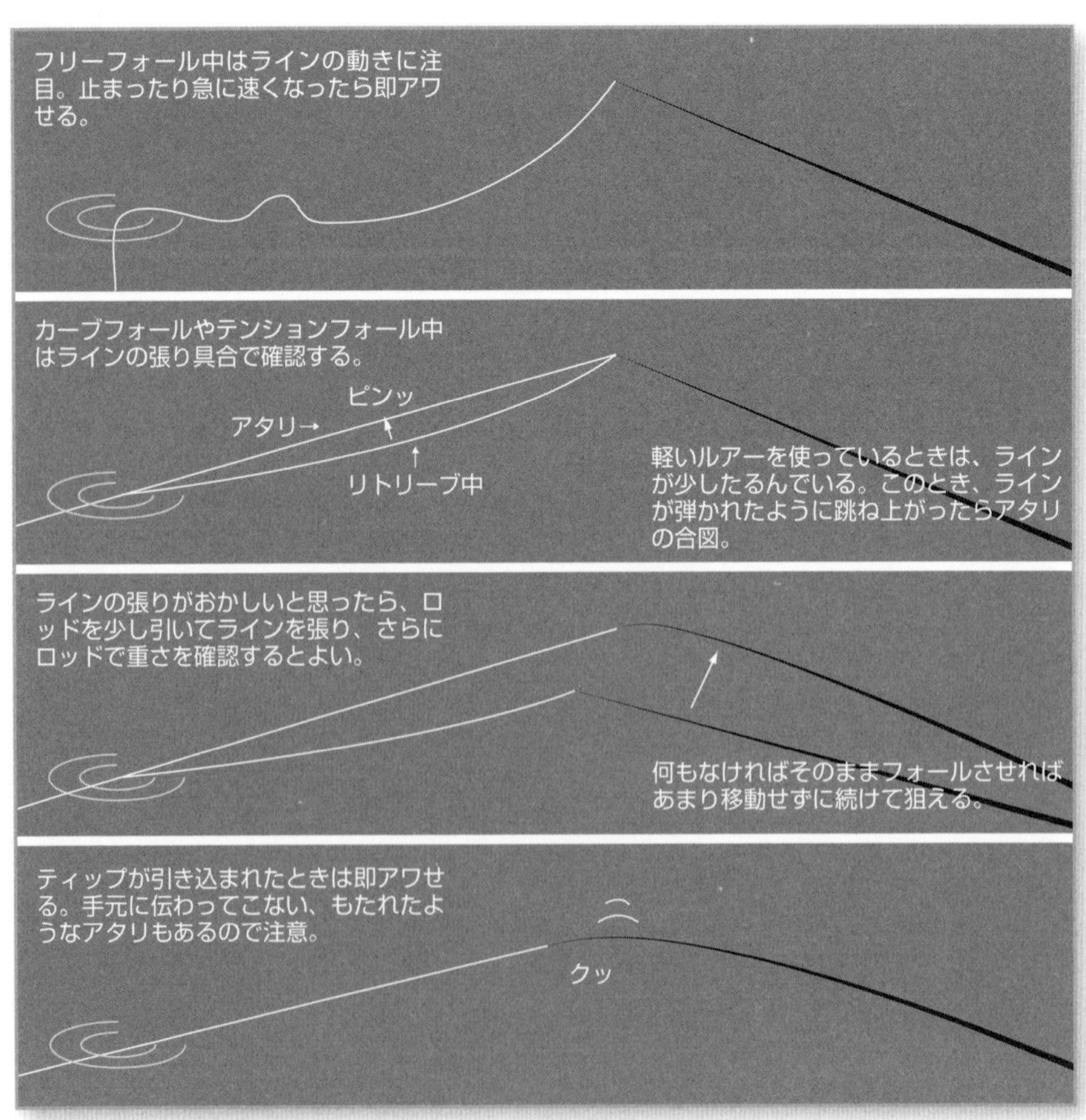
フリーフォール中はラインの動きに注目。止まったり急に速くなったら即アワせる。
カーブフォールやテンションフォール中はラインの張り具合で確認する。
ピンッ
アタリ→
リトリーブ中
軽いルアーを使っているときは、ラインが少したるんでいる。このとき、ラインが弾かれたように跳ね上がったらアタリの合図。
ラインの張りがおかしいと思ったら、ロッドを少し引いてラインを張り、さらにロッドで重さを確認するとよい。
何もなければそのままフォールさせればあまり移動せずに続けて狙える。
ティップが引き込まれたときは即アワせる。手元に伝わってこない、もたれたようなアタリもあるので注意。
クッ

★根掛かりの回避法

　根掛かりが頻発する場合、無理にそのエリアで釣りを続けるのはいいことではない。切れたラインやルアーは、その後何十年もその場所に残り環境に悪影響を及ぼすことになるからだ。しかし、釣りに根掛かりはつきもの。もしも根掛かりをしてしまった場合はその影響がなるべく残らないようにするのも釣り人のマナーだ。

　まずは根掛かりをしない方法を覚えておこう。そのためにはルアーが何に掛かったのかを知ることだ。コンブやホンダワラなどはすり抜けの良いテキサスリグを使用することである程度は回避できる。ジグヘッドやミノーなどフックがむき出しになったルアーを使うのはおすすめできない。

　フジツボやカキ殻ならばルアーをコンタクトさせないように浮かせ気味に使うこと。ラインテンションを緩めないようにしてルアーが着底したらすぐにロッドを上げボトムバンプやリフト&フォールでジグヘッドのハリが寝ないようにしよう。

　岩や敷石に掛かる場合はハリが掛かるよりも、ルアーが挟まることによる根掛かりが多い。シルエットの小さいものを使うか、ウエイトを軽くすることで回避できることを憶えておこう。

　係留ロープやイケスに掛けるのは論外。たとえキャストコントロールに自信があってもこのような場所で釣りをしてはいけない。

　不幸にも根掛かりしてしまった場合は外す努力を惜しまないこと。海草なら強めのシェイクを長く繰り返すことで切れることが多い。フジツボや敷石なら強引に引かずに立ち位置を大きく変えて別の方向から引くと簡単に外れることが多い。

　ルアーを掛けたままロッドをしならせ、ベイルを起こすと同時に竿先を下げ一気にラインテンションを抜くというテクニックも有効。とにかく簡単にラインを切るのではなく粘ってみよう。

　最終手段は強引に引くこと、ロッドで引くのではなくラインを手に巻き取ってゆっくり後ろに下がるようにする。運がよければそれで外れてくれる。最悪でもロッドやリールが破損することなくラインを切ることができるはずだ。

　そのときラインがルアーの結び目で切れてラインが海中に残らないのが理想。途中で切れてラインを釣り場に残さないためにもラインの傷から先はカットしておかなければいけない。

★プラグ系ルアーを使いこなすために

ルアーのイメージとしてポピュラーなのは、魚型で三股のフックがついたミノープラグと呼ばれるものだろう。

このルアーは色や大きさだけではなく形状、素材、比重などからさまざまなタイプに分類され、そのルアーが持つアクションによって、さらに分類される。

アクションはそのルアーが持つ個性であり、製作者のコンセプトがもっとも色濃く反映される部分。その個性を把握して使い分けることで、ターゲットやフィールドの状況に合わせたゲームの組み立てができるのだ。

そのためには、ただ巻きの状態でルアーがどのような動きをするのかを覚えておくことも大切だ。

●ミノーの基本アクション

ルアーのアクションにはウォブリング、ローリング、S字の3つがあり、どれかひとつの動きしかしないのではなく、すべての動きの組み合わせでアクションが構成されている。

ルアーアクションを説明する際は、ウォブリング系とかS字系ローリングアクションというように、この3つのいずれかもしくはそれを組み合わせで表現されるが、その場合もそのルアーの動きの傾向が強いものをとって表されている。

どの状況でどのアクションが効くというように、アクションによる明確な使いわけが確立されているわけではないが、使用するルアーを選択する際の判断材料として、重要な役割を担っていることは間違いない。

●ウォブリングアクション

ルアーのテールの部分を左右に振るアクション。左右に振れるときの支点が頭のほうにあれば、テールの振りが大きくなり。支点がボディの後ろになるほど、テールの振りが小さくなるかわりに頭が大きく振れることになる。頭の動きが大きいものをウィグリングアクションという。

ボディのブレが大きい分、アクションさせた際の波動、音なども大きくなるので、アピール系のアクションということもできる。スローリトリーブでルアーの移動速度を抑えながら、ルアー自体のアクションを大きくしたい場合にも応用できる。

●ローリングアクション

ルアーを正面から見たとき、ボディのセンターを軸に、左右交互に振れながら動くアクション。ルアーの後ろの部分が前よりも重たいときや全体の重量が重い場合にみられ、ルアー全体の比重が大きい場合にも起こりやすいアクションだ。

波動が小さいナチュラル系アクションで、見た目ではアピールは少ないがよりベイトに近い動きということもできる。ボディが細かく左右に振れることによるフラッシング効果もあり、小さなきらめきと自然な動きに思わずバイトしてくる魚も多い。

●S字アクション

ルアー自体のアクションというよりはルアーをリトリーブする際の軌道のことで、ローリングやウォブリングなどのアクションとルアーをリトリーブする際の水の抵抗との相乗効果で2次的に発生する蛇行運動のこと。ルアーによってはロッドアクションで意図的に演出することもできる。

先に出た2つのアクションをしながら左右に蛇行する移動で誘うためアピール力は大きい、リトリーブ速度が速いと蛇行の幅は小さく、遅いと大きくなる。

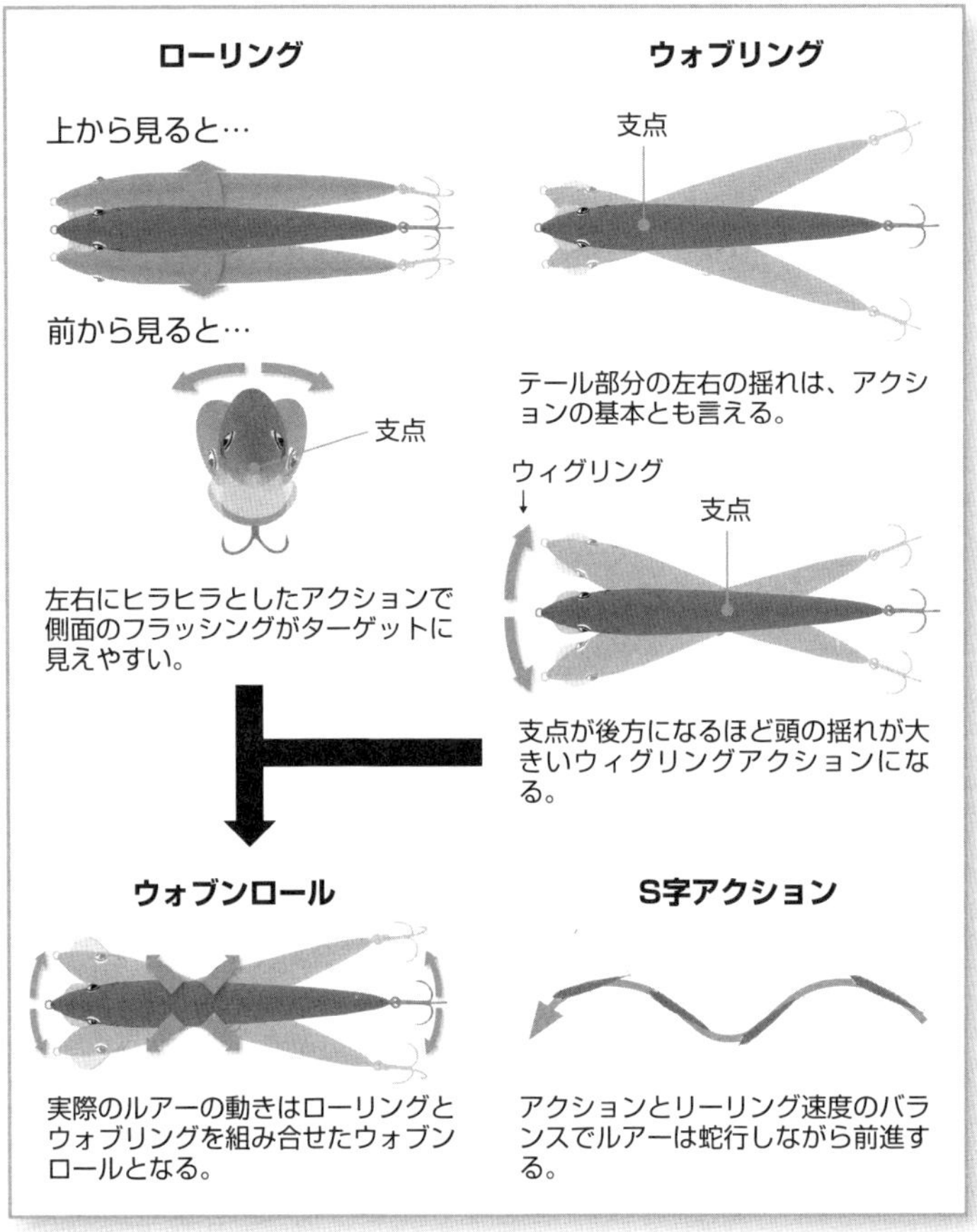

ローリング

上から見ると…

前から見ると…

支点

左右にヒラヒラとしたアクションで側面のフラッシングがターゲットに見えやすい。

ウォブリング

支点

テール部分の左右の揺れは、アクションの基本とも言える。

ウィグリング

支点

支点が後方になるほど頭の揺れが大きいウィグリングアクションになる。

ウォブンロール

実際のルアーの動きはローリングとウォブリングを組み合せたウォブンロールとなる。

S字アクション

アクションとリーリング速度のバランスでルアーは蛇行しながら前進する。

★リール操作によるミノーのアクション

●ステディーリトリーブ

ルアーを同じ速度で引き続けること。一定のレンジをキープしながら引いてくることができるようになればバイトチャンスは格段に広がる。

使うルアーが最もよくアクションする速さの範囲でリトリーブするのが基本で、ルアーの種類や潮流による抵抗によって適正なリトリーブ速度は異なる。ルアーを引くときに感じる振動に集中していれば、適正なリトリーブ速度を判断できるはずだ。

●ストップ

リトリーブを一時的に止め、ルアーの動きを止めること、食わせの間を与えたり、再び動かした瞬間のリアクションバイトが期待できる。止めてから動かすという連続した動作を表してストップ＆ゴーという。

●ファストリトリーブ

使用するルアーが持つ本来の動きをなくさない最高速度までの速めのリトリーブのこと。

●スローリトリーブ

使用するルアーが持つ本来の動きをなくさない最低速度までの遅めのリトリーブのこと。

●イレギュラーリトリーブ

速すぎたり遅すぎたりするリトリーブで、突然の速巻きでバランスをわざと狂わせてパニックアクションを演出したりルアーが引き波だけを立てるような超遅巻きをバチパターンに使用したりする。

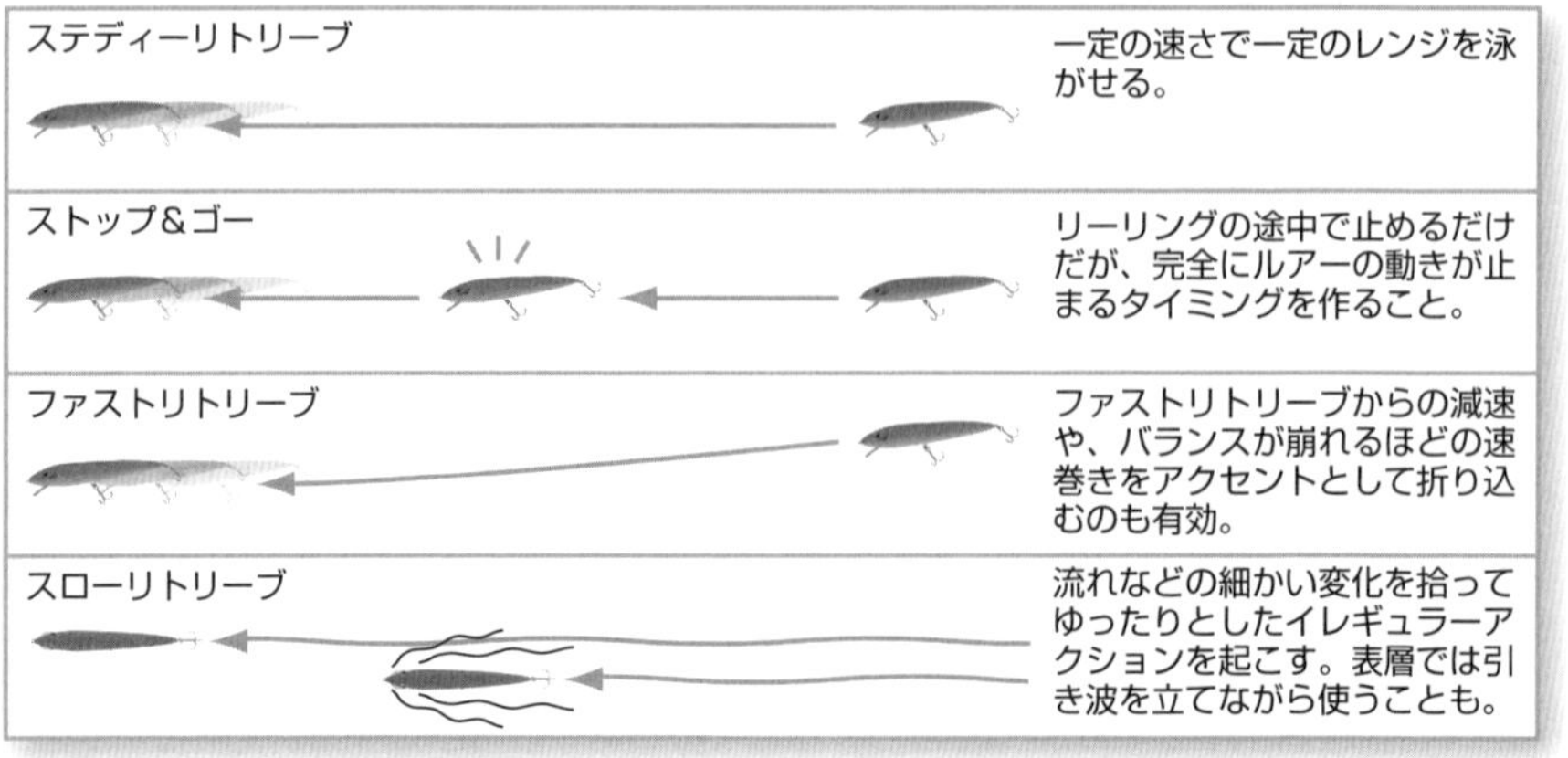

ステディーリトリーブ	一定の速さで一定のレンジを泳がせる。
ストップ＆ゴー	リーリングの途中で止めるだけだが、完全にルアーの動きが止まるタイミングを作ること。
ファストリトリーブ	ファストリトリーブからの減速や、バランスが崩れるほどの速巻きをアクセントとして折り込むのも有効。
スローリトリーブ	流れなどの細かい変化を拾ってゆったりとしたイレギュラーアクションを起こす。表層では引き波を立てながら使うことも。

★ロッド操作によるミノーのアクション

●トゥイッチ

手首を使ってロッドを小さく鋭くシャクる操作。竿先のハリを生かしたシャープで短いストロークでのシャクリで、ミノーは泳ぎのバランスを崩して、平を打つようなアクションを起こす。トップウォータープラグのポッピングやドッグウォークといった操作の基本もトゥイッチ同様だ。

シャクったときにできるラインスラックは、素早く回収して次のアクションにスムーズにつなげること、おおむね1回もしくは2回のシャクリでリールハンドルを1回転させるイメージでいいだろう。トゥイッチをシャープに行い、ラインスラックを与えるとイレギュラーなダートアクションになる。

大事なのは、トゥイッチの反射でアピールし、その後のただ巻きで食わせることなので、ただ巻きと組み合わせて使うことだ。

●ジャーク

トゥイッチの移動距離を長くしたもの。手首を使った瞬間的な操作のトゥイッチに対して、ロッドを強くあおってルアーを高速スライドさせロッドを戻しながらラインスラックを回収する。

スライド中のルアーの波動とフラッシングで魚を誘い、ロッドを戻しながらラインスラックを回収するときが食わせのタイミングになる。

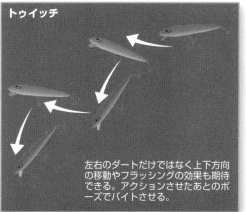

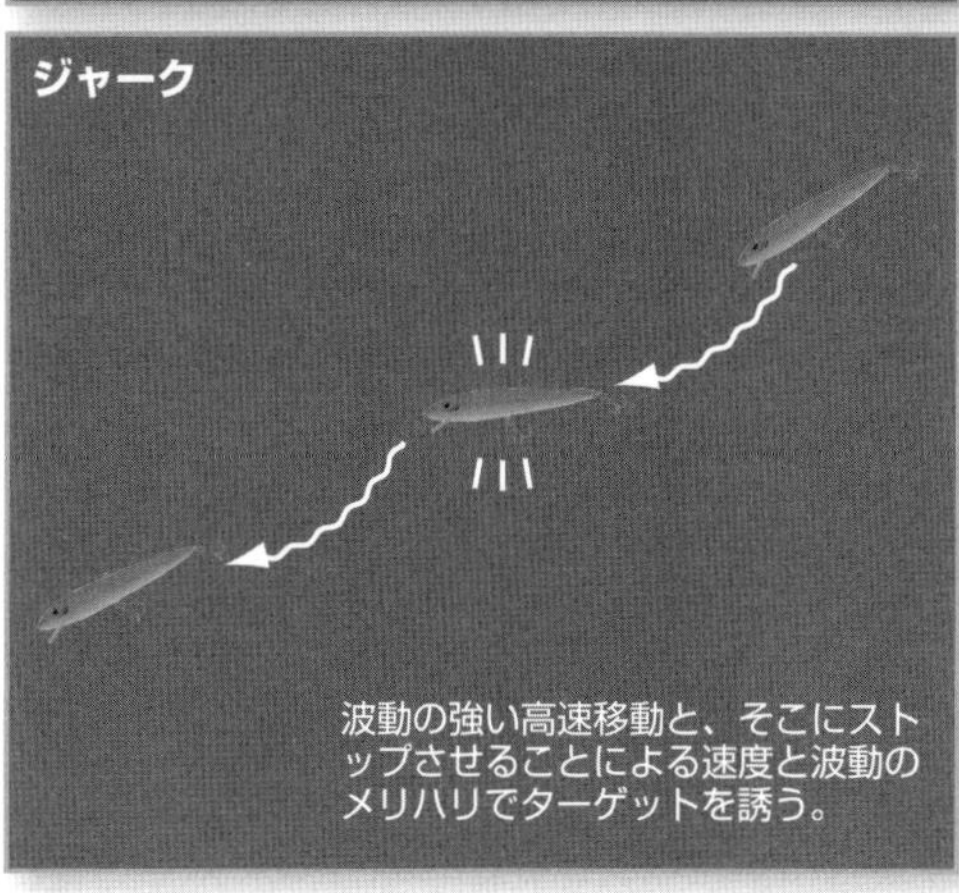
トゥイッチ
左右のダートだけではなく上下方向の移動やフラッシングの効果も期待できる。アクションさせたあとのポーズでバイトさせる。
ジャーク
波動の強い高速移動と、そこにストップさせることによる速度と波動のメリハリでターゲットを誘う。

●リフト＆フォール

ロッド操作でルアーを上下させて魚を誘うメソッド。必ずボトムまでフォールさせる必要はなく、中層で行うことも多い。要は魚のいるレンジで誘いを掛けることが重要だ。フォール中はバイトが多いのでラインにテンションを掛けておくと小さなアタリをとりやすい。誘い上げたロッドを上で止めてラインを張って落とすカーブフォールは必ず実践しよう。

カーブフォールよりも垂直にフォールさせたいときや、ラインテンションを抑えて魚に与える違和感を減らしたいときは、ルアーが沈む速度に合わせて竿先を下げながらラインを送り込むテンションフォールを試してみよう。フォールの使い分けで取れるアタリは激増するはずだ。

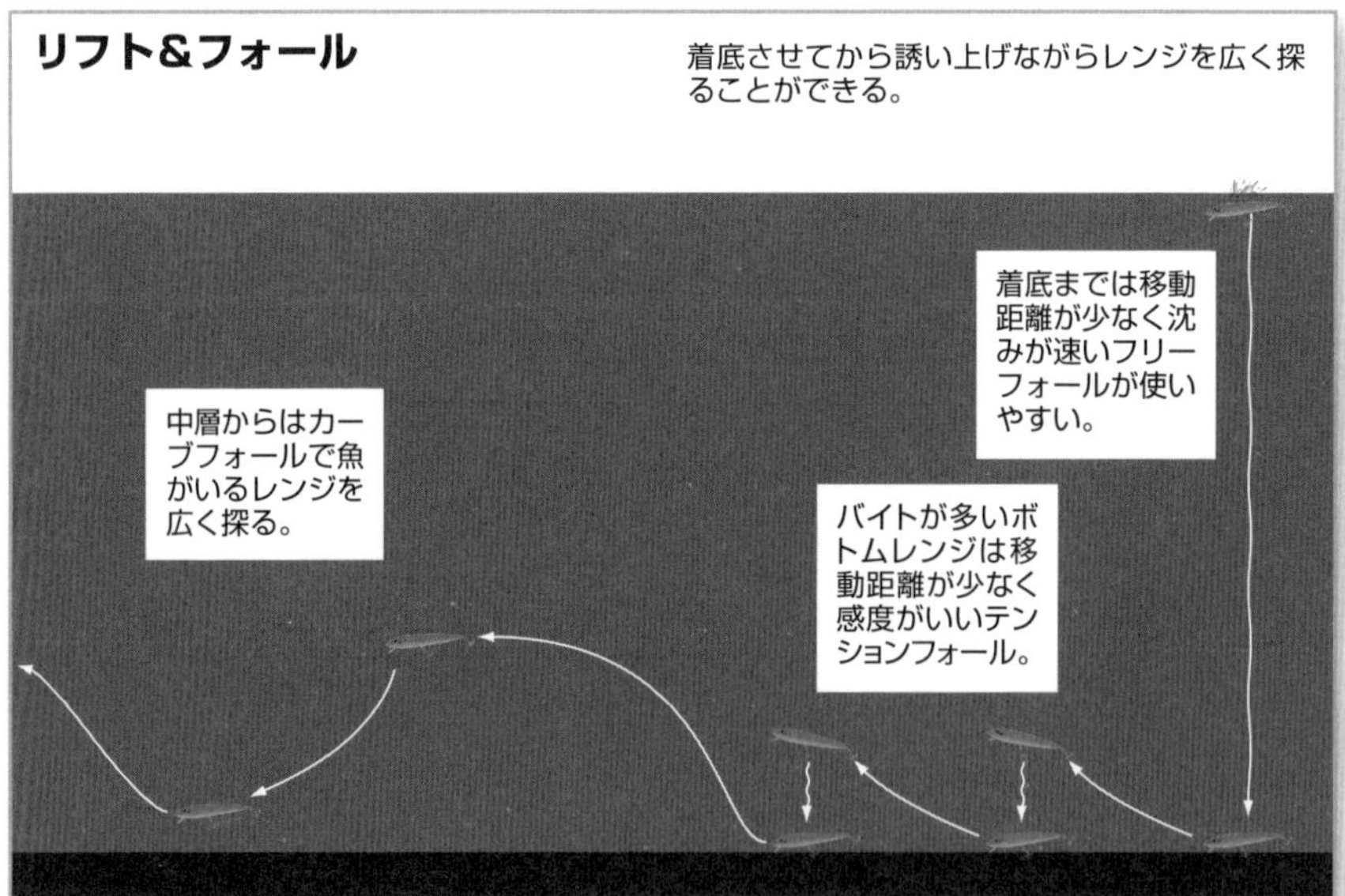
リフト＆フォール
着底させてから誘い上げながらレンジを広く探ることができる。
着底までは移動距離が少なく沈みが速いフリーフォールが使いやすい。
中層からはカーブフォールで魚がいるレンジを広く探る。
バイトが多いボトムレンジは移動距離が少なく感度がいいテンションフォール。

フォールの使い分け

	沈む速度	移動距離	アタリの取りやすさ
フリーフォール	速い	狭い	△
テンションフォール			○
カーブフォール	遅い	広い	◎

★フックの交換

市販されているルアーは付いているフックで泳ぎのバランスをとっているため、交換が必要な場合は同じサイズのものを選ぶのが基本。しかしメーカーによって同じ番手でも微妙にサイズや重さの違いがあるので迷うところ。市販されているものの中から同じものを探すのも簡単にはいかないこともある。

★フック交換が必要な場合

●フックが劣化したとき

錆びたフックは刺さりにくいだけではなく同じケースに入れた他のルアーフックが錆びる原因になることも。劣化が進むと簡単に折れてしまうようになる。また、長時間釣っているとハリ先が甘くなる。手入れは研ぐのが基本だが、研いでも鋭さが戻らないときは交換しよう。

●細軸と太軸の使い分け

刺さりをよくしたいなら細軸、大物がくるようなら太軸のものを選ぶ。

●サイズの使い分け

フックサイズを上げれば魚の掛かりはよくなるが、大きすぎると根掛かりやキャストのときにラインがフックに掛かるトラブルも増える。

●重さの使い分け

太軸やサイズの大きいものに替えたときは、フックの重量が増すことでルアーが沈みやすくなったり泳ぎ方がマイルドになったりするのを利用してチューニングすることができる。

●適正サイズ

トレブルフックをルアーのボディにあてたとき、左右に広がる2本のハリがボディの幅より気持ち外に出るくらいが基準。サイズ交換はこれよりワンサイズ大きいかボディの幅にぎりぎり収まるくらいで考えよう。

長さについては、フロントとリアのフックがぶつからないのが原則。フロントを大きくしたい場合リアを小さくする必要が出ることもある。

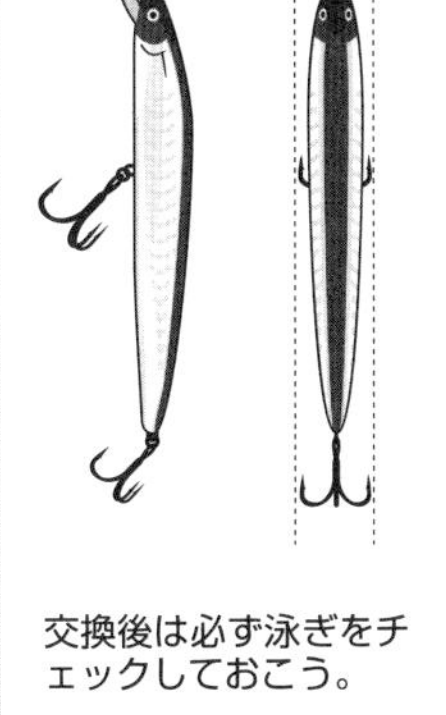

交換後は必ず泳ぎをチェックしておこう。

★ジグヘッドの選び方

メバル用、シーバス用など大まかには魚種によって使用するものが指定されているのでターゲットを決めた上でその中から選ぶのが基本。さらにターゲットの大きさや活性、潮や風の状況、狙うポイントの深さや距離でフックのサイズやウエイトを絞り込んでゆくことになる。ポイントや魚の状態はいつも同じではないので数種類のサイズのものをそろえておくのが一般的だ。

●フックサイズについて

大きいほうがフッキングはいいが、大きすぎると魚の口の中に入りにくいので、アジングやメバリングのような小型の魚を狙う場合ほど釣れる魚とのバランスを考える必要がある。

また、サイズが大きいと根掛かりしやすいのでロックフィッシュのようなストラクチャーにタイトに着くターゲットを狙う際に、根掛かりが多いようならフックサイズを下げてみればいい。

●ウエイトについて

遠投、深場、風が強いという条件が重なるほど重いものを選ぶことになる。しかし重過ぎるとルアーの泳ぎが不自然になるうえ、魚がくわえた時の違和感も増すのでなるべく軽いものを選ぶようにしたい。表層から中層を狙うのであれば、キャストしたルアーがポイントまで届くこと、中層からボトム狙いなら着底が判断できるということを目安に、一番軽いものを選ぶのがいい。

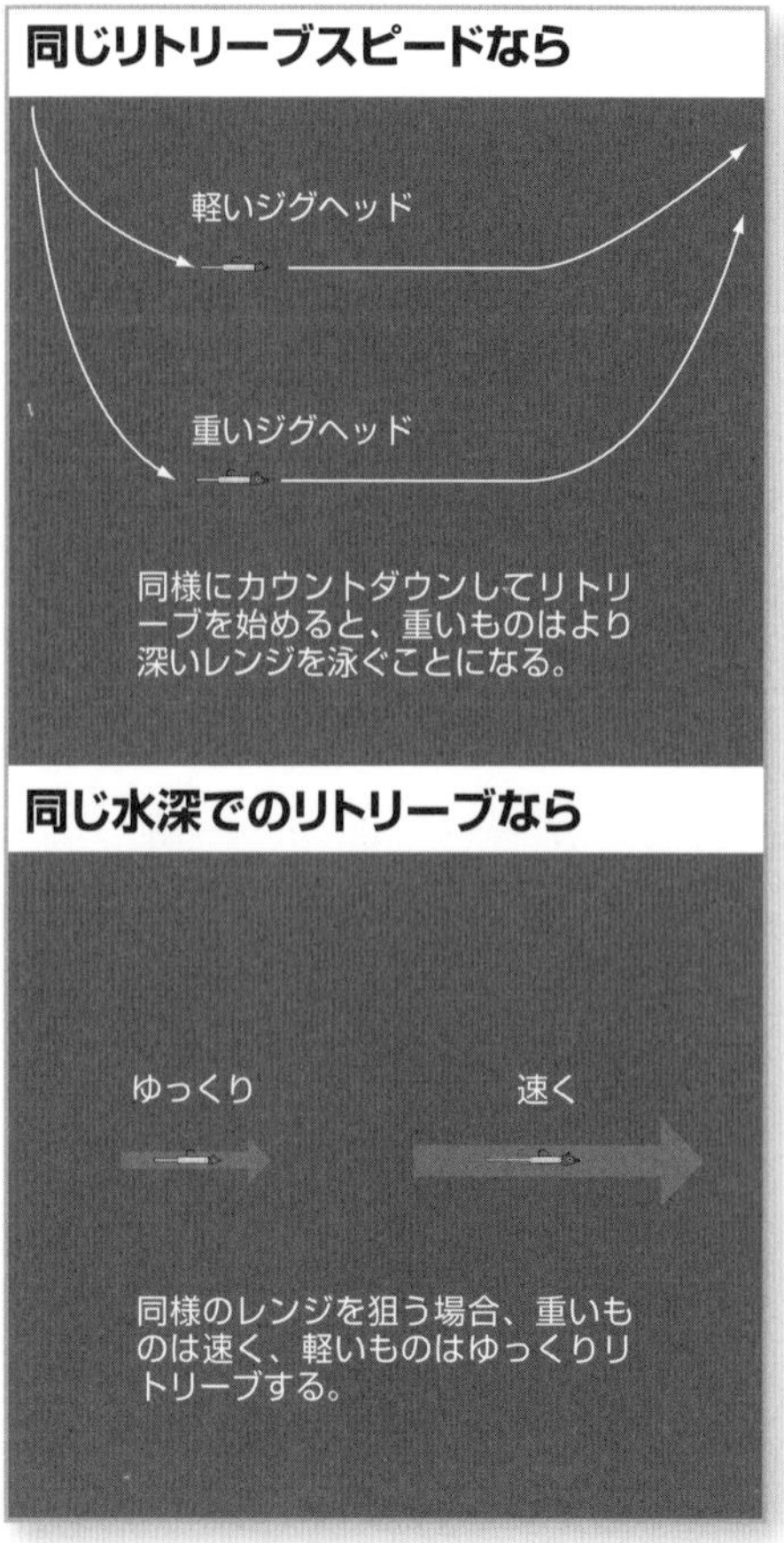

同じリトリーブスピードなら

軽いジグヘッド

重いジグヘッド

同様にカウントダウンしてリトリーブを始めると、重いものはより深いレンジを泳ぐことになる。

同じ水深でのリトリーブなら

ゆっくり

速く

同様のレンジを狙う場合、重いものは速く、軽いものはゆっくりリトリーブする。

●形状について

注目したいのはラインを結ぶアイの位置だ。前方にあればスイミングさせたときに浮き上がりやすいので、重いジグヘッドで飛距離を稼ぎながら中層をスローに引くことができ、アイが後方に行くにしたがって引き抵抗が掛かったときに沈みやすくなるので、動きが自然な軽いルアーをより深いところでスイミングさせることができる。それぞれの利点を理解したうえでスタイルに合ったものをチョイスしたい。

●フックの軸の太さ

メバリングやアジングで細軸のものが使われることが多い理由は、刺さりやすさが重要だから。触れただけで引っかかるような繊細なハリ先はショートバイトが多い釣りでは強力な武器となる。ただし、細ければ当然強度が犠牲になる。ハリが充分に刺さりきっていない状態ではフックが伸ばされやすいので、大きい魚が掛かったときほどしっかりとしたアワセを入れフックを貫通させるようにしよう。細軸フックの最大のメリットのハリ先の鋭さを生かせるように、魚を掛けた後や根掛かりを外したときはハリ先のチェックは必ずしておこう。

いくらフッキングをしっかりしても魚が大きければ細軸では太刀打ちできない。こんなときは太軸の出番だ。細軸よりもショートバイトには弱くなるが安心感はかなり増す。良型をターゲットにするなら最初から太軸を選んでおくべきだ。

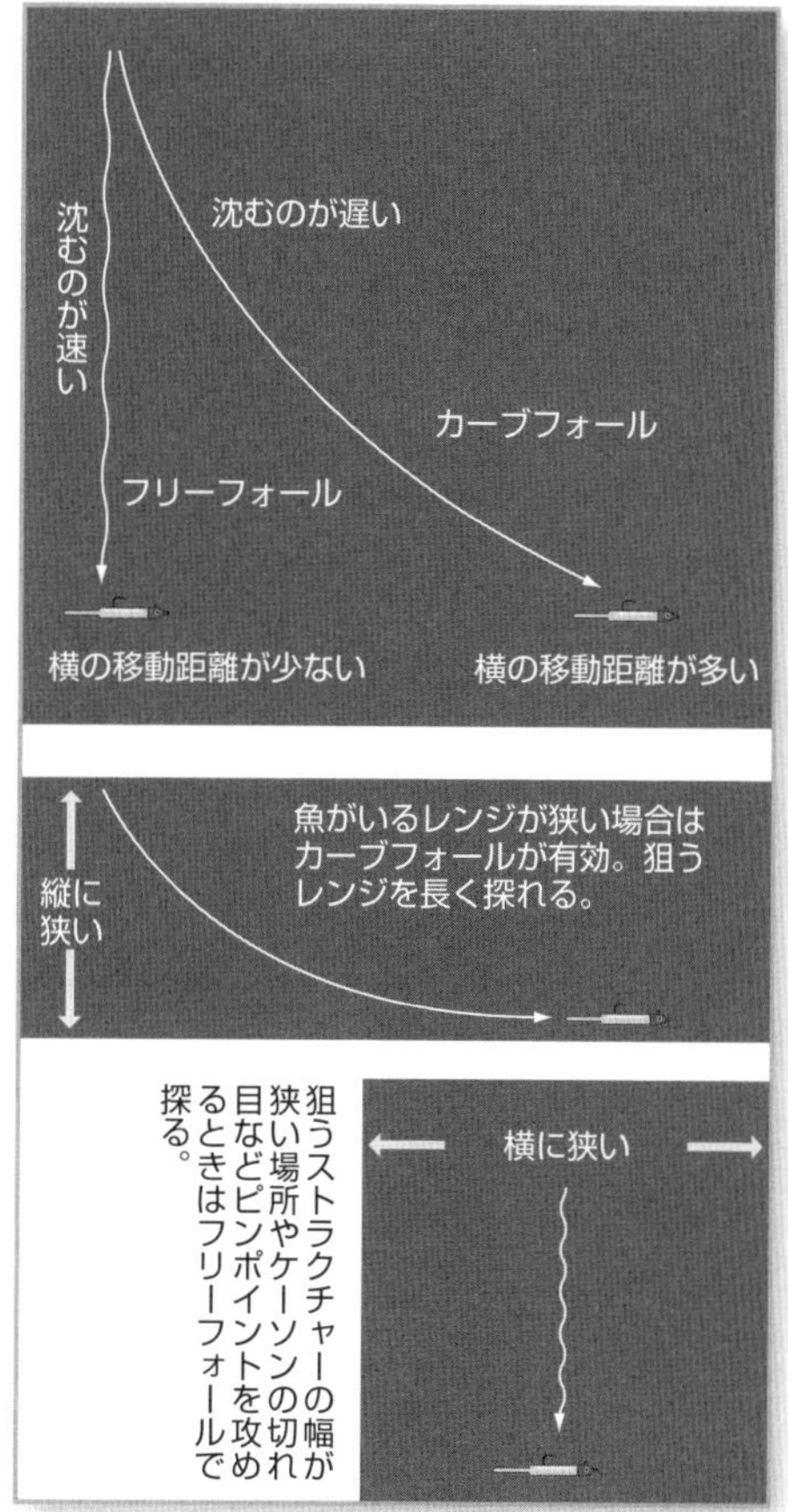
沈むのが速い
沈むのが遅い
カーブフォール
フリーフォール
横の移動距離が少ない
横の移動距離が多い
縦に狭い
魚がいるレンジが狭い場合はカーブフォールが有効。狙うレンジを長く探れる。
狙うストラクチャーの幅が狭い場所やケーソンの切れ目などピンポイントを攻めるときはフリーフォールで探る。
横に狭い

★ロッドテーパーとルアー

ルアーロッドは対象魚や狙い方、使用するルアーや釣り場などを考慮して、テーパーと長さを組み合わせながら適したものを選ぶことが大切だ。

テーパーとは、竿の先（ティップ）から根元（バット）までの太さの変化のことで、ロッドに負荷を掛けたときの曲がり方（アクション）を決めるための要素でもある。穂先部分がよく曲がるように細く作られたものをファストテーパー（アクション）、弧を描くように全体的にバランス良く曲がるように作られたものをスローテーパー（アクション）という。

ファストテーパーのロッドにアタリがあった場合、竿先で吸収しきれなかった振動はバットを通して手元まで伝わりやすいため、小型のジグヘッドを操作し、小さなバイトを瞬時にフッキングに持ち込むようなゲームや、積極的にアクションをつけるミノーのトゥイッチなどで実力を発揮する感度と操作性に優れている。

一方、スローテーパーのロッドは、振動の伝達が緩やかなため、魚に与える違和感が少なく、バイトのときルアーを自然に食い込ませることができる。魚の引きをブランクス全体で吸収するので掛けたあとのバラシも少ない。

バイブレーションなどアタリを弾きやすいルアーや、シンキングペンシルのスローリトリーブのような、魚からのバイトを受け止めてフッキングさせる食わせ重視の釣りに向いている。また、キャストの際もルアーの重量をロッドに乗せ、反発力でなめらかに遠投できるという利点もある。

レギュラーテーパーは前述の2つの特性を、ターゲットやアングラーの好みに合うようにミックス、アレンジしたもの。バランスのとれた作りなので、広範囲の釣り方に対応しており、万能的なロッドに採用されることが多いアクションだ。

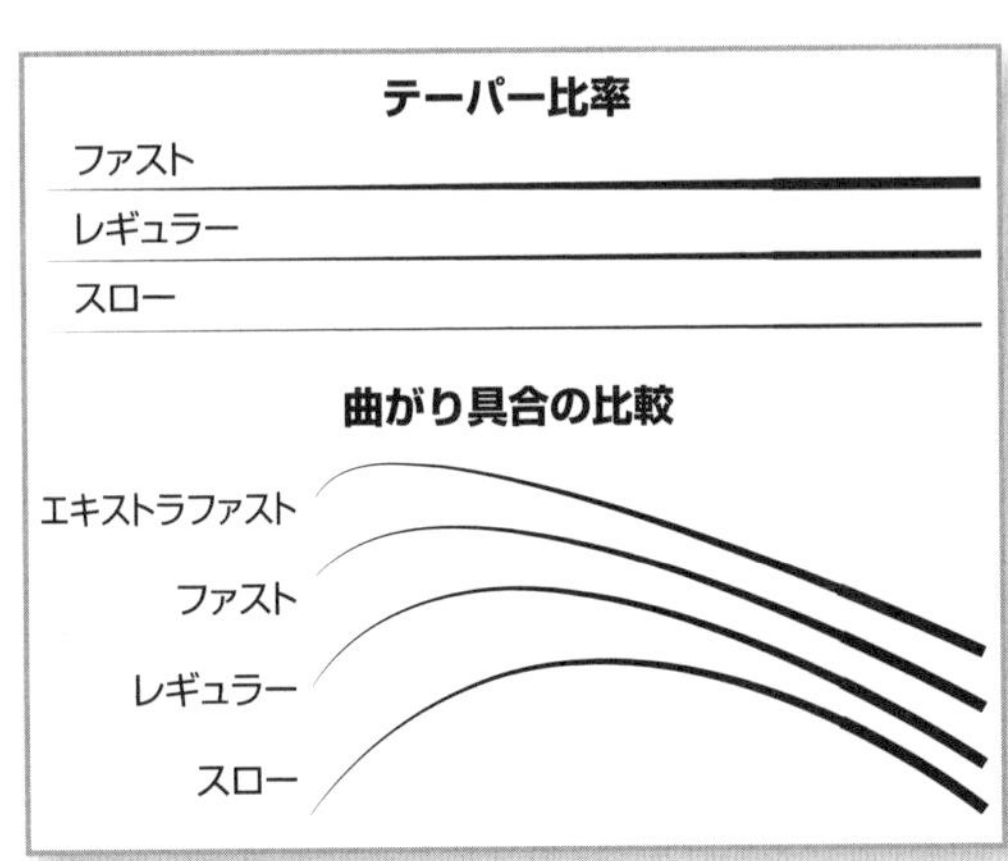
テーパー比率
ファスト
レギュラー
スロー
曲がり具合の比較
エキストラファスト
ファスト
レギュラー
スロー

★ロッドアクションとルアー

実際にロッドを選ぶとき、ＵＬやＭＨなどの表示を目にするだろう。これはそのロッドのアクションを示している。アクションとはロッドの硬さのことだ。

硬←				→柔
UL	L	ML	MH	H
ウルトラライトアクション	ライトアクション	ミディアムライトアクション	ミディアムヘビーアクション	ヘビーアクション

ただし、この表記は相対的なもので、例えばショアジギングロッドのライトアクションと、メバリングロッドのライトアクションでは同じライトアクションでも硬さに差がある。

また、各メーカーの基準もさまざまで同じジャンルのライトアクションロッドを比べれば感覚的にかなり違いを感じるだろう。

基本的に硬いロッドは重いルアーをキャストでき、軟らかいロッドは軽量ルアーをより遠くに投げることができる。硬いロッドで軽いルアーを遠投することは難しく、逆に軟らかいロッドで重いルアーを無理に投げれば折れる可能性がある。

どんなルアーを使うかである程度、自分のスタイルに合ったロッドが見えてくるはずだ。

目安として小型のルアーや軽いもの、軽量ジグヘッドなどでリトリーブ抵抗が少ないルアーを使う場合や小型魚を狙うなら、ウルトラライトやライトアクションを選択し、ミノーや小型のバイブレーションなどを遠投したり、対象魚が中型のときはミディアムアクションを選ぶ。

バイブレーションやスピンテールジグなど、リトリーブの抵抗が大きいルアーや重いメタルジグを遠投したり対象魚が大型の場合はミディアムヘビーやヘビーアクションのロッドが適している。

アクションにおけるラインとルアー重量の目安

ロッドアクション	適合ライン	適合重量
ウルトラライト(UL)	2〜8lb	1g以下〜10g
ライト(L)	4〜12lb	2〜14g
ミディアムライト(ML)	4〜14lb	5〜18g
ミディアム(M)	6〜16lb	5〜28g
ミディアムヘビー(MH)	8〜20lb	8〜30g

長いブランクスは、より大きな負荷を分散することができ、ラインやフックに負荷が伝わりにくいためロングロッドの方が有利となる。

分散

分散

★長さによる特性の違い

ロッドの長さは、ルアーの飛距離や感度だけではなく、操作性や疲労感にも影響する。釣り場、魚種、メソッドに合わせてロッドを選ぶことは快適で有利なゲーム展開には欠かせないことだ。

●ロングロッドの特徴

足場が高い堤防で足下までルアーにアクションをつけたり、根ズレによるラインブレイクが心配される場所で魚をコントロールするパワーゲーム。そして、ロングキャストでのアプローチが必要なサーフでのゲーム展開を有利にしてくれるのがロングロッドだ。

ロングキャストが必要になるシチュエーションでは、単に重いルアーを使うだけではカバーできないことも多く、ロッドの長さを生かしたキャスティングの方がはるかに効率が良い。

ただし、ピンポイントへのキャストや長時間にわたってアクションを続けるような釣り方には向いていない。長い分だけ重量と振ったときの抵抗が大きく、思い通りに操作するにはある程度の体力と技術力が求められる。

●ショートロッドの特徴

操作性が良く、キャストコントロールもつけやすいので、橋脚などのストラクチャーをピンポイントで狙うならショートロッドが有利になる。

軽くて振り抜けも良いので、軽量のルアーが投げやすく、ルアーの状態を細かく判断しアクションを与えやすい。

小さなバイトを捉えて積極的にフッキングさせる感度と操作性が優先されるライトゲームに適している。

しかし、大物とのやり取りにはあまり向いていない。足下に障害物があるような場所では強引に魚を寄せなければならず、急に走られたときもロッドだけで衝撃を吸収するのは難しい。こんなときはドラグの調整やロッドワークでカバーしなければならない。

★素材の特性

ロッドの素材として主力になっているカーボンには、軽量、高感度の高弾性カーボンと、粘りがあって曲げ強度が優れている低弾性カーボンがある。

主に前者は、感度と操作性が重視されるファストテーパーのショートロッド、後者はパワーやトルクを求められるスローテーパーのロングロッドに使用されることが多い。

専用ロッドとして販売されているものには長さやテーパー変更による性格付けだけではなく、ボロンやグラスファイバーなどのほかの素材との併用や、それぞれの素材をミックスしてより使いやすいものに進化させるという研究もなされており、釣り人を満足させるために進化を続けているのだ。

★ガイドの役目と特性

ガイドの役割はラインの保持だけではなくアングラーに情報を伝えることでもある。

魚がルアーにアタックした振動はラインを通してガイドに伝わり、ロッドを振動させアングラーはそれを手元に感じているのだ。

通常7～10個のガイドが1本のルアーロッドに使用されており、重要なのはブランクスの弾力を引き出し、ロッドのパワーを極限まで生かすためのガイドの適正な配置だ。

ガイドはリングとフレームで構成されている。ラインとの接点となるガイドリングに求められるのは、滑りが良く軽量で硬く放熱性が高いことで、ＳｉＣ（シリコンカーバイド）が最も適した素材と言われている。

ハードリングやゴールドサーメットといった素材もあるが、中級以上のロッドのほとんどにＰＥラインと相性がいいＳｉＣが使用されている。フレームには、軽量、強度、防錆性、放熱性が求められ、ステンレスやチタンのほかカーボンなども用いられている

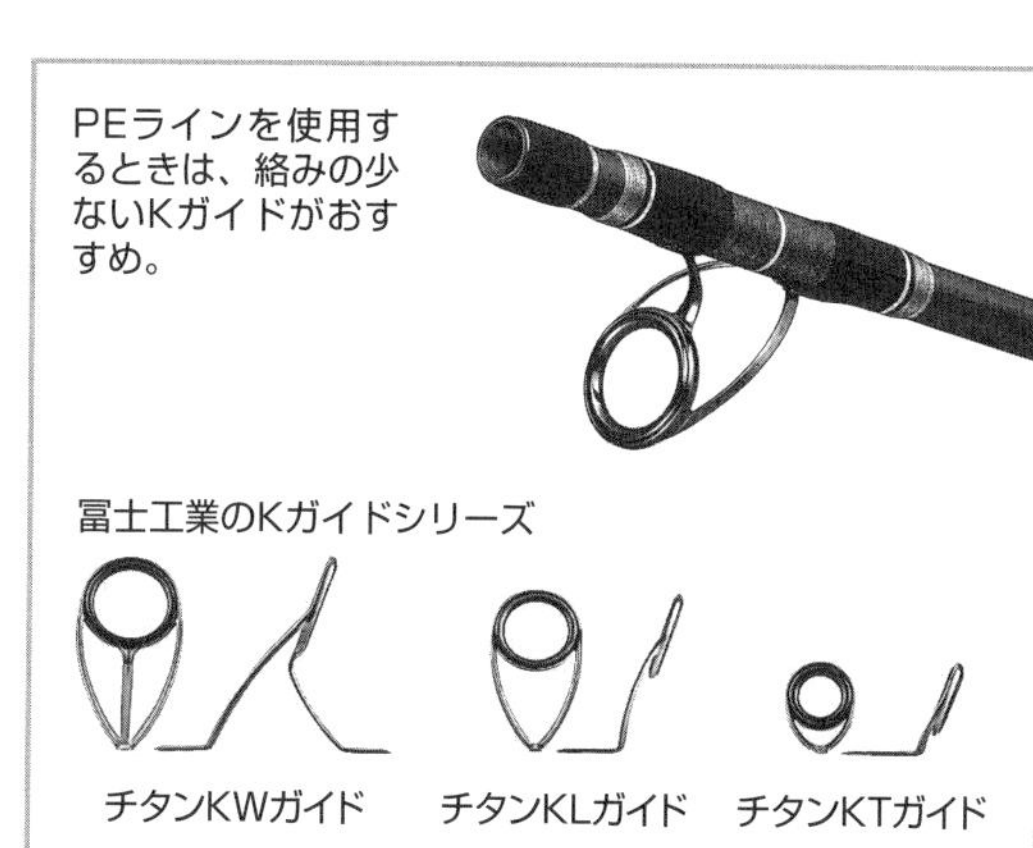
PEラインを使用するときは、絡みの少ないKガイドがおすすめ。
冨士工業のKガイドシリーズ
チタンKWガイド
チタンKLガイド
チタンKTガイド

★ソルトルアーで使うリール

ソルトルアーで使用するリールはスピニングリールとベイトキャスティングリールの２種類がある。ベイトリールはパワー、コントロール性に優れているが操作には慣れが必要でロングキャストにも不向き。軽量ルアーをキャストするとバックラッシュなどのライントラブルが発生しやすい。

その点スピニングリールはルアーへの対応範囲も広く、軽量ルアーでも扱えるうえ遠投も可能なので、初心者・ベテランを問わずライトルアーフィッシングでは出番が多い。

初めてリールを購入する場合、予算が限られているなら最上位機種を購入するより同じ金額でなるべくベアリング数の多い、軽量の中級機種を購入し一緒にスペアスプールを幾つか購入することをすすめる。

リールの性能と価格はベアリングの数に大きく左右され、多いほど巻き上げが軽くなる。スムーズな巻き上げと、重くないリールは疲労を軽減しゲームに集中することができる。また、スペアスプールにサイズの違うラインを巻いておけば、対象魚のバリエーションが格段に広がる。

スピニングリールの各部の名称

①ハンドル
回転させることでラインを巻き取れる。収納時に折りたためるタイプと着脱ができるネジ込み式があり、左右付け替えることができる。シングルハンドルと2つのノブが付いたダブルハンドルの２種類がある。

②ハンドルノブ
ハンドルを回転させるために握る部分で、滑りにくい素材や軽量化したもの、つまむことを前提に作られたものや握り込むことができ力を入れやすい形状など対象魚に合わせ様々なデザインがある。

③ローター
ハンドルを回すと、このローターが回転する。ここにベイルアームとラインとの接点となるラインローラーが付いている。

④スプール
ラインが巻き貯められていく部分で、同じサイズでも巻けるライン量の少ないシャロータイプがある。スプール自体は回転せずローターが回転してラインが巻き上げられる。

⑤ベイルアーム
キャスティングのとき、これを起こせばラインがフリーになり、閉じることでラインの巻き上げを開始することができる。頻繁に使用する部分でメンテナンスが重要。

⑥ラインローラー
ラインとの接点となり回転するラインローラーを介してラインを巻き取るため、滑りが良くなる加工をしているものが好ましい。回転を維持するメンテナンスが重要。

⑦ドラグノブ
大物を掛けたとき、ラインが切れないように自動的にスプールが滑りラインを送り出す機能をドラグと呼び、それを調整する部分。つまんで回すことでドラグの効きをコントロールできる。強く締めればラインが出にくくなり、緩めればドラグが滑ってラインが出る。

⑧ストッパー
リールには逆転機能があり、その機能をコントロールするツマミ。ラインを巻きこみ過ぎたときにベイルアームに負担を掛けない様に逆転させラインを緩めることができる。通常は正転にして使用する。

⑨リールフット
ここをリールシートにセットすることでロッドに固定できる。

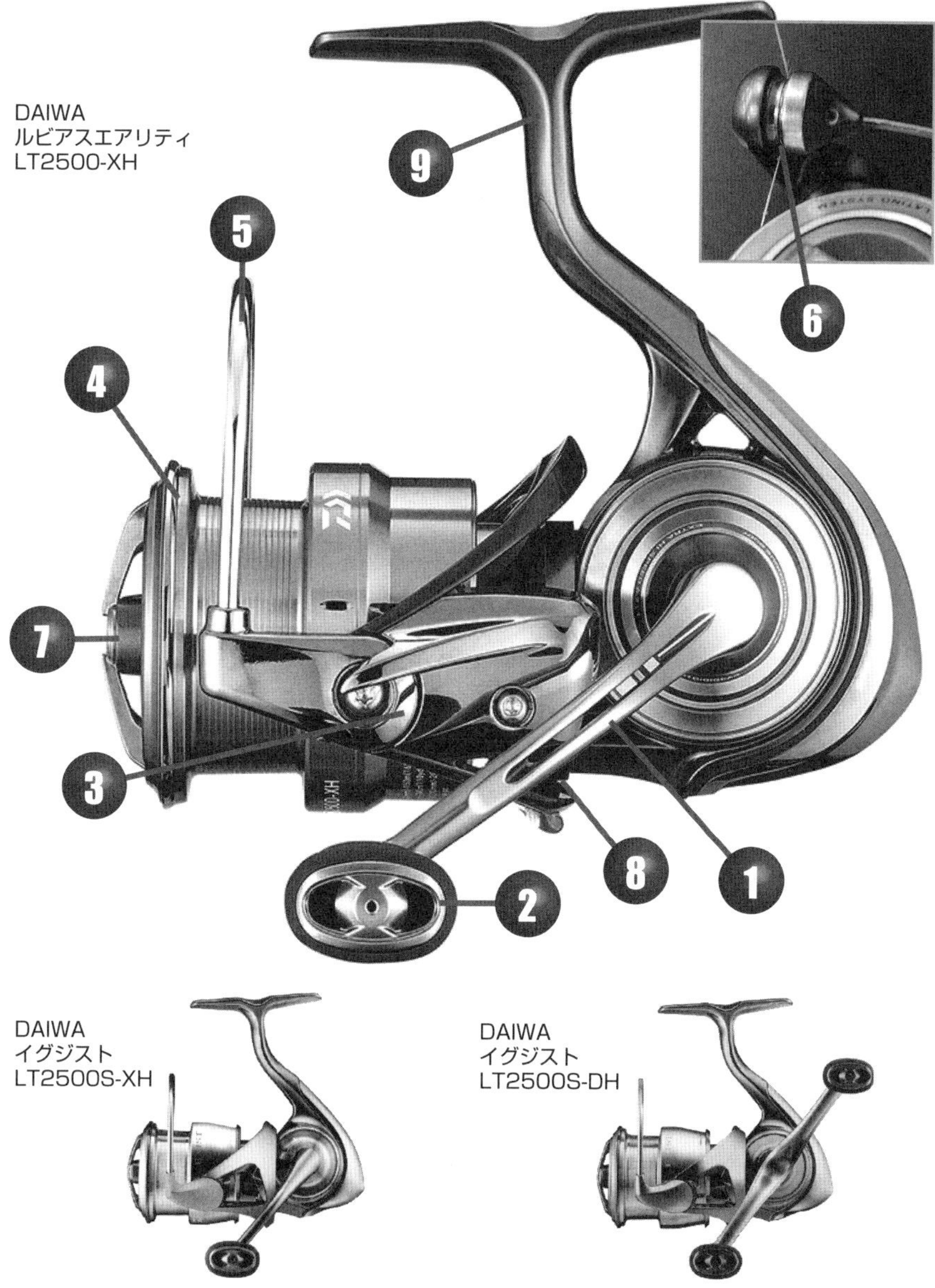
DAIWA
ルビアスエアリティ
LT2500-XH
9
5
6
4
7
3
8
1
2
DAIWA
イグジスト
LT2500S-XH
DAIWA
イグジスト
LT2500S-DH

シングルハンドル

不意の大物やパワーが求められる釣りにはグリップをしっかり握れて巻けるシングルハンドルタイプが最適。細かい操作やとっさのアワセが必要な釣りには掴みやすくて操作性に優れたシンプルなダブルハンドルタイプが適している。

ダブルハンドル

スローリトリーブ時一定速度でリーリングしやすくハンドルの重みで勝手にハンドルが回転することが少ない。フルキャストの反動で勝手にベールが返ることが殆どないが、割高で全体的に重くなり左右の重量バランスが悪くなる。

★ラインを並行に巻く必要性

スピニングリールでは、ラインを巻き上げるとき、スプール本体は回転せず、ローターがスプールを中心に回転する。

その際、ローター部の回転に合わせてスプールが前後に動くことで、それによりラインを偏らせずに並行・均一に巻き取ることが可能になる。このシステムを「オシレーション」という。

どのようなラインでも均一に巻き取りができるのが理想だが、実際はラインの太さによって並行バランスが崩れることがあるので調整が必要だ。調整にはワッシャーを使うのが一般的で、リールに付属品としてセットされている場合が多い。

スプールに対してラインが並行に巻かれていないとさまざまなライントラブルの原因となる。特にPEラインの場合、ライン自体にコシがないためラインの巻きに少しでもムラがあるとラインのタルミができ、キャスト時に上手くラインが放出されずもつれてしまう。飛距離の点でもスプールに均一に巻かれたラインの方が、キャスト時のラインの放出がスムーズでロングキャストが可能となる。

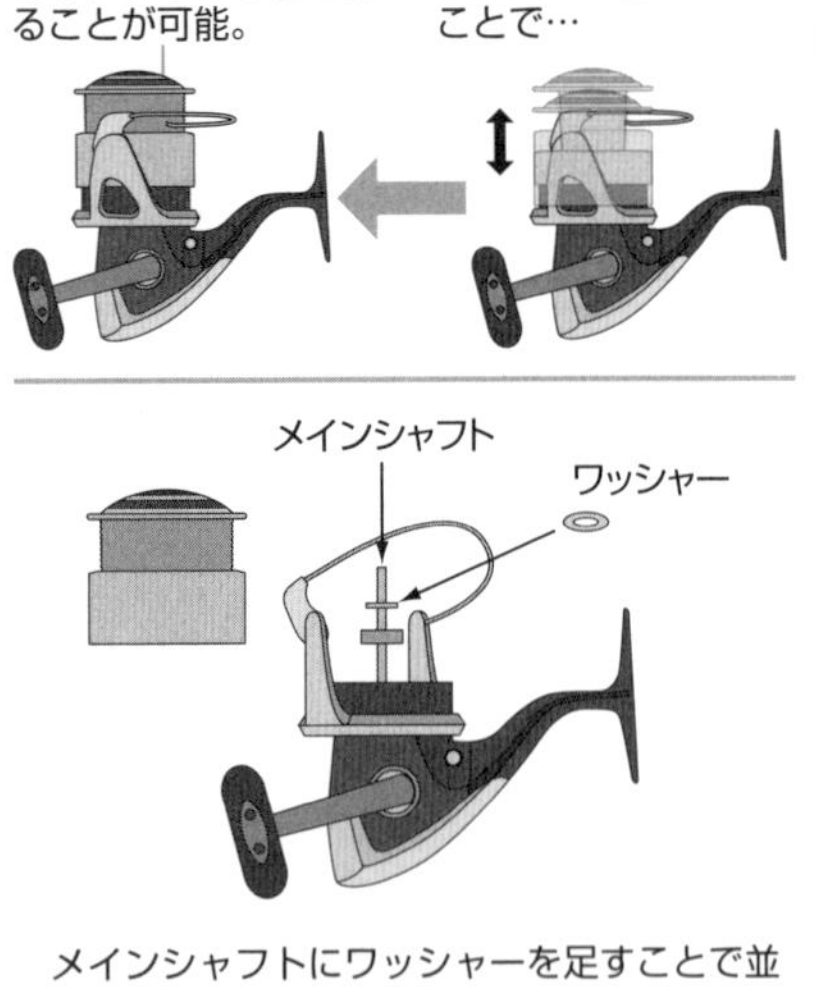

スプールが前後に動くことで…

均等にラインを巻き取ることが可能。

メインシャフト

ワッシャー

メインシャフトにワッシャーを足すことで並行になるように調整ができる。

★右巻きと左巻き

利き手が右の場合は、左手でリーリングする癖をつけておくといい。利き手でのキャストは精度が高く、そのまま右手でロッドをコントロールしてルアーにアクションを付けることができるので繊細かつスピーディーなゲーム展開ができる。

タルミに気付かずキャストするともつれてしまい、最悪その部分をカットすることになるため、スプールからタルミの部分までラインを出して巻き直す必要がある。

左手でキャストし、右手でリーリングする場合はリールを力強く巻き上げることができるのでパワーフィッシングに向いているが、利き手でキャストしないのでコントロール精度が落ちる可能性がある。利き手でキャストした後にロッドを持ち替えるという選択もあるが、ルアーが着水した後にベイルを閉じる必要があるので着水からルアーにアクションを入れるタイミングが遅くなるという不利な点があり、あまりおすすめはできない。

ちなみにスピニングリールの世界標準は（右利きの場合）左でリーリングするようだが、自分がやりやすい方でもかまわない。

最終的には違和感なくスムーズにゲームを楽しめる方が正解なのだろう。

★上級機種はなぜ高価なのか

安価なものから高価なものまでさまざまな価格のリールが釣具店に並んでいる。どれも同じに見えるかもしれないが高価なリールにはそれなりの理由がある。

剛性を高めねじれの少ないボディに、耐久性のある高精度で加工された高価な素材のギア。高い負荷が掛かってもスムーズな回転を維持できるようにボールベアリングを多く組み込んだもの。大物の強い引きでも安定かつスムーズにラインをリリースできる高性能なドラグ機構、キャスティング時にラインが絡みにくい形状やラインにヨレが入りにくい構造になっているものなど、多くの時間を費やしさまざまな実験と実証の末に生みだされた最新のメカニズムが上級機種のリールには搭載されているためだ。

DAIWA イグジスト LT2000S-H
メバリングやアジングに最適サイズの2000番クラスのスピニングリール。イグジストは軽快な回転フィーリングを実現するエアドライブローターや剛性感を生み出すモノコックボディ、ドラグには最新のATD TYPE-Lを採用する高級機。

★ルアーラインの基本

ルアーフィッシングではロッドやリールと同様にラインも重要なアイテムの一つだ。

ルアー用のラインはlb（ポンド）で表示されていることが多い。ポンドとは重さを表す単位で、ラインの強さを重さで表している。

1lbは453gになり、453gの引っ張り強度があるということになる。ただしこれはラインが新品の場合だ。古いラインや使用したラインは劣化しているので、実際はもっと簡単に切れてしまうことを覚えておかなければならない。この単位とは別に号数で表示してある場合もあり、こちらはラインの太さを表している。

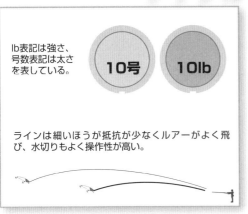

lb表記は強さ、号数表記は太さを表している。

10号　10lb

ラインは細いほうが抵抗が少なくルアーがよく飛び、水切りもよく操作性が高い。

★太いラインと細いライン

ルアーフィッシングにおいてラインは細いほど有利なことが多くなる。ラインが細ければ水中で受ける抵抗が少なく感度が上がりロッドに伝わる情報も多くなる。

もっとも分かりやすいのはルアーの飛距離だ。太いラインより細いラインの方が抵抗が少なくよく飛び、その距離には明確な差が現れる。これは遠くのポイントを狙ったり、より広く探ることができるので大きなメリットとなる。

しかし、ラインは細くなるほど絡んだときにほどきにくくなり、強い力が掛かると切れてしまう可能性が高くなる。そのため対象魚やそのサイズ、使用するロッドや釣り方、ルアーに応じて最適なラインを選ばなければ快適なゲームはできない。

魚とのやり取りに慣れていないビギナーは細いラインで切られるより、太めのラインの方がよいだろう。

ヒットした魚を安心して寄せることができ、慌ててリールを巻き過ぎてもラインが切れにくいので、ルアーの飛距離を多少犠牲にしても少し太めのラインを選択した方が無難だ。

★ライン選びの基本

ルアー用のラインはたくさんの種類が釣具店に並んでいるが、どのラインを選ぶとしても最も大事なことはロッドとのバランスだ。

例えば、ライトクラスの軟らかいロッドに太くて強いラインを使用した状態で強い力が掛かるとラインが切れる前にロッドが折れてしまう。ロッドには適合するラインの強さが設定してあり事前に知っておくことが重要で、その範囲内でラインを選ばなければならない。自分のロッドに6～12 lbと記載があればその範囲内のラインを購入しよう。

LINE WT. NYLON 8-25lb PE 1-4G JAPAN
LURE WT. 9-56g LENGTH 11'6" CODE No. 32895

LINE WT. NYLON 2-8lb PE 0.3-1G LENGTH 8'6"
LURE WT. 1-14g CODE No. 33008 JAPAN

ロッドには適合ラインと適合ウエイトが記されている。ロッドに表記が無い場合は、取扱説明書を見てみよう。

★さまざまなラインカラー

多色に用意されており、水面でラインが見えやすいホワイトや蛍光イエロー、ピンクカラー。逆に水中や水面で目立たない透明やライトブルーなどがある。

水面での視認性や水中でのカモフラージュ効果などの機能性を気にしないのであれば、個人的な好みや感覚で選んでも構わないが、あまり派手なカラーは避けた方がよいだろう。

また、一定間隔で目印を付けたマーカー入りのラインもあり、飛距離やおおよその水深を測ることができる機能性を持たせることを目的としている。

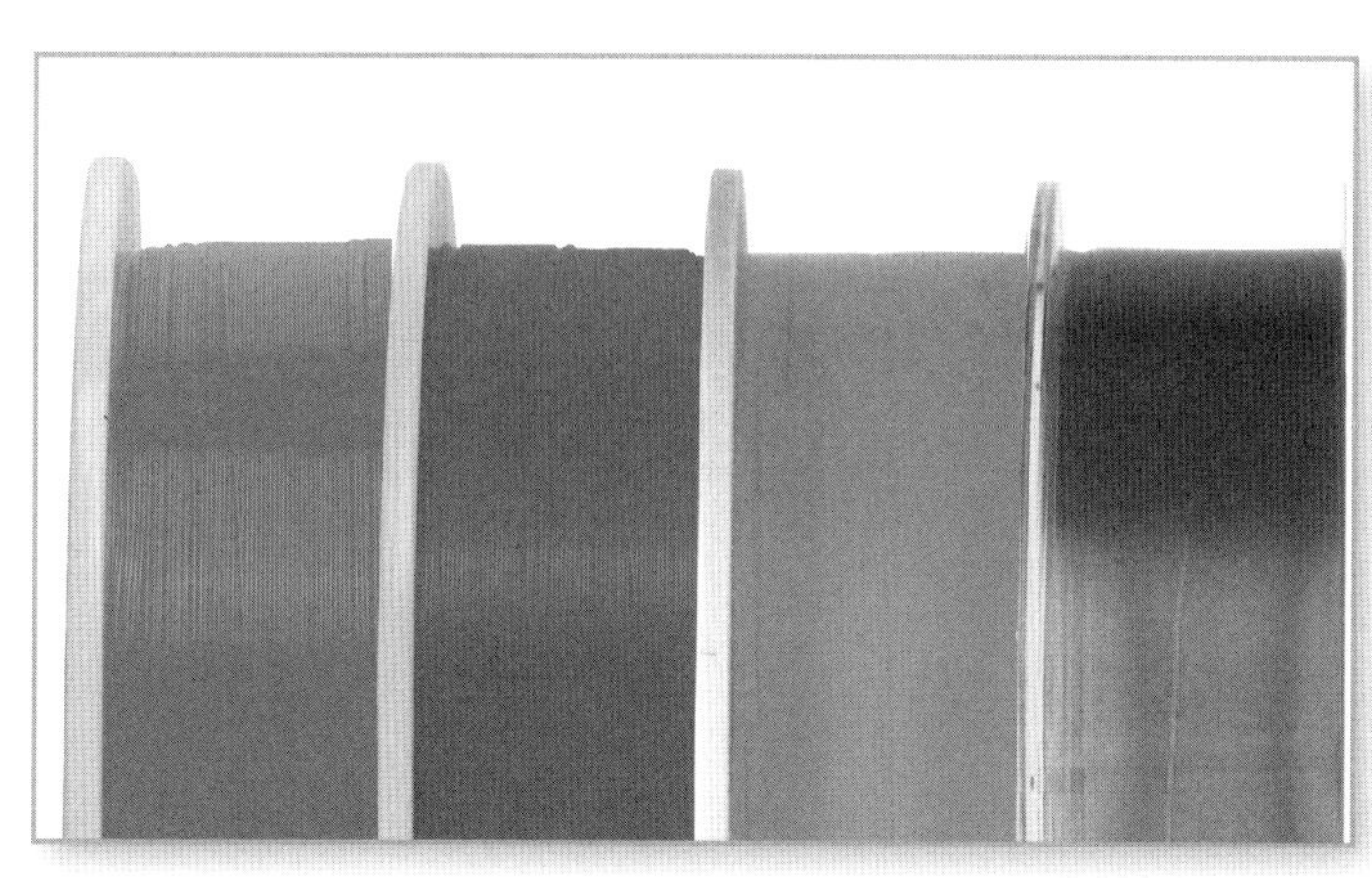

★ルアー用ラインの種類

釣りで使われるラインはＰＥライン、フロロカーボンライン、ナイロンラインの３種類が大半を占める。中でもＰＥラインは最も歴史が浅いが、その高い機能性で現在のルアー釣りの主流となりつつあるラインだ。

●ＰＥライン

非常に細い超高分子ポリエチレンの糸を編んだラインで、強度があり伸びはほとんどない。高価だが細さと強度・感度・耐久性が優れているため愛用するアングラーが多い。

感度が重視されるソルトルアーには有効なラインで、特に遠投が必要な場合や繊細なゲームにマッチする。滑りすぎるため専用のノットを覚える必要がありトラブルなくゲームを楽しむには基本知識と多少の慣れが必要。熱や根ズレに弱い面もある。４本、８本、12本、16本縒りなどがあり、縒り数が多いほど断面が真円に近く表面が滑らかで摩擦や抵抗が少なくなるため飛距離が出て強度も高い。その分、価格も高くなっていく。

●フロロカーボンライン

比重があるため沈みやすく水によくなじむ。ナイロンに比べると少し高価で、伸びが少ないため感度は良いが巻きグセが付きやすい。吸水率が低いため劣化が遅く、光の屈折率が水に近いため水中で目立たないと言われている。

PEライン
ほとんど吸水せず、伸びが無く滑りが良いが、比重が軽く浮いてしまう。引っ張り強度は他の約２倍以上だが熱や傷に弱く、高価だが長持ちする。
フロロカーボンライン
伸びにくく、比重があり沈みやすいため水へのなじみが良い。吸水率が低いので劣化しにくく長持ちする。
ナイロンライン
軟らかいので扱いやすいが伸びやすく、比重が軽いため浮きやすい。安価だが吸収率が高いため劣化が早い。色つき商品が多い。

よく沈み根ズレに強くて高感度な特性はミドルレンジからボトムを狙うゲームに最適と言える。

●ナイロンライン

古くから使われており最も安価。他のラインに比べ伸びが大きいため感度に劣るが、軟らかいためリールのスプールへの馴染みが良く、巻きグセが付きにくいので操作性が高くビギナーにも扱いやすい。比重が軽く吸水率が高いため劣化が他のラインよりも早いのが難点だ。

★ラインのトラブルと適正量

スプールにラインを巻くテンションが弱いとキャスティング時にラインが一気に放出され、絡んでしまう。

特にPEラインはこのトラブルが多いので、巻き始めはテンションを掛けながら巻くようにする。スプールにラインを巻き過ぎている場合もラインがパラパラとこぼれるように出てしまいトラブルになる可能性が高い。

スプールのエッジに対して75～85％の巻き量にして、細いラインほど量を少なくするとよく、使用するリールのサイズでラインを巻ける量が決まっているので、把握しておく必要がある。

リーダーラインを使用する場合、ラインとリーダーラインの太さが極端に違うものを使うと、ノットによっては結び目が大きくなる場合がある。

これもガイドへの抵抗が大きくなりスムーズにラインが出にくくトラブルになりやすいので、結び目がコンパクトなノットを覚えれば事前に回避することができる。

ラインの必要量の目安	
ショアジギング	150m以上
シーバス	100m程度
アジング	50m以上
メバリング	50m程度

巻き過ぎるとラインが勝手に出てしまい、バックラッシュする。

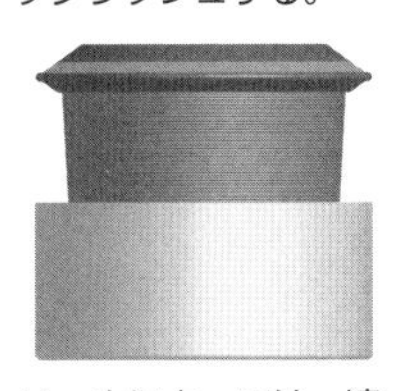

リールによっては、適正量マークが記されているスプールもある。

スプールはラインが出やすいように角度がついたものが多い。

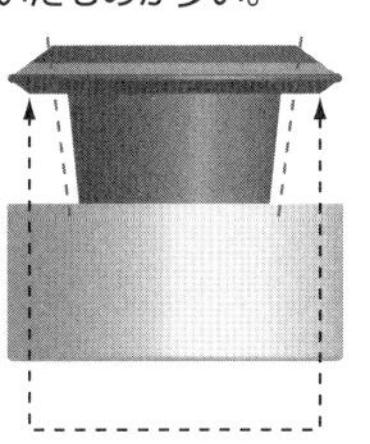

このエッジよりも少し内側までラインを巻く。

★リーダーラインの必要性

リーダーラインとはラインの先端に繋ぐ、より太いラインのこと。ラインは細い方がメリットは多いことを説明したが、重いルアーを使用する際、キャストの瞬間に大きな負荷が掛かり、ラインが細いとルアーとの結び目から切れることがある。リーダーラインを有効に使えば切れるのを防ぎ細いラインを使うことが可能だ。

結び目の強度は本来のライン強度以下に落ちてしまうので、リーダーを使用してノット強度を上げる必要がある。

キャスト時に力が集中するところ

ラインやノットにもよるが、10lbのラインをルアーやスナップに結んだ場合、結節部分はライン強度以下の6lbくらいまで低下することがあり、リーダーラインを使用すれば結節部の強度低下を補うことができる。シーバスなどエラが鋭利な魚や、カマスのような歯が鋭い魚が掛かったとき、ファイト中に細いラインが魚に接触すると傷が入り切れてしまうこともあり、悔しい思いをしないためにもリーダーラインは必要だ。

対象魚とリーダーのサイズ目安	
メバル	1.5号/6lb
アジ	1.5号/6lb
シーバス	2.5～5号/10～20lb
カサゴ	3～4号/12～16lb
ソイ	3～4号/12～16lb
アイナメ	3～4号/12～16lb
タチウオ	4～6号/16～24lb
メッキ	1.5号/6lb
カマス	2号/8lb
チヌ	2号/8lb
小型青物	3～6号/12～22lb

★リーダーラインの種類

ソルトルアーでは主に2種類のリーダーライン（ショックリーダー）が使われている。ナイロンリーダーとフロロカーボンリーダーで、ナイロン素材は軟らかさと適度な伸び、フロロカーボン素材はコシの強さと耐久性が主な特徴となる。

どちらも同じ強度表示なら同じ強さになるが、フロロカーボンリーダーは少々のキズでもある程度の強度を維持する。

一方のナイロンリーダーはキズが付いた部分から裂けるように切れてしまうという点で耐久性に差がある。

●フロロカーボンリーダー

メタルジグやバイブレーション、ソフトルアーなどで根の荒いボトムやストラクチャーをタイトに攻めたり、カケアガリでリーダーラインが擦れてしまうサーフでは、耐久性と根掛かりを回避するための感度という点で、有利なフロロカーボンリーダーが多く使われる。

●ナイロンリーダー

一番のメリットは魚の強い引きに対してナイロン素材の伸びがクッションの役目をすること。

柔軟性はデリケートなアクションでアピールする小型ルアーやミノー、トップウォータープラグを自然に動かすのに最適で、伸びのないPEラインを使用する場合もナイロンリーダー志向のアングラーは多い。

★PEラインにリーダーは不可欠

PEラインを使用している場合、リーダーラインは特に重要となる。伸びがゼロに近いPEラインは、魚の引きをダイレクトにロッドに伝えてしまう。魚がヒットすると引きをロッドの弾性が分散し、ラインへの負担を緩和する。

しかし瞬間的に魚が暴れた場合、ロッドが充分な弾性を発揮する前にラインが切れてしまうことがある。リーダーラインを使用すれば、伸びるためラインが切れるのを防いでくれる。特にストレスを感じるのがキャスティング時で、PEラインにはコシが無いためロッドティップやルアーに絡んでしまいキャストを中断することになる。絡みにくく、絡んでも解けやすいリーダーラインはPEラインに必要だ。

ロッドティップに絡んだPEライン。気付かずにキャスティングした場合、折ってしまうこともある。

★スプリットリングの選び方

ルアーに付いているスプリットリングに必要なのは防錆性と強度だが、柔軟性も必要となる。適度な柔らかさが無ければルアーから脱着する場合やフック交換のとき、外しにくく時間をロスしてしまうからだ。

交換などで開けたスプリットリングを戻したときに密着した状態になる復元力も重要となる。復元力の無いものは隙間が空いた状態になり、掛かった魚が暴れたときリングの隙間をフックハンガーやフックが滑って外れてしまうことがある。

そのため隙間が空いてしまったものやワイヤーが細く負荷が掛かると伸びてしまい強度が足りない場合、すぐにサビて材質に問題があるものなどは早急に交換する必要がある。また、明らかにルアーやフックに対してバランスが大き過ぎたり小さいものも適正なサイズに交換する必要がある。

スプリットリングを交換した場合は必ずルアーを泳がせてバランスが崩れていないかチェックすること。

新しいものを購入するなら、強度がある平打ち加工仕様などが良いだろう。

カラーも金や銀、艶あり黒や艶消し黒、赤などのバリエーションがあるので魚の気配があるのにバイトが無い場合や食い込みが浅い場合はフックもカラーを合わせて一緒に交換してみると魚達は違った反応をするだろう。

ルアーにラインを直接結ぶときはスプリットリングを装着する。

スプリットリング

ヤリエ
ジェスパ
スプリットリング
平打ち加工のため強度が高い超硬ステンレスリング。シルバーとブラックのカラーバリエーションがありフックの色に合わせて選ぶことができる。

0号	1号	2号
8lb	10lb	20lb

限度以上の負荷で伸びてしまったスプリットリング。フックが外れる可能性が高いので強度の高いものと交換しよう。

★スナップの選び方

ルアーのラインアイに直接ラインを結ぶとルアーの動きを妨げてしまうので、スプリットリングを介して結ぶこと。

スプリットリングにラインを結ぶと、ルアー交換のたびにラインを切る必要があるが、スナップを利用するとラインを切る必要が無く、ルアーを交換する際の手返しが格段に良くなる。

しかし、スナップの強度が低い場合、キャスティング中にスイベルのロックが開いてしまいルアーが外れて飛んでいったり、大物が掛かって反転された瞬間に外れることがあるため、強度があり、簡単にロックが外れないタイプを選ぶ必要がある。

スナップの強度を選ぶ基準だが、最低でもリーダーの強度と同じ強さが必要となる。厳密にはリーダーをスナップに結んだ時点で結節強度は8割程度になると考えられるが、少し余裕を持った方が安心なためだ。

スイベルが付いたスナップもあるが、通常のルアーにスイベルは特に必要がなく、逆に小型のルアーで使用すると前方が重くなり過ぎてルアーの動きがおかしくなることもある。

メタルジグなど回転しやすく糸ヨレを防止する必要があるルアーを使用するときのみ回転のスムーズなローリング付きスナップスイベルの利用をすすめる。

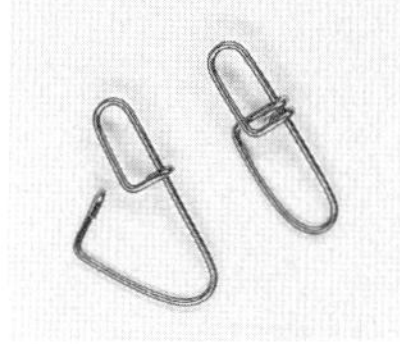

左がロックを外した状態で右が閉じた状態。クロスロックタイプはテンションが掛かるほど締まるので強度が高い。ロックを外しにくい場合はプライヤーを使用すれば簡単に開閉できる。

JESPA
JESPA FISHING GEAR
JESPA
Creative Fishing Gear
CrossLock
SNAP
ROLIG
クロスロック ローリング付
No.553 ¥300
50 lb

35lb

50lb

ヤリエ
ジェスパ
クロスロック ローリング付
回転の良いローリングスイベルとのコンビネーションで軽量コンパクトなためルアーの動きを妨げず安定した強度がある。

#00 15lb　#0 20lb

ヤリエ
ジェスパ ラインスナップ
スタンダードなラウンド形状でシンプルな設計のため軽量で使いやすい。特殊な黒メッキを採用し剥離しにくく耐久性がある。

★ランディングツールの必要性

ルアーフィッシングにおいて、魚を誘って掛けることはとても意味のあることだが、やはり最終的な目的はランディングに持ち込むことだ。

もちろんランディングツールを持たずに軽装備で楽しむスタイルもライトルアーのカテゴリーとしては間違っていない楽しみ方なのだが、抜き上げられずに取れなかったでは本末転倒。ましてやロッドの破損などしてはたまったものではない。

見た目は大げさな装備に思えるかもしれないが、ランディングツールを用意せずに釣行して、千載一遇の大物をバラした後に気付くのでは残念すぎる。

フィッシュグリップ（マウスクリッパー）は、ルアーフィッシングの必需品となっている。

★フィシュグリップ

近年、シーバスアングラーを中心に広まったフィッシュグリップ（マウスクリッパー）とは、魚の口に金属性のクリップを入れてアゴを挟んでランディングやホールドする道具のこと。

ハンドランディングやホールドと違い、手で直接魚を触るのを避けられるため、鋭い歯やヒレ、ルアーのフックによるケガを防げるので、魚が急に暴れても安全に対処でき、魚へ与えるダメージも少ない。しっかりホールドすれば滑って魚を落とすこともなく、キャッチ&リリースも手早くできるアイテムだ。

魚の口に突っ込むクリップ部分の開閉方式は、側面のボタンを操作するものや、センターに指掛けがあるタイプ、人差し指でトリガーを引くものなど、いろいろあるので実際に使い勝手を確かめてから購入するといい。

魚が口を閉じているとホルダー部を口に入れるには多少のコツが必要なことと、手を伸ばして届く範囲でしか使用できないのが難点だが、ボートゲームやウエーディングなどではすでに定番品として認知されている。

足場が低く水面に手が届くような場所なら、陸っぱりからでも問題なく使用ができるし、オコゼやエイなど直接手で触ると危険な魚が掛かった場合に持っていると安心だ。

人気商品だけに価格は様々で、魚の重さを量る機能が付いたものもある。品質、耐久性、重量などのバランスを考えながら、自分のスタイルに合ったものを選ぶようにしよう。

★ランディングネット

エサ釣りで言うところのタモ網のこと。ランディングだけに限定すれば「大は小を兼ねる・高強度で軽量」だが、枠が大きく柄が長くなれば、当然、重くなり取り回しが悪くなる。ライトルアー用のアイテムとして考えるなら、携行性の良さも選択肢として加えておきたいところだ。

枠はステンレスやチタン、アルミなどの素材があり、チタンが最も高強度で軽量だが高価。もちろんステンレス製でも本来の使用目的は十分にカバーできるので予算とのバランスで考えよう。

ネットを選ぶ場合、編み目が大きいものが良い。掛かった魚をルアーごと掬うので、ネットにルア

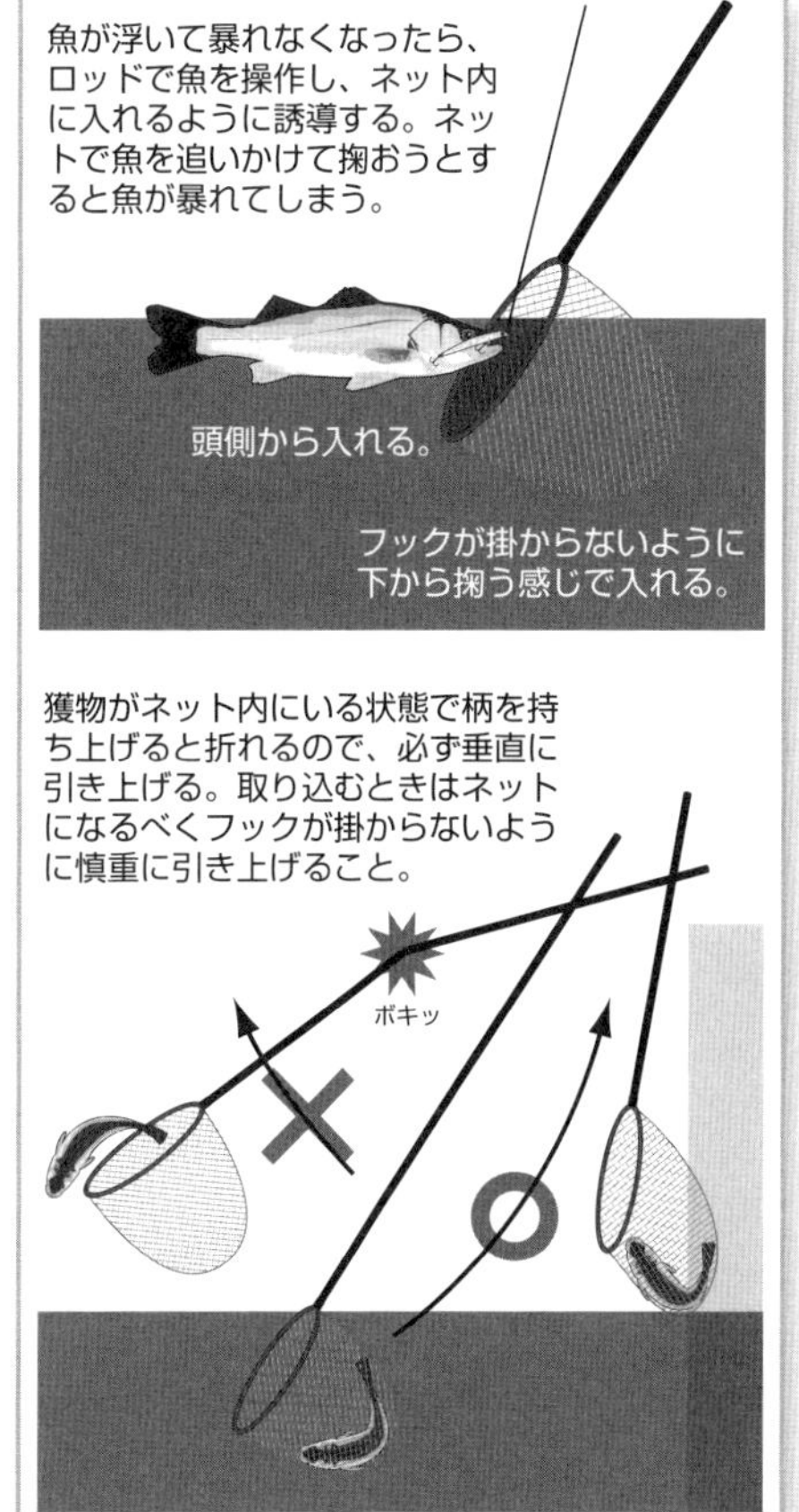
魚が浮いて暴れなくなったら、ロッドで魚を操作し、ネット内に入れるように誘導する。ネットで魚を追いかけて掬おうとすると魚が暴れてしまう。
頭側から入れる。
フックが掛からないように下から掬う感じで入れる。
獲物がネット内にいる状態で柄を持ち上げると折れるので、必ず垂直に引き上げる。取り込むときはネットになるべくフックが掛からないように慎重に引き上げること。
ボキッ

ーが引っ掛かっても編み目が大きいと外しやすいからだ。

携行性を考えると枠のサイズは小さい方がいいが、フックがむき出しになったプラグ系のルアーをメインに使用するときは大きめのものを選びたい。タモ入れの際にルアーのフックが引っ掛かってバラすことも多い。

柄の長さは使用するフィールドに合わせて選ぶが、一般的に足場が低い場所では3・6m、高い場所では5mが目安となる。

リリースを考えるのなら、ネットで掬うと魚体に少なからずダメージを与えてしまうことを覚えておいてほしい。

また、フックが複数付いたルアーを使用している場合、ネット内で魚が暴れるとフックがネットに絡まって、ルアーを外すのに手間取り、魚が弱ったりそのフックが魚に刺さってしまうこともある。対策品として、ラバー素材のネットも販売されている。

★ギャフ

ギャフとは先端の尖ったカギ状のフックで、魚に引っ掛けて引き上げるための道具。足場の高い場所で大物をランディングするのに向いている。

海面に浮かせた魚にギャフを引っ掛けるのは意外に難しく、掛けるタイミングとフックの刺さりやすい場所を判断するには、多少の知識が必要となる。

基本的には魚のアゴの下にギャフを構えてそのまま一気に突き通すように引き上げて刺し、魚がおとなしくなってから垂直に引き上げる。

また、ギャフを使用する場合、エラや下アゴにフックを掛けて引き上げるため、魚に大きなダメージを与えてしまうことになる。リリースを前提に考えるのであれば使用しないほうがいい。

魚を足下に寄せこちらを向いた瞬間に下アゴから口へ抜き刺すよう垂直に素早く持ち上げる。

★大物を寄せるテクニック

掛けた魚が小物ならロッドを立てリーリングするだけで獲物は寄ってくるが、大物が掛かるとそうはいかない。抵抗する獲物の強い引きでリールの巻き上げは重くなり、ロッドがグイグイしめ込まれるからだ。

引きの強い魚が掛かった場合、無理にロッドで引きよせず、一旦ロッドを起こしながら魚を寄せ、ロッドティップが真上（真横）まできたらロッドを倒しながらラインのテンションを緩めないように巻き取るというポンピングを、魚が寄ってくるまで繰り返す。

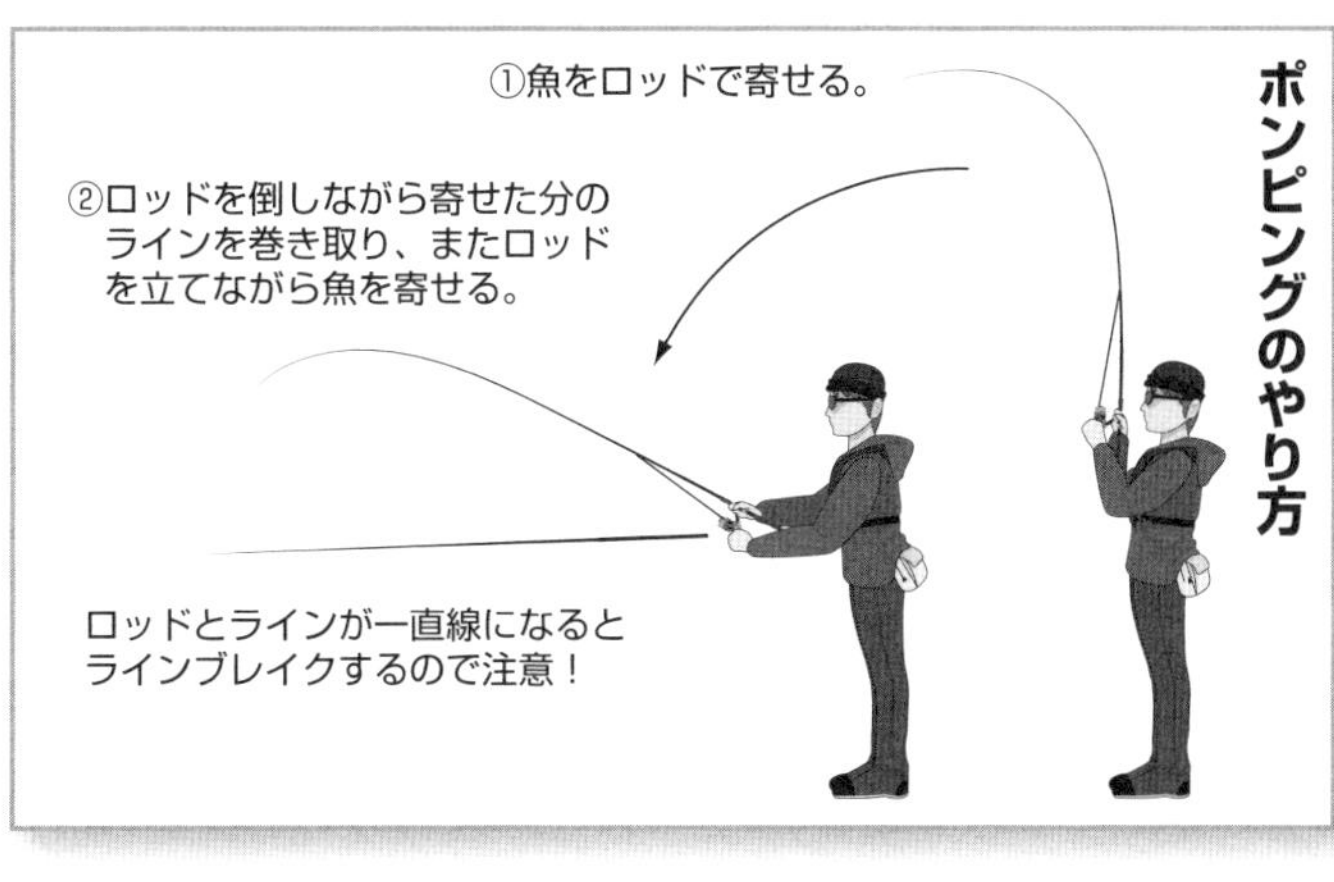
ポンピングのやり方
①魚をロッドで寄せる。
②ロッドを倒しながら寄せた分のラインを巻き取り、またロッドを立てながら魚を寄せる。
ロッドとラインが一直線になるとラインブレイクするので注意！

さらに大物の場合はポンピングでも寄せることは難しくなる。獲物が強く抵抗するときはロッドを45度の高さに維持し、リールのドラグ機能を使いラインを出してやる。このときドラグが緩み過ぎるとフックが外れてしまい締め過ぎるとラインが切れてしまう。

獲物が疲れるのを待ち、動きが止まったらポンピングで寄せ、また抵抗が強くなったら無理をせずラインを出す。これを繰り返して少しずつ寄せてくる。このとき、必要以上にロッドを立てたり、リーリングすると急に魚が強く暴れて、ロッドが折れたりラインが負荷に耐えられず切れてしまうので細心の注意が必要となる。このファイトこそアングラーの腕の見せどころだ。

★フィッシンググッズ

●ウエア

　厳寒期や雨天時を除けば特に準備する必要はなく、動きやすいものであれば好みで選んでもかまわない。しかし、安全性を考えるとタンクトップにショートパンツなどの軽装すぎるものは避けた方が良い。防寒対策には、アウターにゴアテックスなどの防水・透湿機能を備えた素材のもの、下着には吸湿発熱タイプを着用すれば万全だ。

アウター

ダイワ
ゴアテックス
プロダクト
ウィンタースーツ

インナー

がまかつ
パデットジャケット

下着

シマノ
アクティブ ウォーム
アンダーシャツ

●キャップ

　日射病予防と紫外線対策のための必需品で、ツバが広めのものが好ましい。夏場は熱気がこもって熱中症をまねく恐れがあるためメッシュタイプで通気性のあるものを選ぼう。冬場は防寒対策のためにニット帽でも良い。

シマノ
ブレスハイパー+℃
ニットキャップ（つば付）

VARIVAS
PREMIUM
QUALITY

VARIVAS
ハーフメッシュキャップ

●フットウエア

　普段履きのスニーカーでも良いがテトラや地磯に行くなら滑り止めのフェルトやスパイクが装備されたものが安心。ショートブーツタイプやシューズタイプが主流で、通気性にもこだわりたい。ビーチサンダルや草履は厳禁だ。

シマノ
ドライライトシューズ

がまかつ
ダブルグリップ
スパイクシューズ

●グローブ

　3本カットタイプ、5本カットタイプ、オールカバータイプとあるが、カットタイプの使いやすい方を選べば問題ない。夏場はメッシュ素材、冬場はネオプレン素材の保温性のあるものが主流だが、予算に余裕があれば透湿性能の高い素材の製品を選びたい。

ダイワ
ソルトゲームグローブ
3本カット

アクアウェーブ
半素手グローブ

●ライフジャケット

堤防や砂浜からの釣りでも必ず着用するように心掛けよう。浮力体に発泡素材を使用したタイプは収納が多く、タックルバッグ代わりにもなる。動きやすさやスタイルを気にする人にはコンパクトな膨脹式がおすすめだ。自動膨脹式と手動膨脹式があるが、安全性を優先して自動膨脹式を選ぼう。

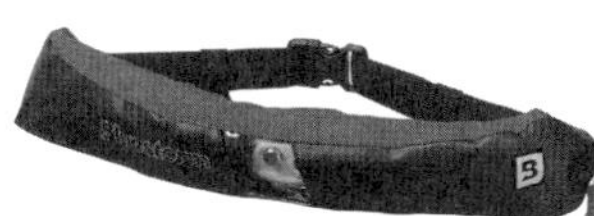

Bluestorm
ティバノウエスト BSJ-5620RSⅡ

●偏光サングラス

デイゲームでは必須アイテム。海面の乱反射を抑えることで、魚の姿を発見しやすくするとともに、ストラクチャーや海底の地形を把握することができる。また、ルアーやシンカーから眼を保護する効果もある。光の量によってレンズカラーの濃淡が変わる調光タイプなら夜間も使用できる。

サーフライダー
SR-3021M

●タックルバッグ

機動力を考えて、ルアーケースやリーダー、予備のリグが入る最小限のものを選ぼう。ウエストバッグ、ヒップバッグ、ショルダーバッグが一般的。プライヤーホルダーやドリンクホルダーが付いたものが使いやすい。

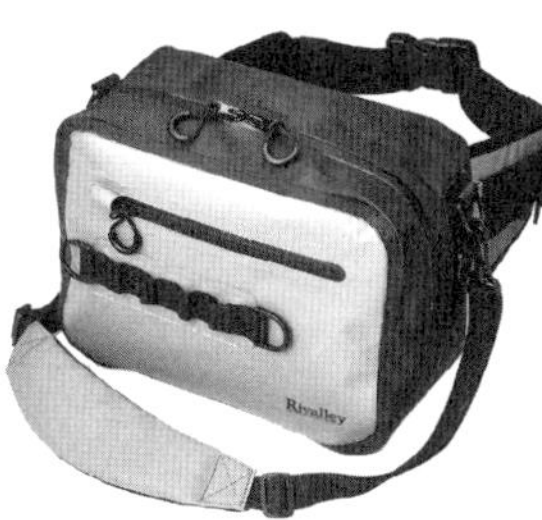

Rivalley
RV WPヒップバッグ

ウエア類の素材

ネオプレン（プレーン）素材
クロロプレンゴムを発泡加工した合成ゴム素材。伸縮性・防水性・断熱保温性に優れているため、ウェットスーツ等にも使用される。ウォッシャブル素材なので取り扱いも簡単。クロロプレン素材とも呼ばれる。
（※ネオプレンの名称は米国デュポン社の製品名であり、素材のことを指す場合はクロロプレン素材と呼ぶ方が正しい）

ゴアテックス素材
米国ゴアテックス社が製造販売する素材で、防水性・透湿性の高い非常に薄いフィルムを生地にラミネートしたもの。水や外気が中に入ってくるのを防ぐ一方で身体から出た水蒸気は外に放出することができる。汎用的な防水スプレーや洗剤を使うと透湿性が損なわれてしまう恐れがあるため、透湿素材専用のものでメンテナンスする必要がある。ゴアテックス以外にも性能は異なるがドライテック（モンベル）、エントラントGⅡ（東レ）など、防水透湿素材は衣料メーカー各社から販売されている。

吸湿発熱素材
汗などの水蒸気を吸収して熱に変える機能を持つ、アクリルやレーヨン、綿などの繊維を組み合わせた素材。ブレスサーモ（ミズノ）、ブレスハイパー+℃（シマノ）、ブレスマジック（DAIWA）、ヒートテック（ユニクロ）など、メーカーにより発熱効果には違いがあり、防臭効果や保温効果等の付加機能を持つ製品もある。いずれも水分を吸収し過ぎると発熱効果が落ちるため、定期的にタオル等で汗を拭いた方が発熱効果を持続させやすい。

●ルアーケース

ルアーをそのままバッグに入れると何かと使い勝手が悪い。必ずケースに入れて収納しよう。色や大きさは好みで選んでかまわないが、釣行後のメンテナンスを考えた場合に丸洗いできて水切りしやすいタイプを選びたい。

メイホー
バーサスウェーブ

●フックカバー

ケースに入れるルアーにフックカバーをつけておけば交換のときにルアーが絡まず取り出しやすくなるし、ハリ先を保護できる。

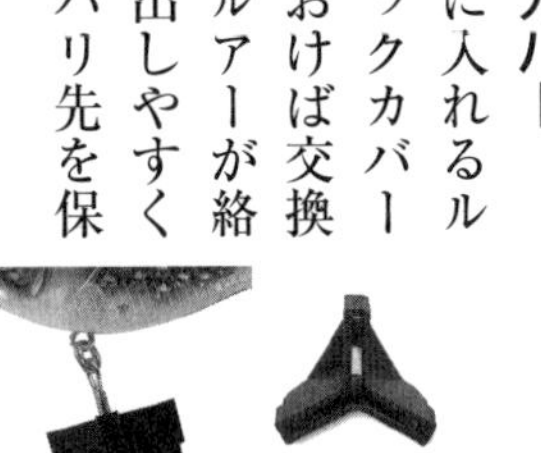

メイホー
フックベイル VS-52

●小物ケース

ワームやフック、シンカーなどの小物を入れるケース。防水タイプで仕切りがたくさんあるものが使いやすい。対象魚別にあると釣行時にわかりやすく便利。

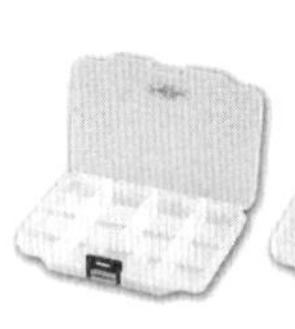

リングスター
ドリームマスター
ミニマム

●水汲みバケツ・メバル袋

アジやメバルなど、数が狙える魚を釣れるたびにクーラーボックスがある場所まで移動して入れるのは効率が悪い。水汲みバケツなどを持ち歩いて釣れたら片っ端から入れていき、ある程度たまったところでクーラーボックスに移せば効率的だ。

マルシン漁具
RUNGUNメバルBAG

●クーラーボックス

魚を持ち帰るならクーラーボックスが必要だ。断熱材の素材によって性能と価格が異なるので選択する際は要チェック。ライトルアーでは魚がさほど大きくないため20L以下で対応可能だ。

保冷力
高い 真空断熱パネル
発泡ウレタン
発泡スチロール 低い

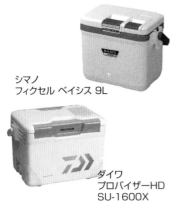

シマノ
フィクセル ベイシス 9L

ダイワ
プロバイザーHD
SU-1600X

●防寒グッズ

防寒の基本は、肌と衣服の間に暖かい空気を作り、それを逃さないようにすること。そして、機動力を損なわないように重ね着を最小限に留めるのがコツだ。下着、インナー、上着の組み合わせが基本で、寒さが厳しいようならフリースなどを中に着込む。ネックウォーマー、耳あて、グローブ、防寒用靴下も欠かせない。カイロは足先と腰の辺りに貼り付ければ全身をカバーできる。

防寒の基本

←耳までカバーできるニットキャップ
←ネックウォーマー
基本
上着＋インナー＋下着
→グローブ
→腰の真ん中にカイロ
いくら多く着込んでもあまり効果はなく、動きにくくなるだけだ。

パンツは特に動きを妨げないようにしておこう。インナーを履いてできるだけ薄手のものを着用するよう心がける。

←防寒用靴下＋つま先用カイロ

●熱中症対策グッズ

熱中症を防ぐために、通気性の良いウエア、キャップを着用した上で、便利グッズを組み合わせれば万全だ。水に濡らしたタオルを首や頭に巻くと効果的だが、熱くなると逆効果なのでこまめに取り替えよう。冷却スプレーを活用する手もある。また、湿度や気温を

熱中症になったら

自覚症状はまずないので、自分自身の対策には予防するしかない。同行者の様子をおかしいと感じたら速やかに病院へ連れていこう。応急処置としては、日陰の涼しい場所に移動させ、水分と塩分を摂らせること。塩分は思ったよりも多めで良い。そして身体を冷やすために保冷剤や氷、冷たい缶ジュースなどを腋の下の動脈にあてる。霧吹きなどで全身に水を吹きかけ気化熱で冷やすのも効果的だ。

計測して熱中症の危険度を測る器具もあるので用意しておけば安心だ。

A&D
熱中症みはりん坊

●日焼け止め

日焼けはやけどの一種である。また、強力な紫外線は皮膚ガンの原因になるとも言われているので、最も紫外線の量が多くなる4〜8月は、暑くてもできるだけ長袖を着用し、肌が露出する部分には日焼け止めクリームを塗っておこう。

日焼け止めクリームの数値は高いほど効果は強いが、それだけ肌に負担もかかってしまう。数値の低いものをこまめに塗り直す方が肌には良い。

ドリンク

コーヒーや緑茶に含まれているカフェインは利尿作用があるため水分を放出してしまい、熱中症予防には適さない。スポーツドリンクが良さそうだが、ナトリウム濃度が低いため一度に大量に摂取すると水中毒を誘発することがある。最適なのは薬局などで経口補水液として販売されているものだ。水１Ｌに対して、砂糖大さじ４と１／２、塩小さじ１／２で作ることもできるので覚えておこう。

●レインウエア

雨が降ったときはもちろん、急に冷え込んだりしたときにも役立つウエア。防水性能と透湿性能に注目し、できるだけ軽めのものを選ぼう。

コンビニで売られているようなビニール製のものは、身体から発する水蒸気を逃さないため汗をかきやすくなり身体を冷やしてしまうので、結果的に雨に濡れるのと変わらない。雨でも快適に釣行しようと思うなら、多少奮発しても透湿防水素材を選ぼう。

●虫除け対策

軽く考えられがちだが、虫さされによる集中力低下は釣果にも影響する。また、ハチやブユ（ブヨ）などに刺されると、場合によっては大きな健康被害につながることもある。一番の予防は肌を露出しないこと。夏でも長袖、長ズボンを着用し、露出した部分には虫除けスプレーを吹いておく。携帯用の電池式や充電式の虫除けや虫が嫌がる成分を生地に織り込んだウエアなども市販されているので活用しよう。

ハヤブサ
鬼掛 BOWBUWN
フーディー

★ナイトゲームの装備

●ライト類は必需品

足元の確認やルアーやリグの交換、釣れた魚の処理など、ナイトゲームにはこれがなくては始まらない。

ＬＥＤライトは、白熱電球に比べ、丈夫で軽く、寿命が長く、消費電力も小さい。さらに紫外線も赤外線も出さないので蚊などの虫が寄って来ないというメリットもある。今や少数派だろうが、白熱電球タイプのライトを使用しているなら今すぐＬＥＤに切り換えるべきだ。

ライトを選ぶ際に重視したいのは、まず明るさである。１８０～１４００ルーメンの明るさの商品が店頭に並び、明るいものほど使いやすくなるが当然価格も高くなる。性能と価格のバランスを考えると３００～５００ルーメンクラスが妥当だ。電池寿命にも注目しよう。いくら明るくても、すぐに電池が切れてしまえば何の役にも立たない。明るさと連続使用時間の目安は必ずパッケージに記載されているので要チェックだ。

重量は軽いものほど負担が少ないが、軽さを取ると電池容量にしわ寄せがくる。ライトと電池ボックスが分離されたタイプなら重量が分散して負担も軽減されるのでおすすめだ。

また、このタイプは後部認識灯が付いているものが多く、グループ釣行の際に重宝する。

その他の機能としては、ライトの光量を調整できる調光機能やスポットとワイドを切り換えられるフォーカスコントロール機能、手でかざすだけで操作可能な非接触センサースイッチ機能などがある。必要な機能が搭載されているかどうか確認しよう。

夜の釣り場は危険でいっぱい。よほど明るい常夜灯でもない限り、ライト類を忘れたらナイトゲームは断念しよう。

GENTOS
DPX-418H
電池
ボックス
↓
後部認識灯
GENTOS

ライトと電池ボックスが分離されたタイプがおすすめ。

後部認識灯があれば同行者の動きがわかり安全性も高まる。

コラム

雨のルアーフィッシング　適度な雨は恵みの雨!?

雨の日に「爆釣した」、「大物が釣れた」などの声を聞くことがあるが、この現象は科学的にも充分説明のつくことである。

雨の日の釣りはいろいろとメリットが多い。

まず、釣り人の気配を消せることが挙げられる。雨にかき消されてルアーやリグの着水音も消えるのだ。海中の濁りも関係してくるが、魚の警戒心は薄れ、ルアーに食いつきやすくなる。

そして、釣り人が少ないこと。これはポイントを自由に選ぶことができ釣りやすいからという理由もあるが、魚への余計なプレッシャーを与えないことが大きい。

河口域などでは雨水の流入で溶存酸素量が増え、プランクトンやベイトの活性が上がる。

また、シーバスなどは雨が降り捕食しにくくなることを察知して、気圧の低下を感じ取って荒食いをはじめることもある。

こう書くと雨はメリットばかりのようだが、強すぎる雨はデメリットの方が上回る。例えば水潮だ。真水と海水は交わらないため、海中で2層に分かれ、水温も急低下する。これを魚は嫌い、活性は下がる。

何より釣り人が釣りにくいのが一番だろう。猛烈な雨にずぶ濡れになりながら、引っ掛けたゴミをせっせと取り除き、強風に向かってキャストを続けるのは効率があまりにも悪く、当然安全面にも不安がある。

「釣れる雨」と「釣れない雨」を見極め、ときには我慢も必要となるのだ。

どれが釣れる雨??

メンテナンス&
釣行後の楽しみ

●リールのメンテナンス
●ロッドのメンテナンス
●ランディングネット
●フィッシュグリップ
●偏光グラス
●ルアーのメンテナンス
●ワームを保存するには
●魚の処理
　魚を生かしておく・魚を絞める
　基本は血抜き・冷蔵庫に保存する
●単位を覚えよう

★リールのメンテナンス

新型のリールは高性能で特殊なメンテナンスはほとんど必要ないが、かと言って何もせずに使用しているとハンドルの回転が重くなったり、リーリング時に音が出たり、巻き上げに引っ掛かりができたりと様々な症状が出てくる。

これは使用後に必要なメンテナンスを怠ったために発生する典型的なトラブルで、どんなに高性能なリールでも使用後のメンテナンスをしなければ性能を充分に発揮しコンディションを維持することができない。釣行ごとにきちんと行えばトラブルを未然に防げ、いつも快適にゲームを楽しむことができるだろう。

メンテナンスと言っても難しいものではなく基本は汚れを落とすことで、一番重要なのは付着した塩分を取り除くことだ。特に塩が付きやすいのがハンドルとスプールやベイルアーム周りとなる。

まずは水道水で水洗いして、乾いた布で水分を拭き取ったあとに乾燥させる。

あとは注油とグリスアップになるがメーカーや機種によって指定が異なるので取り扱い説明書の指示に従うこと。

ラインはスプールごと真水に10分ほど浸けてから流水で汚れを洗い流し、日陰で完全乾燥させる。必要であればスプールのオイルメンテナンスも行う。

ラインやスプールに付着した汚れがリール本体に入り、ベアリングやギアに影響を与えることがある。釣行後は必ず真水でクリーニングし、完全乾燥させること。

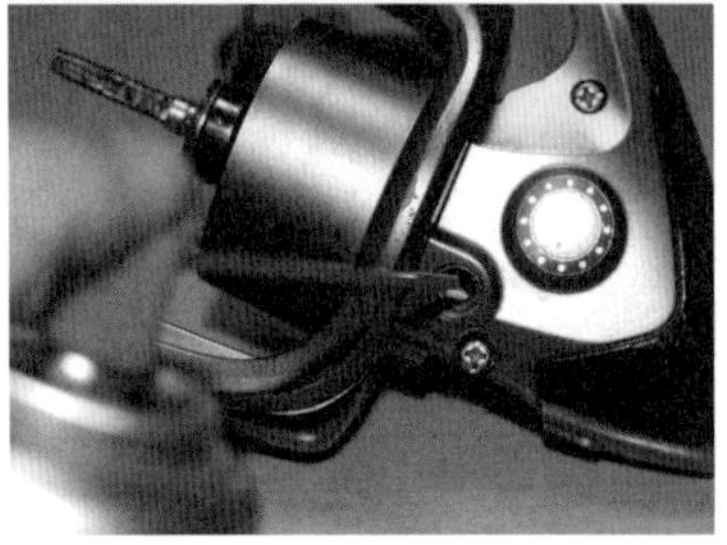

塩分や汚れをしっかり落とした後に、注油やグリスアップをすること。オイルやグリスの注油か所は指定があるので取り扱い説明書で確認しよう。

★ロッドのメンテナンス

基本は水拭きによるクリーニングとなり、大きくブランクとガイド、そしてグリップ部分に分けられる。

水で濡らし固く絞ったウエスでブランクに付着した塩分や汚れを拭き取る。汚れがひどい場合は、ぬるま湯のシャワーを当てて流した後、乾いたウエスで拭き上げ、日陰で完全乾燥させる。

ガイドにはステンレスやチタンなどが使用されているが、ステンレスは塩分が付着したままだとサビてしまい放置しておけば腐食が進行し最悪ガイドが折れることもある。

サビにくいチタンガイドの場合でもベタつきや汚れ等のこびり付きを防ぐため釣行後は必ず拭き上げること。

グリップの主流であるＥＶＡ素材やリールシート部分も絞ったウエスで軽く擦るように拭くときれいになる。リールシートの細部の汚れは歯ブラシで取り除こう。

何よりクリーニングはロッドを細部までチェックできるのでブランクやガイドの破損やその前兆を知ることができる。釣り場に着いてロッドがすぐに折れたなどということを回避できるメリットは大きい。ロッドのクリーニングが完了したらガイドにはシリコンスプレーを吹き付け、ブランクには撥水コート剤を表面にスプレーまたは塗布する。これは表面保護と同時に摩擦を減らしルアーの飛距離を伸ばすためのメンテナンスだ。

特にガイド部分は念入りにクリ―ニングしなければサビてしまう。ブランク部分の汚れがひどい場合は、少量の中性洗剤を入れたぬるま湯で絞ったウエスを使って擦り、流水でしっかり洗剤を流した後、水気を拭き取って陰干しする。

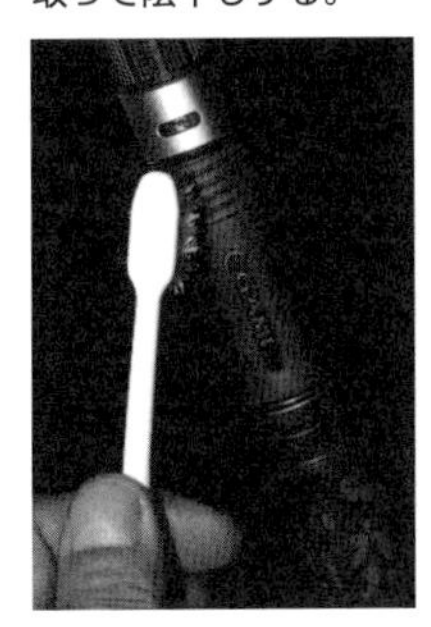

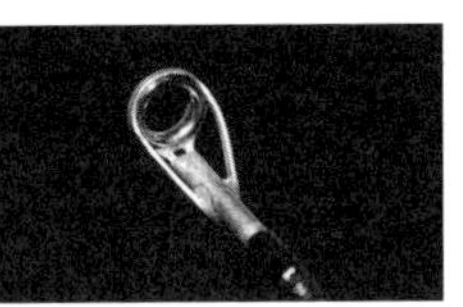

チタントップガイドでもフレーム以外は塩分を落とさなければサビてしまう。リールシート部分の頑固な汚れは使い古しの歯ブラシなどで軽く擦ると落ちる。

★ランディングネット

柄と枠が外れるタイプは外してからの作業となり、柄の部分はロッドのメンテナンスと同様に水拭きとなるが、口金や尻栓が金属素材なので念入りに清掃する。振り出し式は尻栓が固着すると分解清掃ができなくなるので特に注意する。枠とネット部分は水洗いし、ネット部はホツレや破れをチェックし傷みが多ければ修理するより交換することをすすめる。

★フィッシュグリップ

ほぼ金属とプラスチックのパーツで構成され素材により使い込むとサビやすいものがある。丸洗い可能なものが多く真水で流しながら洗うとよいが、構造的に中に水が溜まる製品もあり水洗いの後は注意が必要。クリーニングの後は乾燥させ可動部にオイルスプレーをすれば完了。砂噛みすると内部が傷つくので砂の上に置かないのもメンテナンスの一つだ。

★偏光サングラス

塩の結晶や汚れが付いたレンズを直接拭くと、表面に傷が入るので厳禁。使用後はレンズ・フレームともに中性洗剤で汚れを落として流水で洗剤をよく洗い流す。その後、専用ウエスや軟らかい布で水分を拭き取り、完全乾燥してからケースに入れる。長時間水に浸しておくと偏光膜に水が侵入してレンズ周辺が剥離、変色することがあるので絶対に避けること。

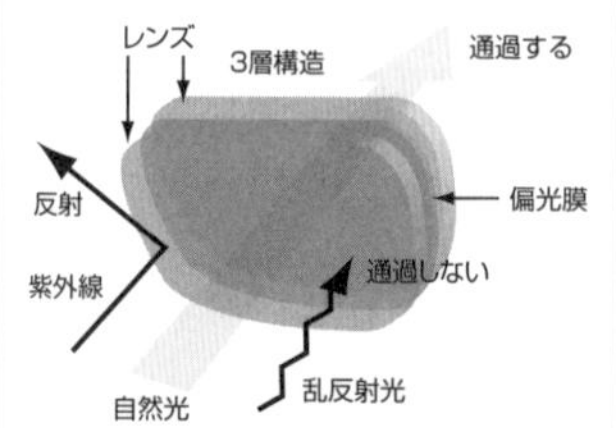
レンズ
3層構造
通過する
反射
偏光膜
紫外線
通過しない
乱反射光
自然光

偏光レンズはレンズとレンズの間に偏光膜を挟み込む3層構造で、偏光膜は一定の方向の光を通し、上下方向からの光をカットする。特に眩しい水面のぎらつきのような下方からの反射光を押さえるようにできている。

★ルアーのメンテナンス

ナイトゲームや忙しい合間の釣行ではルアーのメンテナンスを後回しにしてしまう。連日釣行すると「まとめて明日洗おう」とつい考えてしまう。しかし、海水で使用したルアーはメンテナンスを怠ると悔しい思いや残念な結果を招くことになるだろう。

釣行ごとにルアーをケアすれば、いつも気持ちよくゲームを楽しめ、大切に使い込まれたルアー達はきっとあなたの信頼に応えるはずだ。ルアーメンテナンスの基本となるのが釣行後の水洗いによるクリーニングとなる。

●水洗い（塩抜き）の方法

洗面器などに真水を張り、使ったルアーを30分ほど浸けた後、取り出して再度洗い流す。水を切ったら日陰で完全乾燥させて完了だ。目の細かいザル（粗いとフックが引っ掛かる）にまとめて入れて漬ければ一度に洗い流せ、そのまま乾燥できる。ルアーケースの底にいくつか小さな水抜きの穴を開けケースごと洗う方法もある。

●サビをメンテナンス

サビたフックは滑りが悪く貫通力を失い、フッキング率を低下させる。サビで強度が落ちたフックやスプリットリングは大物のアタックで伸びたり、折れるので即交換だ。

ケース内のサビは、ルアーに付着し持ち運びで擦れる度に表面の光沢やカラーを削り取りアピール力が低下してしまうので、サビがあれば早急に交換やクリーニングする。

軽く滑らせる

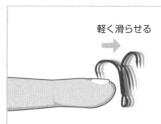

フックポイントは爪に軽くフックを立て滑らせてみる。引っ掛かるようなら鋭い証拠。軽く滑るならダイヤモンドシャープナーで先端を研ぐか新品に交換しよう。

フックカバーを使用している場合は装着したまま洗い、乾燥させるときは外すこと。付けたままだと中の水が乾きにくく、フックが腐食してしまうことがあるためだ。

●フックを守るメンテナンス

特に気を使いたいのはアングラーと魚の接点になるフック。ルアーにフックカバーを付けずボックスに入れて運べば鋭いはずのフックポイント（先端）が他のルアーに当たり丸くなってフッキング率が低下したりバラシが多くなる。大切なルアーにも傷が入るのでフックカバーは重要なアイテムだ。

フックやスプリットリングから出るサビは腐食している証拠でこれが進むと強度低下だけでなく様々な問題を引き起こすことになる。

●取れた目玉をリペアする

ミスキャストや根掛かりを外した反動でルアーをケーソンや石垣に当てることがあるだろう。傷なら自分の未熟さと諦めがつくが、目玉だけ取れてしまうと困ってしまう。そんなときは目玉をリペアしよう。色やサイズが合うものを釣具店で購入し、外れた部分の油分や汚れを落とし貼り込めば完了。剥離が心配なら瞬間接着剤を少し付ければ万全だ。

タイトに攻めるほどルアーの破損率が高くなる。部品によってはリペアできるので、アピールを損なわないよう補修しておこう。

●シールを活用してリペアする

使い込んだルアーや塗装が剥げてしまったものは魚達へのアピールが低そうに見えるため、出番がなくなりメンテナンスもおろそかになる。そんなルアーはアルミスケールやホログラムシートで輝きを取り戻すことができる。もしかしたらオリジナルヒットカラーが誕生するかも知れないので、タックルケースの隅で出番のないルアーで是非チャレンジしてみよう。

使い込んで目玉部分の塗装が剥がれ、アルミシートが剥き出しになったルアー。ここまでなると思いきってリペアすることをすすめる。

★ワームを保存するには

ワームには多くの種類があるが長期間保存するなら、パッケージに入れて保存することが望ましい。ビン入りやビニールのパッケージで密封用のチャック付きであれば保存を前提に作られている。

パッケージの中の保存液（オイル）には集魚成分が含まれていたり、乾燥・硬化・劣化を防止しているので、蒸発させたりこぼさないように保存する。チャックが付いていないものや誤ってパッケージを破ったときは、ジップロックに保存液を移せば代用できる。

●保存時の注意点

ワームの保存で注意が必要なのは、保存液切れと直射日光や高温を避けることで、特に車内での保管は温度の上昇による保存液の蒸発や熱による溶解、劣化の原因となるので厳禁。

また種類が違うものを混ぜて保管するのも溶解や色移りの原因となり、ワーム専用ではないハードケースに入れる際、ワームに含まれる成分により、ケースが溶ける場合があるので注意が必要。

●ワームの保管と携行

パッキンが付いて密閉できるケースは取り出しに非常に便利だが、開閉時に保存液がこぼれることがあるので、少量のワームを入れて持ち運ぶアイテムと考えよう。ベストな保管はパッケージのままコンテナボックスなどにカラーやタイプで分けて入れ冷暗所に保管する。整理しておけば釣行前に慌てることもなく、必要な分だけ携行すれば長持ちするので地球にも財布にもエコだと言える。

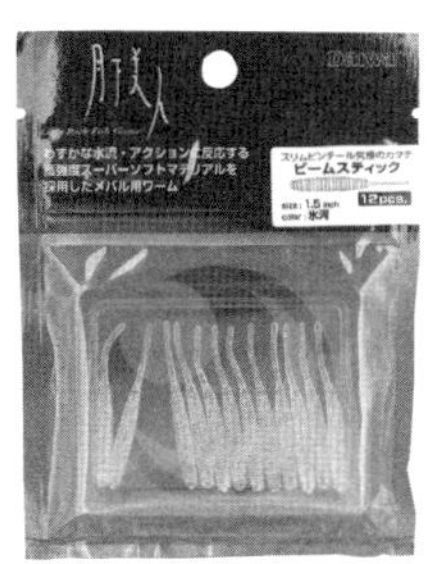
Berkley
Gulp!
ALIVE!
Baby Sardines

Berkley(バークレイ)
ガルプ！ アライブ ベビーサーディン
ビンは必ず上向きにして中の保存液が切れないように定期的にチェックし、必要であれば保存液を追加して、必用な量を小出しに使用する。

DAIWA
月下美人ビームスティック
チャック付きのものはそのまま保存が可能。ワームによっては色移りや溶解するので違う種類や異なるカラーを一つの袋で保管しないこと。

★魚の処理

ソルトルアーでは、たくさんのおいしい魚がターゲットになるため、食味を楽しみに釣行するアングラーも多い。しかし、手軽な釣行を心がけるために、持ち帰るためのクーラーボックスなどを準備していない人も多い。近場であれば、釣れたらすぐに持ち帰るのが理想だが、1尾釣れるとついつい夢中になって釣れた魚をほったらかし気味にしてしまう。

特に夏場は夜でも地面に熱が残っており、堤防上に放置しておくとわずか数時間で魚が悪くなってしまう。

せっかく釣れてくれた魚の生命に感謝するためにも、即リリースするか、最高の旨さを保ったまま美味しく食べられるように持ち帰ろう。

●魚を生かしておく

魚は釣り上げた時点から弱り、死んでしまった時から死後硬直が始まる。つまり腐敗が始まっているということだ。これを避けるためにも、帰るまでは生かしておいたほうが良い。もしくはすぐに絞めて氷を入れたクーラーボックスで冷やしておくかだ。

短時間釣行や仕事帰りの場合、クーラーボックスを車に積んでいても、氷の準備は出来ていないことがほとんどだ。やはり帰るまで魚を生かしておき、帰り際に絞めて持ち帰るのがベターだ。

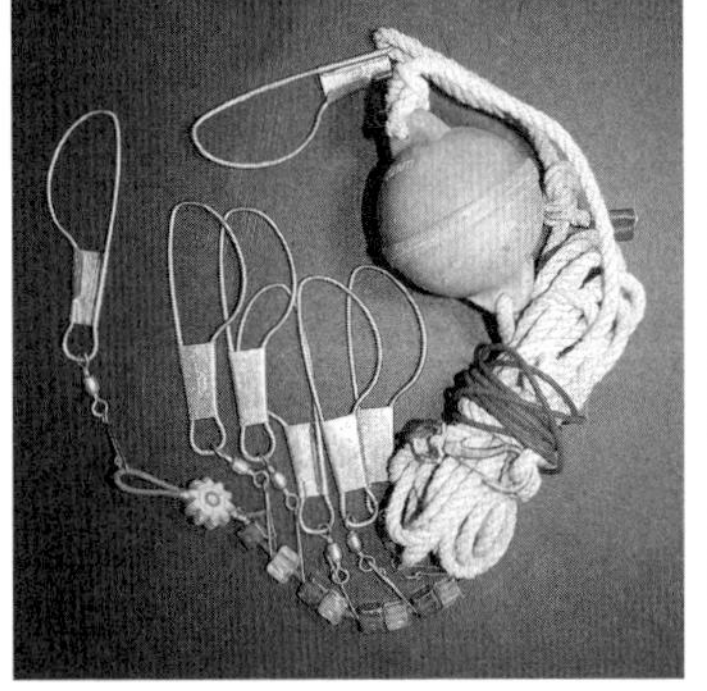

小型の魚には向かないが、生かしておくならストリンガーが使いやすい。本数を減らせばコンパクトになるので持ち運びにも便利。また、自分なりにデコレーションできるのも楽しみの一つだ。小型なら生かしバッカンに海水を入れておけばある程度は持つが、エアポンプがあればもっとよい。

ストリンガーはアゴの薄い部分から刺し通し、できるだけ呼吸の妨げにならないようにすること。設置する場所にも気を付けないと、魚が岩などに挟まったり、ロープが絡んで取れなくなることがある。

●魚を絞める

釣り場から家まで、海水がなくても魚が生きている近距離の釣り場や、生かしバッカンで持ち帰るときは、魚を絞めずに持ち帰っても良い。しかし、家に着いた頃に魚が死んでしまうようなときは、釣り場で絞めてから持ち帰ろう。

絞める理由はいくつかあるが、生かしたまま自然死させると魚が死ぬまでに体力を使ってしまい、旨味成分（アミノ酸）が分解されてしまうためだ。これを極力抑えるために魚を即死させ、旨味成分を保とう。しかし、絞めたからといって鮮度が長持ちするわけではない。その瞬間から腐敗が始まっているのだ。絞めてから家まで1時間以上掛かるようなら、クーラーボックスに氷を入れて持ち帰るようにすること。

●基本は血抜き

絞めた後、よく血を抜かないと血が魚の身に入り込み、生臭くなってしまう。特に大型の魚は絞まっていないこともあるので、血抜きは大切だ。また、死後硬直が始まってから血抜きを行っても血は抜き取れないので、絞めたらすぐに行うこと。

小型の魚は首折りでOK

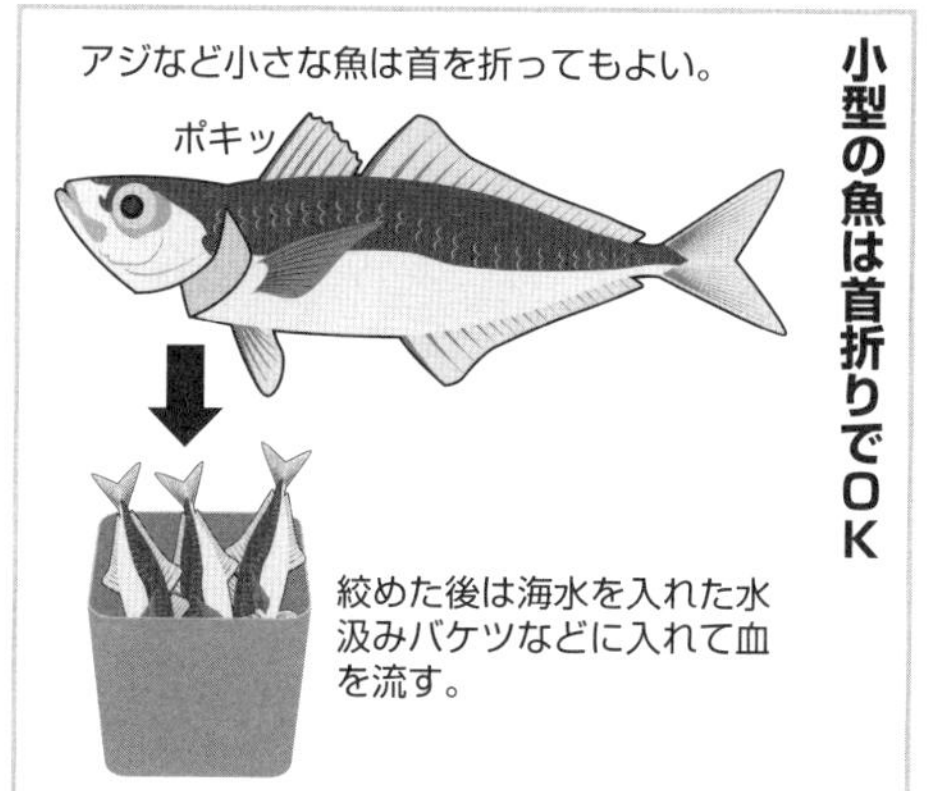
ポキッ

アジなど小さな魚は首を折ってもよい。

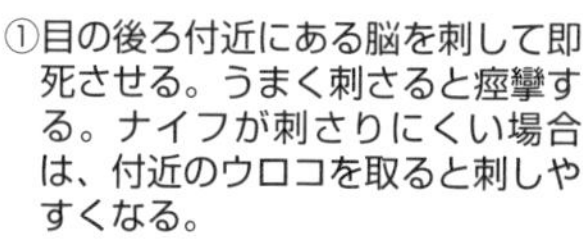

絞めた後は海水を入れた水汲みバケツなどに入れて血を流す。

中型以上は丁寧に

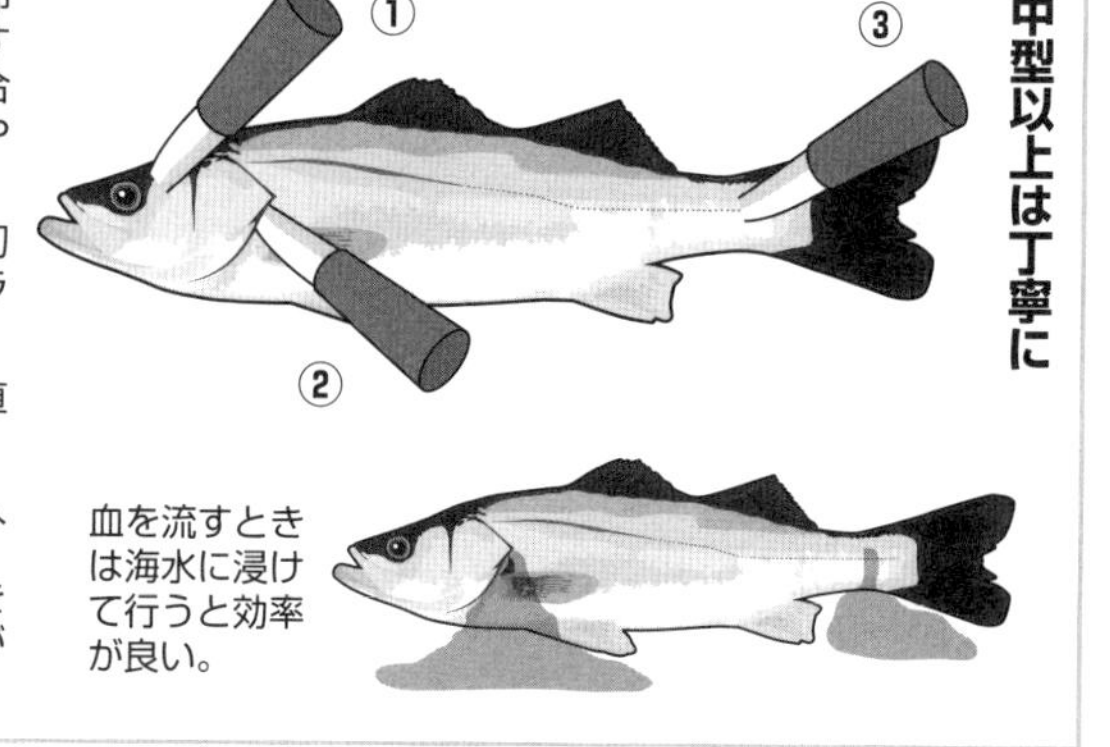
①
②
③

①目の後ろ付近にある脳を刺して即死させる。うまく刺さると痙攣する。ナイフが刺さりにくい場合は、付近のウロコを取ると刺しやすくなる。

②エラ蓋からナイフを入れ中骨を切る。太くて切れない場合は、エラを切り取るようにしても良い。

③尾ビレの付け根付近にナイフを直角に入れ骨を切る。

④ストリンガーにセットして海に入れて血を充分に流す。このとき、魚体を折り曲げるようにして血を出せば、より早く血を抜くことができる。

血を流すときは海水に浸けて行うと効率が良い。

●冷蔵庫に保存する

魚は一晩寝かせたほうが美味しいと言われるが、できれば内臓を出してから冷蔵保存しておきたい。理由は、ルアーで釣れる魚のほとんどは動物食性が強く、季節によっては匂いが強いエサを食べていることがあるからだ。特にバチやアミシーズンはすぐにでも処理しておきたい。

冷蔵庫に保存する場合、ラップやビニール袋に入れずに冷蔵すると、魚の水分が身から出てしまうため注意。逆に乾燥を利用して冷蔵庫で干物を作ることも可能だ。

魚のヒレに注意

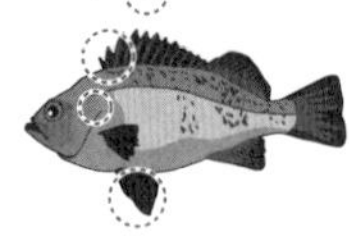

アジはゼンゴも切り取る

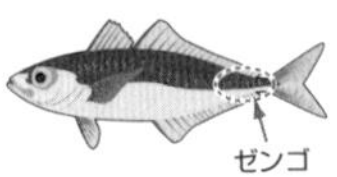
ゼンゴ

①

包丁やウロコ取りを使用してウロコを剥がす。小さなウロコは刃先で、大きなウロコは包丁の背をあて手元で取るときれいに剥がしやすい。

②

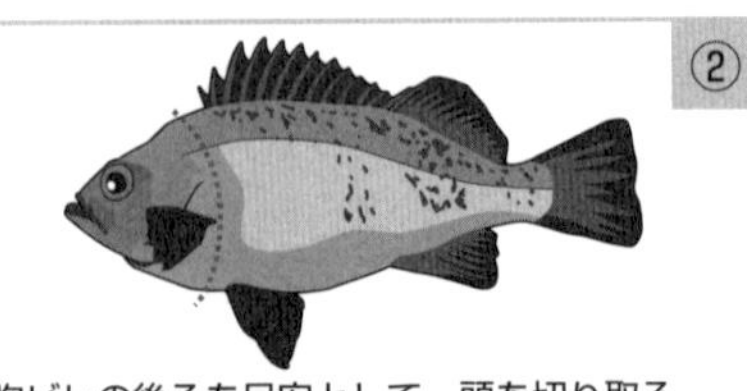

胸ビレの後ろを目安として、頭を切り取る。中骨が硬いので注意。

一度に切るのではなく、下側・上側と順に切ったほうが切りやすい。

③

血合い

肛門付近に包丁を入れ、腹を切って内臓を出す。血合いをきれいに取り除く。手で取れない場合は、竹串を5本ほど束ねて削るとよい。きれいなタワシでも落とせる。

④

個別にビニール袋かラップで包んで冷蔵庫に保存する。魚から水分が出るので注意。塩焼きする場合は、このとき腹の中側に塩を振っておくとしみ込む。

★単位を覚えよう

ルアー釣りでは、日本で普段使う単位の他に、オンスやインチで表示されるものが多い。センチやグラムに慣れているため、最初は想像しにくいだろう。慣れるまでは適当に選ばず、センチやグラムに換算して選ぼう。

ワームの長さ

1in=2.54cm

in（インチ）0 1 2

cm（センチ）0 1 2 3 4 5

ワームではin（インチ）表示されるのがほとんど。いちいちセンチに変換して計算するのは面倒だし、あまり必要がない。自分の指の長さなどで目安をつけておくといいだろう。

ナイロン&フロロカーボンラインの表示

ポンド(lb)	2	3	4	5	6	8
耐久重量(kg)	0.9	1.4	1.8	2.3	2.7	3.6
号 数(号)	0.5	0.8	1	1.25	1.5	2

ポンド(lb)	10	12	14	16	20	25
耐久重量(kg)	4.5	5.4	6.3	7.2	9.0	11.3
号 数(号)	2.5	3	3.5	4	5	6

簡易換算／4lb=1号

ラインによってはlb（ポンド）表示されているものがある。ポンドとは重さの記号であり、そのラインがどの重さまで耐えられるかを表している。日本では号数表示が一般的で、ラインの直径で表されている。

シンカーの重量

シンカーやジグヘッドはoz（オンス）表示が多い。素材は鉛、真鍮、タングステンの3種類あるが、最近ではタングステンが好まれている。理由は他の素材に比べて比重が高いため、形状を小さく設定でき、根掛かりを軽減することができるからだ。

oz(オンス)	g(グラム)
1/8	3.5
3/16	5.0
1/4	7.0
5/16	8.8
3/8	10
1/2	14
3/4	21
1	28

ロッドの長さ

ft	6'	6'8"	7'	7'6"	8'
m	1.83	1.4	2.13	2.3	2.43

ft	8'4"	8'6"	9'	9'6"	10'
m	2.53	2.58	2.74	2.89	3.05

1ft=0.3048m
1ft=12in
1in=2.54cm

ロッドはft（フィート）で表される。雑誌などでは簡素化表記のため7.6ftと記されることもあるが、実際には7ft6inのことで、本来は7'6"ftと記す。

フックのサイズ

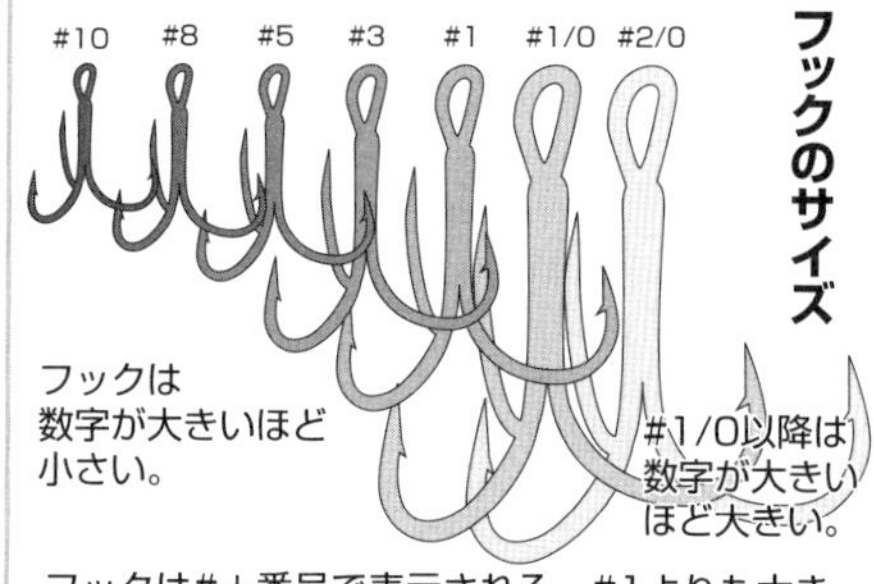
#10
#8
#5
#3
#1
#1/0
#2/0
フックは数字が大きいほど小さい。
#1/0以降は数字が大きいほど大きい。

フックは#＋番号で表示される。#1よりも大きなサイズは/0が追加される。フックサイズ表記はメーカーや種類により若干の差はあるが、おおまかに統一されている。

▶発行者◀
株式会社 ケイエス企画
〒802-0074 福岡県北九州市小倉北区白銀一丁目8-26
電話 093(953)9477
ファックス093(953)9466
http://www.kskikaku.co.jp/

▶発行所◀
株式会社 主婦の友社
〒141-0021 東京都品川区上大崎3丁目1番1号
目黒セントラルスクエア
(販売)☎03-5280-7551

▶印刷所◀
瞬報社写真印刷 株式会社

▶企画・制作◀
株式会社 ケイエス企画

ISBN978-4-07-345176-1

■乱丁本、落丁本はおとりかえします。
お買い求めの書店か、主婦の友社販売部(電話 03-5280-7551)にご連絡ください。
■記事内容に関する場合は、ケイエス企画(電話 093-953-9477)まで。
■主婦の友社発売の書籍・ムックのご注文はお近くの書店か、主婦の友社コールセンター(電話 0120-916-892)まで。
＊お問い合わせ受付時間　月〜金(祝日を除く)9:30〜17:30
主婦の友社ホームページ　https://shufunotomo.co.jp/